이번 학기 공부 습관을 만드는 첫 연산 책!

새 교육과정 반영

바빠 교과서 연산

바쁜 친구들이 즐거워지는
빠른 학습법

4-2

"우리 아이가
끝까지 푼 책은
이 책이 처음이에요."
— 학부모 후기 중

작은 발걸음 방식 문제 배치, 전문가의 연산 꿀팁 가득!

이지스에듀

지은이 | 징검다리 교육연구소

징검다리 교육연구소는 바쁜 친구들을 위한 빠른 학습법을 연구하는 이지스에듀의 공부 연구소입니다.
아이들이 기계적으로 공부하지 않도록, 두뇌가 활성화되는 과학적 학습 설계가 적용된 책을 만듭니다.

바빠 교과서 연산 시리즈(개정판)

바빠 교과서 연산 4-2

(이 책은 2019년 3월에 출간한 '바쁜 4학년을 위한 빠른 교과서 연산 4-2'를 새 교육과정에 맞춰 개정했습니다.)

초판 발행 2025년 5월 30일
초판 3쇄 2026년 1월 30일
지은이 징검다리 교육연구소

발행인 이지연 **펴낸곳** 이지스퍼블리싱(주)
출판사 등록번호 제313-2010-123호 **제조국명** 대한민국
주소 서울시 마포구 잔다리로 109 이지스 빌딩 5층(우편번호 04003)
대표전화 02-325-1722 **팩스** 02-326-1723
이지스퍼블리싱 홈페이지 www.easyspub.com **이지스에듀 카페** www.easysedu.co.kr
바빠 아지트 블로그 blog.naver.com/easyspub **인스타그램** @easys_edu
페이스북 www.facebook.com/easyspub2014 **이메일** service@easyspub.co.kr

기획 및 책임 편집 김현주 | 박지연, 김경진, 이지혜 **표지 및 내지 디자인** 손한나, 김세리
일러스트 김학수, 이츠북스 **전산편집** 이츠북스 **인쇄** js프린팅 **독자 지원** 박애림, 이세진, 김수경
영업 및 문의 이주동, 김요한(support@easyspub.co.kr) **마케팅** 라혜주

ISBN 979-11-6303-717-0
ISBN 979-11-6303-581-7(세트)
가격 11,000원

• **이지스에듀**는 이지스퍼블리싱(주)의 교육 브랜드입니다.
  (이지스에듀는 학생들을 탈락시키지 않고 모두 목적지까지 데려가는 책을 만듭니다!)

공부 습관을 만드는 첫 번째 연산 책!

이번 학기에 필요한 연산은 이 책으로 완성!

✦ 이번 학기 연산, 작은 발걸음 배치로 막힘없이 풀 수 있어요!

'바빠 교과서 연산'은 이번 학기에 필요한 연산만 모아 똑똑한 방식으로 훈련하는 '학교 진도 맞춤 연산 책'이에요. 실제 학교에서 배우는 방식으로 설명하고, 작은 발걸음 방식(small-step)으로 문제가 배치되어 막힘없이 풀게 돼요. 여기에 이해를 돕고 실수를 줄여 주는 꿀팁까지! 수학 전문학원 원장님에게나 들을 수 있던 '바빠 꿀팁'과 책 곳곳에서 알려주는 빠독이의 힌트로 쉽게 이해하고 문제를 풀 수 있답니다.

✦ 산만해지는 주의력을 잡아 주는 이 책의 똑똑한 장치들!

이 책에서는 자릿수가 중요한 연산 문제는 모눈 위에서 정확하게 계산하도록 편집했어요. 또 4학년 친구들이 자주 틀린 문제는 '앗! 실수' 코너로 한 번 더 짚어 주어 더 빠르고 완벽하게 학습할 수 있답니다.

그리고 각 쪽마다 집중 시간이 적힌 목표 시계가 있어요. 이 시계는 속도를 독촉하기 위한 게 아니에요. 제시된 시간은 딴짓하지 않고 풀면 4학년 어린이가 충분히 풀 수 있는 시간입니다. 공부할 때 산만해지지 않도록 시간을 측정해 보세요. 집중하는 재미와 성취감을 동시에 맛보게 될 거예요.

✦ 엄마들이 감동한 책 – '우리 아이가 처음으로 끝까지 푼 문제집이에요!'

이 책은 아직 공부 습관이 잡히지 않은 친구들에게도 딱이에요! 지난 5년간 '바빠 교과서 연산'을 경험한 학부모님들의 후기를 보면, '아이가 직접 고른 문제집이에요.', '처음으로 끝까지 다 푼 책이에요!', '연산을 싫어하던 아이가 이 책은 재밌다며 또 풀고 싶대요!' 등 아이들의 공부 습관을 꽉 잡아 준 책이라는 감동적인 서평이 가득합니다.

이 책을 푼 후, 학교에 가면 수학 교과서를 미리 푼 효과로 수업 시간에도, 단원평가에도 자신감이 생길 거예요. 새 교육과정에 맞춘 연산 훈련으로 수학 실력이 '쑤욱' 오르는 기쁨을 만나 보세요!

1단계 필수 개념 정리

수학 교과서 핵심 개념만 쏙쏙 골라 담았어요!

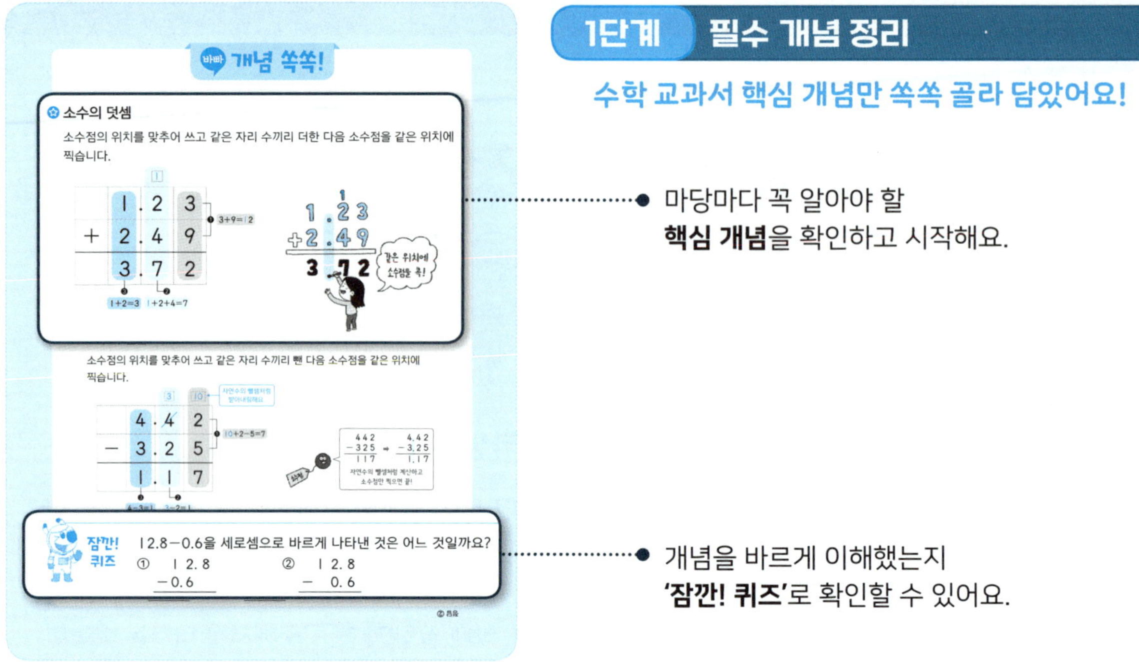

- 마당마다 꼭 알아야 할 **핵심 개념**을 확인하고 시작해요.

- 개념을 바르게 이해했는지 **'잠깐! 퀴즈'**로 확인할 수 있어요.

2단계 체계적인 연산 훈련   작은 발걸음 방식(small step)으로 차근차근 실력을 쌓아요.

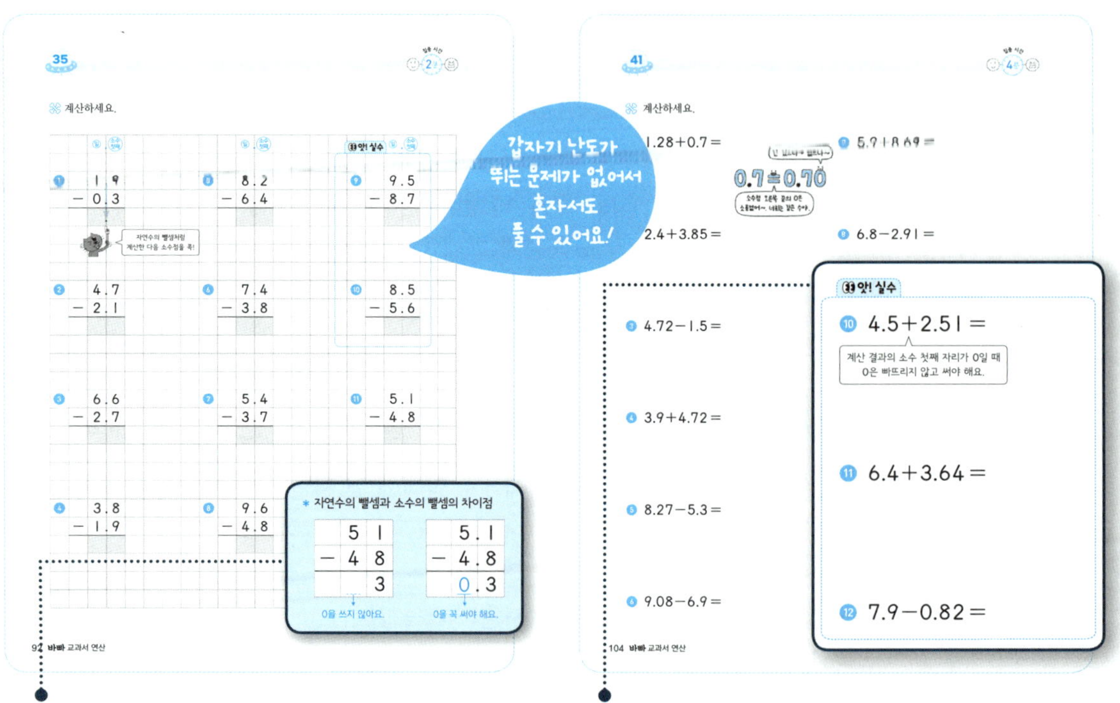

전국 수학학원 원장님들에게 모아 온 **'연산 꿀팁!'**으로 막힘없이 술술~ 풀 수 있어요.

'앗! 실수' 코너로 4학년 친구들이 자주 틀린 문제를 한 번 더 풀고 넘어가요.

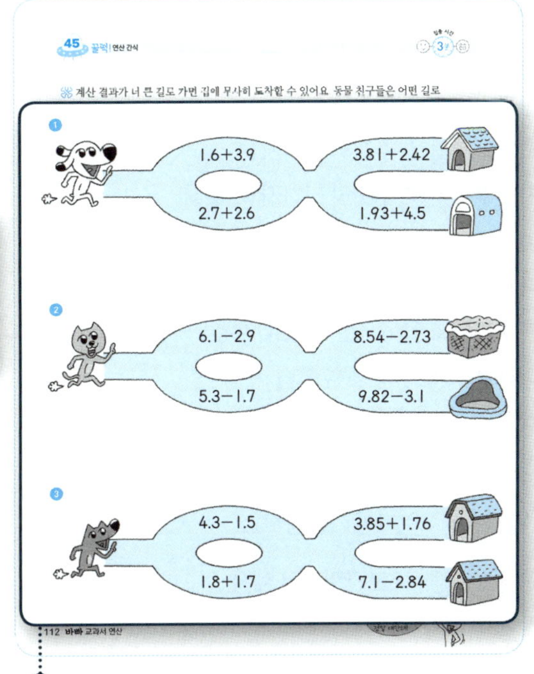

'생활 속 기초 문장제'로 서술형의 기초를 다져요.

그림 그리기, 선 잇기 등 **'재미있는 연산 활동'**으로 **수 응용력**과 **사고력**을 키워요.

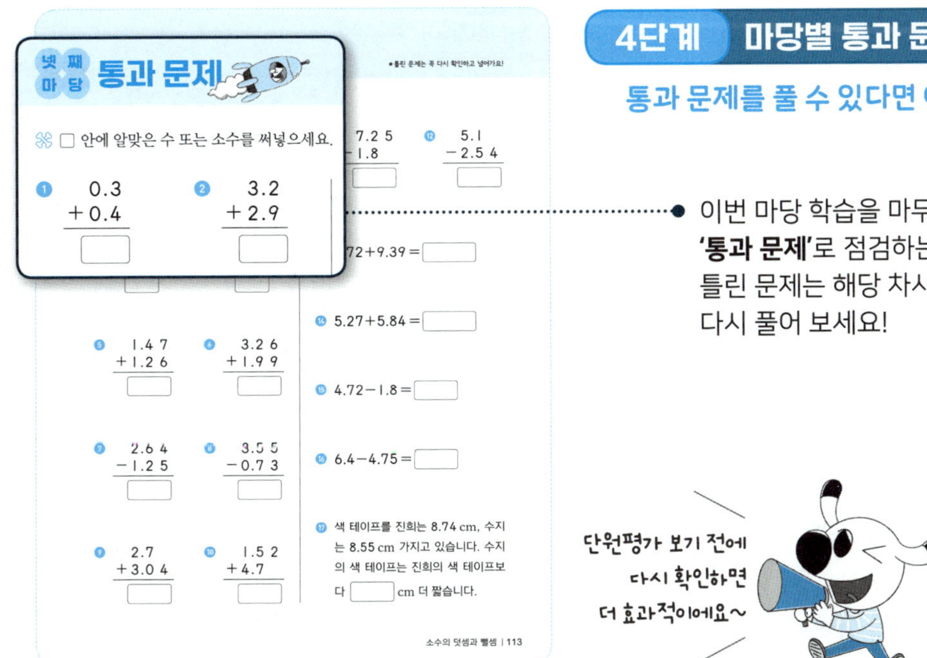

통과 문제를 풀 수 있다면 이번 마당 연산 공부 끝!

이번 마당 학습을 마무리해도 좋을지 **'통과 문제'**로 점검하는 시간이에요! 틀린 문제는 해당 차시를 확인한 후, 다시 풀어 보세요!

바빠 교과서 연산 4-2

📘 **교과서** 분수의 덧셈과 뺄셈
· 진분수의 덧셈
· 대분수의 덧셈

지도 길잡이 분수의 계산 결과가 가분수가 나오면 대분수로 바꾸어 나타내도록 지도해 주세요. 약분은 5학년 때 배우므로 약분을 할 수 있더라도 그대로 둡니다.

📘 **교과서** 분수의 덧셈과 뺄셈
· 진분수의 뺄셈
· 분수 부분끼리 뺄 수 있는 대분수의 뺄셈
· 자연수와 분수의 뺄셈
· 분수 부분끼리 뺄 수 없는 대분수의 뺄셈

지도 길잡이 교과서에서는 대분수의 덧셈과 뺄셈을 아래 두 가지 방법 모두 연습합니다.
1) 자연수끼리, 분수끼리 계산하기
2) 대분수를 가분수로 바꾸어 계산하기
그때그때 편한 방법으로 풀 수 있게 두 가지 방법을 모두 연습하는 게 좋습니다.

📘 **교과서** 소수의 덧셈과 뺄셈
· 소수 두 자리 수 알아보기
· 소수 세 자리 수 알아보기
· 소수의 크기 비교하기
· 소수 사이의 관계 알아보기

지도 길잡이 소수는 크기 비교가 쉽기 때문에 실생활에서 분수보다 많이 사용됩니다. 흔히 우리가 신는 신발 사이즈 230 mm는 몇 cm인지, 키 150 cm는 몇 m인지 이야기해 보세요. 소수 사이의 관계를 이해하는 데 도움이 됩니다.

📖 **교과서** 소수의 덧셈과 뺄셈
· 소수 한 자리 수의 덧셈
· 소수 두 자리 수의 덧셈
· 소수 한 자리 수의 뺄셈
· 소수 두 자리 수의 뺄셈

지도 길잡이 소수의 계산은 그다지 어렵지 않지만 답에 소수점을 찍지 않는 실수가 자주 일어납니다. 계산한 다음 소수점을 꼭 찍도록 지도해 주세요. 소수의 가로셈은 암산보다 세로셈으로 바꾸어 푸는 습관을 들이면 실수를 줄일 수 있습니다.

📖 **교과서** 삼각형, 사각형
· 이등변삼각형의 성질 알아보기
· 수직과 수선 알아보기
· 평행과 평행선 알아보기
· 평행사변형 알아보기
· 마름모 알아보기

지도 길잡이 삼각형과 사각형의 성질을 이용하여 각도를 구하는 마당입니다. 각 도형의 성질은 외워서 바로 떠오르게 연습해야 계산 시간을 단축할 수 있습니다.

오늘 공부한 단계를 색칠해 보세요!

분수의 덧셈

07

08

09

10

☆ 분모가 같은 진분수의 덧셈

분모는 그대로 쓰고, 분자끼리 더합니다.

$$\frac{4}{8} + \frac{6}{8} = \frac{4+6}{8} = \frac{10}{8} = 1\frac{2}{8}$$

가분수를 대분수로 나타내요.

$$\frac{10}{8} = \frac{8}{8} + \frac{2}{8} = 1\frac{2}{8}$$

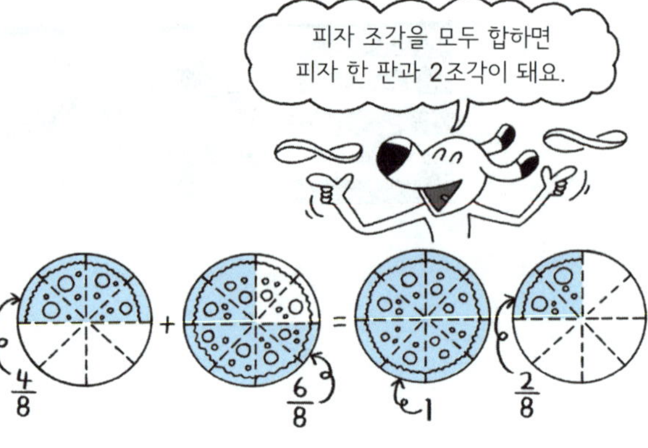

☆ 분모가 같은 대분수의 덧셈

방법 1 자연수는 자연수끼리, 분수는 분수끼리 더합니다.

$$2\frac{1}{4} + 1\frac{2}{4} = (2+1) + \left(\frac{1}{4} + \frac{2}{4}\right)$$
$$= 3 + \frac{3}{4} = 3\frac{3}{4}$$

방법 2 대분수를 가분수로 바꾸어 더합니다.

$$2\frac{1}{4} + 1\frac{2}{4} = \frac{9}{4} + \frac{6}{4} = \frac{15}{4} = 3\frac{3}{4}$$

01 분모는 그대로! 분자끼리만 더하자

✿ 계산하세요.

＊ 분모가 같은 진분수의 덧셈

❷ 분자끼리 더해요.

$$\frac{3}{6}+\frac{2}{6}=\frac{3+2}{6}=\frac{5}{6}$$

❶ 분모는 그대로!

$$\frac{3}{6} \quad + \quad \frac{2}{6} \quad = \quad \frac{5}{6}$$

---

① $\dfrac{2}{7}+\dfrac{4}{7}=\dfrac{2+\boxed{}}{\boxed{}}=\dfrac{\boxed{}}{\boxed{}}$

⑥ $\dfrac{4}{13}+\dfrac{6}{13}=$

② $\dfrac{3}{8}+\dfrac{2}{8}=$

⑦ $\dfrac{7}{14}+\dfrac{2}{14}=$

③ $\dfrac{3}{9}+\dfrac{4}{9}=\dfrac{\boxed{}}{9}$

⑧ $\dfrac{2}{15}+\dfrac{9}{15}=$

④ $\dfrac{1}{10}+\dfrac{8}{10}=$

⑨ $\dfrac{8}{16}+\dfrac{5}{16}=$

⑤ $\dfrac{5}{11}+\dfrac{4}{11}=$

⑩ $\dfrac{10}{17}+\dfrac{4}{17}=$

✂ 계산하세요.

1 $\dfrac{3}{5} + \dfrac{1}{5} =$

분모끼리는 더하지 않아요!

2 $\dfrac{4}{8} + \dfrac{3}{8} =$

3 $\dfrac{6}{9} + \dfrac{2}{9} =$

4 $\dfrac{1}{7} + \dfrac{5}{7} =$

5 $\dfrac{7}{12} + \dfrac{4}{12} =$

6 $\dfrac{3}{11} + \dfrac{6}{11} =$

7 $\dfrac{8}{13} + \dfrac{3}{13} =$

8 $\dfrac{5}{14} + \dfrac{4}{14} =$

9 $\dfrac{9}{17} + \dfrac{3}{17} =$

10 $\dfrac{10}{15} + \dfrac{2}{15} =$

앗! 실수

11 $\dfrac{6}{16} + \dfrac{6}{16} =$

12 $\dfrac{8}{19} + \dfrac{8}{19} =$

 **02 계산 결과가 가분수이면 대분수로 바꾸자**

✄ 가분수를 대분수로 나타내세요.

---

* 가분수를 대분수로 나타내는 방법

방법1 $\dfrac{5}{3}$ ➡ $5 \div 3 = 1 \cdots 2$ ➡ $1\dfrac{2}{3}$

방법2 $\dfrac{4}{3}$ ➡ $\dfrac{3}{3} + \dfrac{1}{3}$ ➡ $1\dfrac{1}{3}$

---

① $\dfrac{7}{4}$ ➡ (   )

③ $\dfrac{15}{11}$ ➡ (   )

② $\dfrac{11}{6}$ ➡ (   )

④ $\dfrac{17}{10}$ ➡ (   )

✄ 계산하세요.

$$\dfrac{2}{4} + \dfrac{3}{4} = \dfrac{2+3}{4} = \dfrac{5}{4} = 1\dfrac{1}{4}$$

➡ 계산 결과가 가분수이면 대분수로 나타내요.

---

⑦ $\dfrac{5}{7} + \dfrac{6}{7} =$

⑤ $\dfrac{4}{5} + \dfrac{4}{5} = \dfrac{\square + \square}{5} = \dfrac{\square}{5}$

$= \square\dfrac{\square}{5}$

⑧ $\dfrac{7}{8} + \dfrac{5}{8} =$

⑥ $\dfrac{3}{6} + \dfrac{5}{6} = \dfrac{\square}{6} = \square\dfrac{\square}{6}$

⑨ $\dfrac{9}{10} + \dfrac{2}{10} =$

02

✂ 계산하세요.

1. $\dfrac{3}{5} + \dfrac{4}{5} =$

2. $\dfrac{2}{3} + \dfrac{2}{3} =$

3. $\dfrac{6}{9} + \dfrac{5}{9} =$

4. $\dfrac{5}{8} + \dfrac{4}{8} =$

5. $\dfrac{7}{11} + \dfrac{9}{11} =$

6. $\dfrac{10}{12} + \dfrac{7}{12} =$

7. $\dfrac{4}{10} + \dfrac{9}{10} =$

8. $\dfrac{8}{13} + \dfrac{7}{13} =$

9. $\dfrac{9}{15} + \dfrac{13}{15} =$

10. $\dfrac{12}{14} + \dfrac{13}{14} =$

11. $\dfrac{14}{18} + \dfrac{17}{18} =$

12. $\dfrac{15}{17} + \dfrac{16}{17} =$

03 진분수의 덧셈 한 번 더!

❋ 계산하세요.

1. $\dfrac{2}{6} + \dfrac{1}{6} =$

2. $\dfrac{6}{7} + \dfrac{4}{7} =$

3. $\dfrac{5}{9} + \dfrac{8}{9} =$

4. $\dfrac{3}{10} + \dfrac{4}{10} =$

5. $\dfrac{8}{11} + \dfrac{5}{11} =$

6. $\dfrac{9}{12} + \dfrac{4}{12} =$

7. $\dfrac{6}{13} + \dfrac{10}{13} =$

8. $\dfrac{10}{14} + \dfrac{13}{14} =$

9. $\dfrac{1}{15} + \dfrac{6}{15} =$

10. $\dfrac{9}{16} + \dfrac{12}{16} =$

11. $\dfrac{10}{17} + \dfrac{15}{17} =$

12. $\dfrac{11}{18} + \dfrac{7}{18} = \dfrac{18}{18} = 1$

❀ 계산하세요.

① $\dfrac{1}{8} + \dfrac{2}{8} =$

② $\dfrac{4}{6} + \dfrac{3}{6} =$

③ $\dfrac{6}{11} + \dfrac{8}{11} =$

④ $\dfrac{8}{10} + \dfrac{9}{10} =$

⑤ $\dfrac{9}{14} + \dfrac{4}{14} =$

⑥ $\dfrac{7}{13} + \dfrac{6}{13} =$

⑦ $\dfrac{8}{12} + \dfrac{11}{12} =$

⑧ $\dfrac{8}{15} + \dfrac{5}{15} =$

⑨ $\dfrac{12}{16} + \dfrac{9}{16} =$

앗! 실수

⑩ $\dfrac{16}{18} + \dfrac{16}{18} =$

⑪ $\dfrac{18}{19} + \dfrac{18}{19} =$

04 자연수끼리, 분수끼리 더하자 (1)

✂ 자연수끼리, 분수끼리 더하여 계산하세요.

* 분모가 같은 대분수의 덧셈

자연수끼리 더하고

$$1\dfrac{2}{4} + 2\dfrac{1}{4} = (1+2) + \left(\dfrac{2}{4} + \dfrac{1}{4}\right) = 3 + \dfrac{3}{4} = 3\dfrac{3}{4}$$

분수끼리 더해요.

① $2\dfrac{2}{7} + 5\dfrac{4}{7} = (2 + \square) + \left(\dfrac{2}{7} + \dfrac{\square}{7}\right) = \square + \dfrac{\square}{7} = \square\dfrac{\square}{7}$

② $4\dfrac{1}{8} + 1\dfrac{2}{8} =$

⑥ $4\dfrac{8}{11} + 2\dfrac{1}{11} = \square\dfrac{\square}{\square}$

③ $1\dfrac{2}{9} + 3\dfrac{5}{9} =$

⑦ $3\dfrac{3}{12} + 4\dfrac{2}{12} =$

④ $1\dfrac{4}{10} + 5\dfrac{3}{10} =$

⑧ $2\dfrac{5}{13} + 3\dfrac{4}{13} =$

⑤ $1\dfrac{6}{14} + 1\dfrac{7}{14} =$

⑨ $6\dfrac{8}{15} + 2\dfrac{3}{15} =$

❈ 자연수끼리, 분수끼리 더하여 계산하세요.

1 $1\dfrac{2}{8}+1\dfrac{5}{8}=$

2 $1\dfrac{3}{9}+2\dfrac{1}{9}=$

3 $3\dfrac{7}{10}+4\dfrac{2}{10}=$

4 $2\dfrac{4}{11}+3\dfrac{5}{11}=$

5 $4\dfrac{3}{12}+3\dfrac{4}{12}=$

6 $1\dfrac{5}{13}+5\dfrac{7}{13}=$

7 $4\dfrac{3}{14}+2\dfrac{8}{14}=$

8 $5\dfrac{2}{15}+4\dfrac{6}{15}=$

9 $3\dfrac{8}{16}+2\dfrac{5}{16}=$

10 $2\dfrac{4}{17}+4\dfrac{7}{17}=$

11 $3\dfrac{6}{18}+1\dfrac{11}{18}=$

12 $4\dfrac{13}{19}+3\dfrac{4}{19}=$

05 자연수끼리, 분수끼리 더하자 (2)

✂ 자연수끼리, 분수끼리 더하여 계산하세요.

$$1\frac{4}{5}+1\frac{2}{5}=2+\frac{6}{5}=2+1\frac{1}{5}=3\frac{1}{5}$$

대분수로 나타내요.

➡ 분수끼리의 합이 가분수이면 대분수로 나타내어 계산해요.

1 $2\frac{2}{6}+1\frac{5}{6}=3+\dfrac{\Box}{6}=3+\Box\dfrac{\Box}{6}=\Box\dfrac{\Box}{6}$

2 $3\dfrac{6}{7}+5\dfrac{3}{7}=$

3 $4\dfrac{5}{8}+2\dfrac{6}{8}=$

4 $2\dfrac{4}{9}+5\dfrac{7}{9}=$

5 $3\dfrac{7}{10}+1\dfrac{9}{10}=$

6 $4\dfrac{8}{11}+2\dfrac{6}{11}=$

7 $3\dfrac{7}{12}+1\dfrac{7}{12}=$

8 $4\dfrac{6}{13}+3\dfrac{9}{13}=$

9 $2\dfrac{11}{15}+4\dfrac{9}{15}=$

✂ 자연수끼리, 분수끼리 더하여 계산하세요.

1. $1\dfrac{3}{6}+4\dfrac{4}{6}=$

2. $3\dfrac{5}{7}+4\dfrac{6}{7}=$

3. $2\dfrac{6}{10}+4\dfrac{7}{10}=$

4. $6\dfrac{4}{8}+2\dfrac{5}{8}=$

5. $1\dfrac{7}{11}+3\dfrac{8}{11}=$

6. $1\dfrac{5}{9}+2\dfrac{8}{9}=$

7. $6\dfrac{9}{12}+1\dfrac{8}{12}=$

8. $1\dfrac{6}{13}+2\dfrac{11}{13}=$

9. $2\dfrac{7}{14}+3\dfrac{12}{14}=$

10. $4\dfrac{14}{15}+4\dfrac{8}{15}=$

06 대분수를 가분수로 바꾸어 더하자

❖ 대분수를 가분수로 나타내세요.

> * 대분수를 가분수로 나타내는 방법
>
> 방법1 $2\dfrac{1}{3}$ ➡ $3\times 2=6$, $6+1=7$ ➡ $\dfrac{7}{3}$ 방법2 $2\dfrac{1}{3}=\dfrac{6}{3}+\dfrac{1}{3}=\dfrac{7}{3}$
>
> 분모 자연수   분자

① $1\dfrac{5}{6}$ ➡ (　　　　　)

③ $2\dfrac{4}{9}$ ➡ (　　　　　)

② $2\dfrac{4}{5}$ ➡ (　　　　　)

④ $3\dfrac{6}{11}$ ➡ (　　　　　)

❖ 대분수를 가분수로 바꾸어 계산하세요.

> * 대분수를 가분수로 바꾸어 계산하는 방법
>
> $1\dfrac{2}{4}+2\dfrac{1}{4}=\dfrac{6}{4}+\dfrac{9}{4}=\dfrac{15}{4}=3\dfrac{3}{4}$

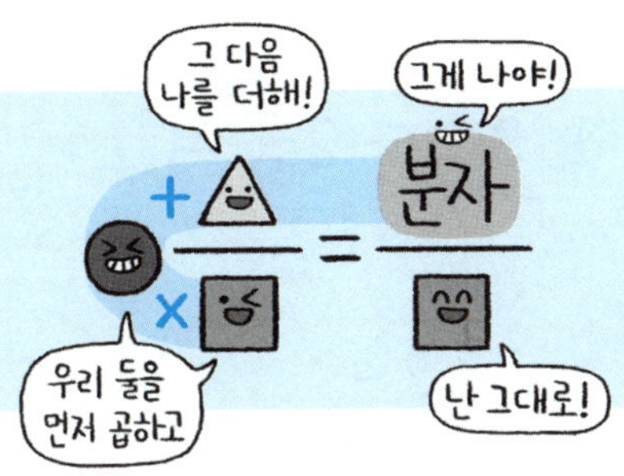

⑤ $2\dfrac{1}{5}+4\dfrac{3}{5}=$

⑧ $4\dfrac{2}{7}+1\dfrac{2}{7}=$

⑥ $1\dfrac{2}{6}+3\dfrac{3}{6}=$

⑨ $1\dfrac{3}{8}+3\dfrac{4}{8}=$

⑦ $3\dfrac{1}{10}+2\dfrac{7}{10}=$

⑩ $2\dfrac{5}{9}+4\dfrac{3}{9}=$

✂ 대분수를 가분수로 바꾸어 계산하세요.

① $3\dfrac{1}{6}+4\dfrac{1}{6}=\dfrac{\boxed{}}{6}+\dfrac{\boxed{}}{6}$

$\phantom{3\dfrac{1}{6}+4\dfrac{1}{6}}=\dfrac{\boxed{}}{6}=\boxed{}\dfrac{\boxed{}}{6}$

⑥ $5\dfrac{2}{9}+2\dfrac{5}{9}=$

② $2\dfrac{1}{6}+4\dfrac{2}{6}=$

⑦ $2\dfrac{6}{11}+4\dfrac{2}{11}=$

③ $3\dfrac{2}{7}+2\dfrac{4}{7}=$

⑧ $1\dfrac{4}{13}+2\dfrac{5}{13}=$

④ $2\dfrac{1}{8}+4\dfrac{4}{8}=$

⑨ $1\dfrac{2}{12}+1\dfrac{9}{12}=$

⑤ $3\dfrac{2}{10}+2\dfrac{1}{10}=$

⑩ $1\dfrac{8}{15}+2\dfrac{3}{15}=$

대분수의 덧셈 한 번 더!

✂ 계산하세요.

1. $4\dfrac{2}{4} + 1\dfrac{3}{4} =$

2. $2\dfrac{3}{5} + 2\dfrac{4}{5} =$

3. $1\dfrac{5}{6} + 3\dfrac{3}{6} =$

4. $1\dfrac{6}{7} + 5\dfrac{5}{7} =$

5. $2\dfrac{5}{8} + 3\dfrac{6}{8} =$

6. $1\dfrac{8}{9} + 4\dfrac{6}{9} =$

7. $2\dfrac{7}{10} + 1\dfrac{6}{10} =$

8. $3\dfrac{9}{11} + 1\dfrac{7}{11} =$

9. $2\dfrac{3}{12} + 1\dfrac{10}{12} =$

10. $1\dfrac{8}{13} + 3\dfrac{12}{13} =$

✂ 계산하세요.

1. $4\dfrac{4}{5} + 3\dfrac{2}{5} =$

2. $1\dfrac{6}{7} + 2\dfrac{4}{7} =$

3. $4\dfrac{6}{8} + 1\dfrac{7}{8} =$

4. $5\dfrac{5}{9} + 1\dfrac{8}{9} =$

5. $2\dfrac{8}{10} + 2\dfrac{9}{10} =$

6. $1\dfrac{6}{12} + 1\dfrac{11}{12} =$

7. $1\dfrac{9}{11} + 3\dfrac{4}{11} =$

8. $2\dfrac{7}{15} + 3\dfrac{12}{15} =$

9. $2\dfrac{8}{13} + 4\dfrac{7}{13} =$

10. $3\dfrac{13}{14} + 2\dfrac{8}{14} =$

08 분수끼리의 합이 가분수인 (대분수)+(진분수)

😎 계산하세요.

* (대분수)+(진분수)

자연수는 그대로 쓰고

$$6\frac{4}{7} + \frac{5}{7} = 6\frac{9}{7} = 6 + 1\frac{2}{7} = 7\frac{2}{7}$$

분수끼리 더해요.

* 더 빠르게 푸는 방법

분모만큼 빼요.

$$6\frac{4}{7} + \frac{5}{7} = 6\frac{9}{7} = 7\frac{2}{7}$$

1을 더하고

① $2\frac{3}{6} + \frac{5}{6} =$

② $5\frac{2}{4} + \frac{3}{4} =$

③ $7\frac{8}{9} + \frac{6}{9} =$

④ $3\frac{4}{5} + \frac{2}{5} =$

⑤ $2\frac{4}{8} + \frac{7}{8} =$

⑥ $6\frac{4}{11} + \frac{8}{11} =$

⑦ $2\frac{10}{13} + \frac{11}{13} =$

⑧ $4\frac{8}{10} + \frac{9}{10} =$

⑨ $3\frac{9}{14} + \frac{6}{14} =$

⑩ $5\frac{8}{12} + \frac{9}{12} =$

계산하세요.

1. $\dfrac{4}{7} + 8\dfrac{6}{7} =$

2. $\dfrac{5}{6} + 5\dfrac{2}{6} =$

3. $\dfrac{10}{11} + 3\dfrac{10}{11} =$

4. $\dfrac{3}{5} + 7\dfrac{4}{5} =$

5. $\dfrac{6}{12} + 4\dfrac{11}{12} =$

6. $\dfrac{3}{9} + 2\dfrac{8}{9} =$

7. $\dfrac{7}{8} + 3\dfrac{2}{8} =$

8. $\dfrac{12}{13} + 1\dfrac{3}{13} =$

9. $\dfrac{12}{16} + 4\dfrac{11}{16} =$

10. $\dfrac{9}{10} + 5\dfrac{4}{10} =$

11. $\dfrac{14}{17} + 6\dfrac{9}{17} =$

12. $\dfrac{13}{15} + 8\dfrac{4}{15} =$

09 여러 가지 분수의 덧셈 연습

※ 계산하세요.

1. $\dfrac{5}{9} + \dfrac{3}{9} =$

2. $\dfrac{4}{8} + \dfrac{7}{8} =$

3. $\dfrac{9}{11} + \dfrac{6}{11} =$

4. $1\dfrac{3}{6} + 3\dfrac{2}{6} =$

5. $4\dfrac{8}{12} + 1\dfrac{3}{12} =$

6. $3\dfrac{6}{10} + \dfrac{3}{10} =$

7. $2\dfrac{3}{7} + \dfrac{5}{7} =$

8. $\dfrac{6}{13} + 3\dfrac{9}{13} =$

9. $3\dfrac{8}{12} + \dfrac{15}{12} =$

10. $2\dfrac{11}{16} + 4\dfrac{8}{16} =$

11. $5\dfrac{9}{14} + 3\dfrac{10}{14} =$

12. $4\dfrac{16}{17} + 3\dfrac{7}{17} =$

빈칸에 알맞은 수를 써넣으세요.

계산 결과가 가분수이면 대분수로 나타내세요~.

1 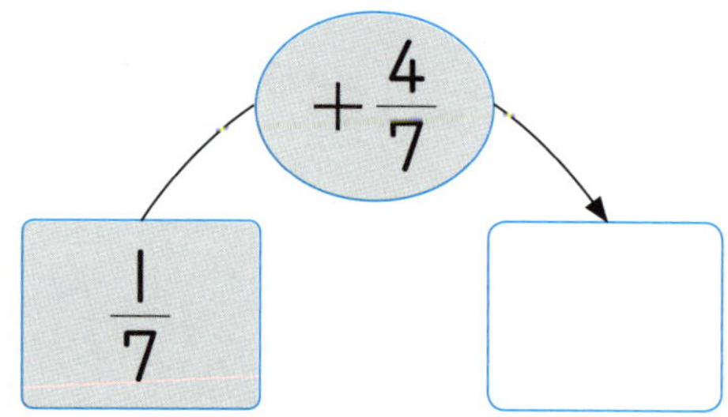

5 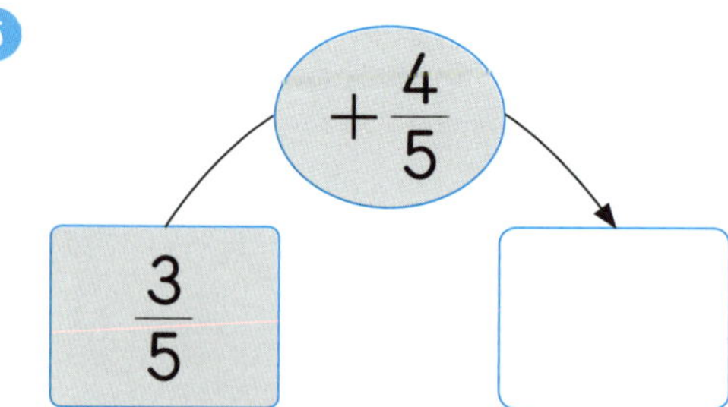

2 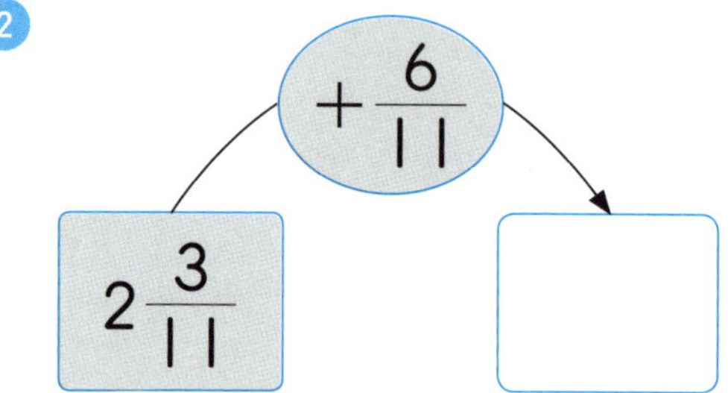

6 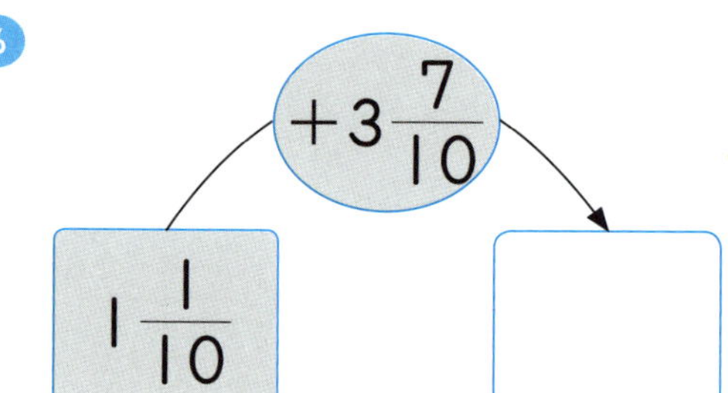

3 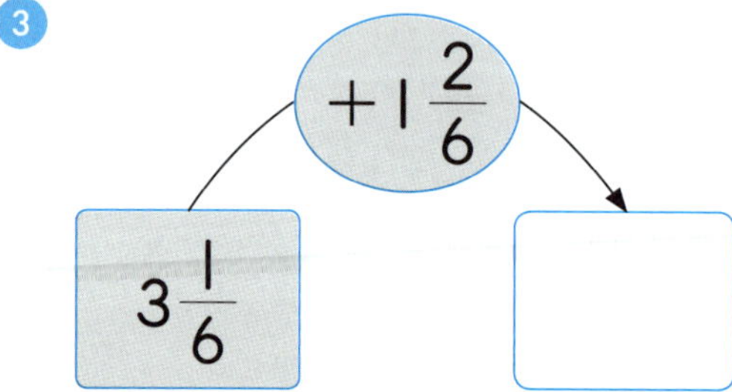

7 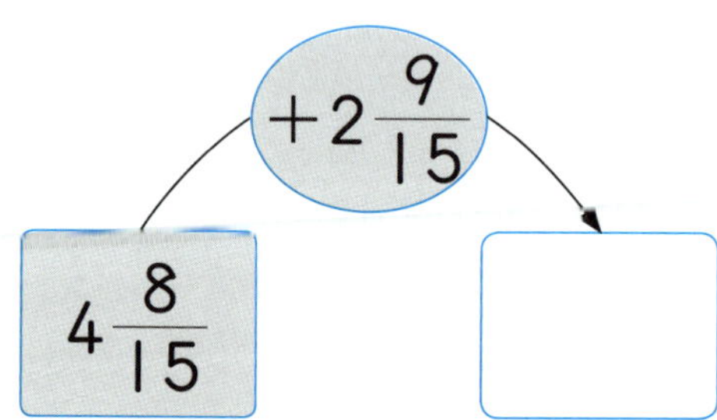

4 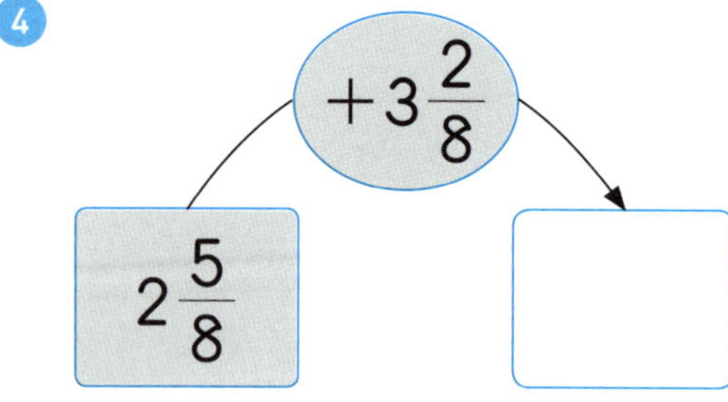

8 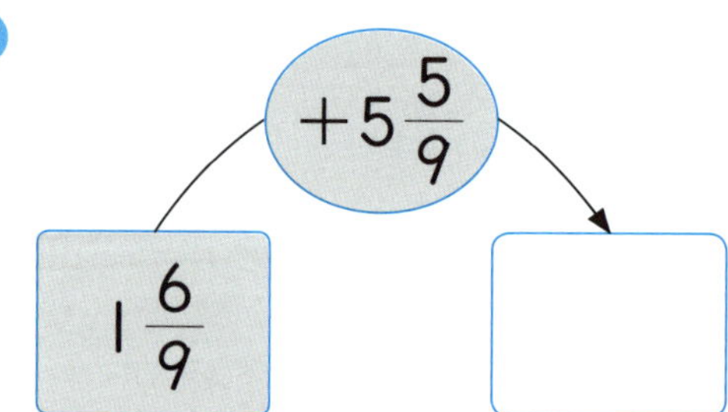

10 생활 속 연산 – 분수의 덧셈

✂ 그림을 보고 ☐ 안에 알맞은 수를 써넣으세요.

1 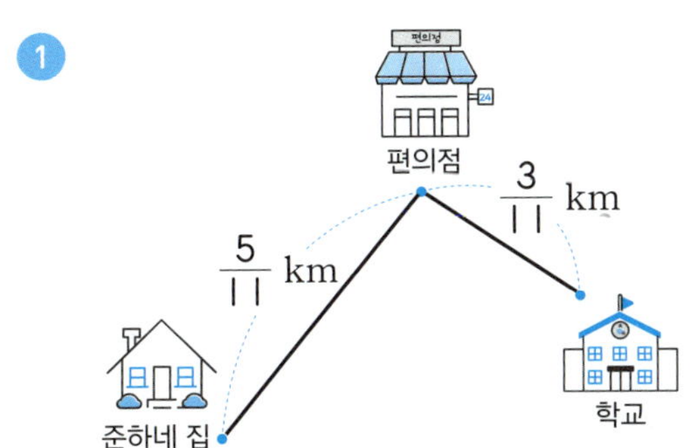

준하네 집에서 편의점을 거쳐 학교까지의 거리는

☐ km입니다.

2 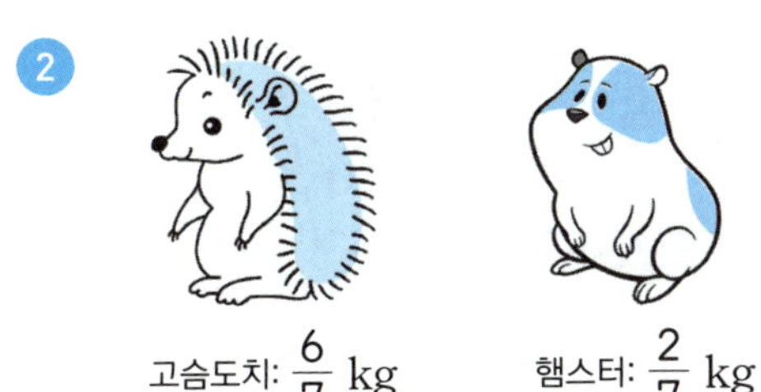

재훈이네 집에서 기르는 고슴도치와 햄스터의

무게의 합은 ☐ kg입니다.

계산 결과가 가분수이면 대분수로 나타내요.

3 

밀가루를 빵을 만드는 데 $3\frac{1}{9}$ 컵, 쿠키를 만드는 데

$1\frac{7}{9}$ 컵 사용했습니다. 빵과 쿠키를 만드는 데 사용

한 밀가루는 모두 ☐ 컵입니다.

4 

지우의 몸무게는 동생의 몸무게보다 $6\frac{3}{5}$ kg 더

무겁습니다. 지우의 몸무게는 ☐ kg입니다.

동물들이 농장에서 감자와 고구마를 캐어 각자의 바구니에 담았습니다. 감자와 고구마를 가장 많이 캔 동물의 바구니를 찾아 괄호 안에 ○표 하세요.

감자	고구마
$5\frac{3}{8}$ kg	$1\frac{4}{8}$ kg

(   )

감자	고구마
$2\frac{6}{8}$ kg	$3\frac{7}{8}$ kg

(   )

감자	고구마
$4\frac{5}{8}$ kg	$2\frac{6}{8}$ kg

(   )

감자	고구마
$2\frac{2}{8}$ kg	$5\frac{2}{8}$ kg

(   )

*틀린 문제는 꼭 다시 확인하고 넘어가요!

✂ □ 안에 알맞은 수 또는 분수를 써넣으세요.

1 $\dfrac{4}{8} + \dfrac{3}{8} = \dfrac{\square + 3}{8} = \dfrac{\square}{8}$

2 $\dfrac{4}{5} + \dfrac{2}{5} = \dfrac{\square}{5} = \square \dfrac{\square}{5}$

3 $\dfrac{5}{11} + \dfrac{1}{11} = \dfrac{\square}{\square}$

4 $\dfrac{7}{9} + \dfrac{8}{9} = \dfrac{\square}{\square} = \square \dfrac{\square}{\square}$

5 $\dfrac{6}{7} + \dfrac{2}{7} = \dfrac{\square}{\square} = \square \dfrac{\square}{\square}$

6 $1\dfrac{1}{3} + 2\dfrac{1}{3} = \square + \dfrac{\square}{3} = \square \dfrac{\square}{3}$

7 $3\dfrac{2}{6} + 4\dfrac{3}{6} = \square \dfrac{\square}{\square}$

8 $2\dfrac{2}{4} + 1\dfrac{3}{4} = \dfrac{10}{4} + \dfrac{\square}{4} = \dfrac{\square}{4} = \square \dfrac{\square}{4}$

9 $4\dfrac{3}{5} + 2\dfrac{4}{5} = \square \dfrac{\square}{\square}$

10 $3\dfrac{5}{7} + 3\dfrac{3}{7} = \square \dfrac{\square}{7}$

11 $3\dfrac{8}{10} + \dfrac{7}{10} = \square \dfrac{\square}{\square}$

12 $1\dfrac{8}{11} + 2\dfrac{9}{11} = \square \dfrac{\square}{\square}$

13 길이가 $11\dfrac{5}{8}$ cm, $9\dfrac{6}{8}$ cm인 두 색 테이프를 겹치지 않게 이어 붙이면 색 테이프는 모두 □ cm입니다.

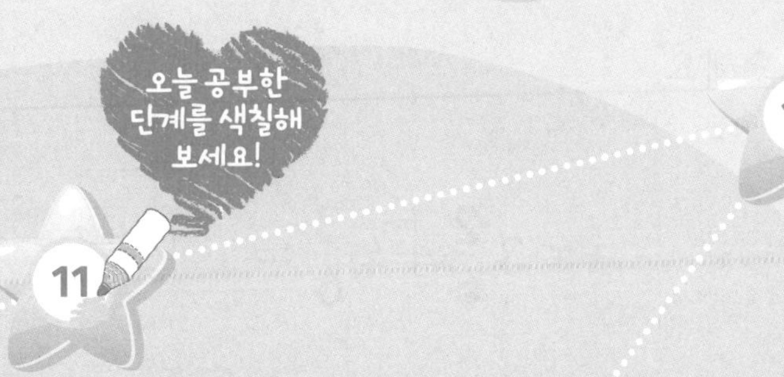

오늘 공부한
단계를 색칠해
보세요!

분수의 뺄셈

☆ 분모가 같은 진분수의 뺄셈

분모는 그대로 쓰고, 분자끼리 뺍니다.

$$\frac{7}{8} - \frac{3}{8} = \frac{7-3}{8} = \frac{4}{8}$$

☆ 분모가 같은 대분수의 뺄셈

방법 1 자연수는 자연수끼리, 분수는 분수끼리 뺍니다.

$$2\frac{3}{4} - 1\frac{1}{4} = (2-1) + \left(\frac{3}{4} - \frac{1}{4}\right)$$
$$= 1 + \frac{2}{4} = 1\frac{2}{4}$$

방법 2 대분수를 가분수로 바꾸어 뺍니다.

$$2\frac{3}{4} - 1\frac{1}{4} = \frac{11}{4} - \frac{5}{4} = \frac{6}{4} = 1\frac{2}{4}$$

☆ 1−(진분수)

1을 분모가 같은 가분수로 바꾸어 뺍니다.

$$1 - \frac{5}{8} = \frac{8}{8} - \frac{5}{8} = \frac{8-5}{8} = \frac{3}{8}$$

분모가 8인 가분수로 바꿔요.

11 분모는 그대로! 분자끼리만 빼자

✂ 계산하세요.

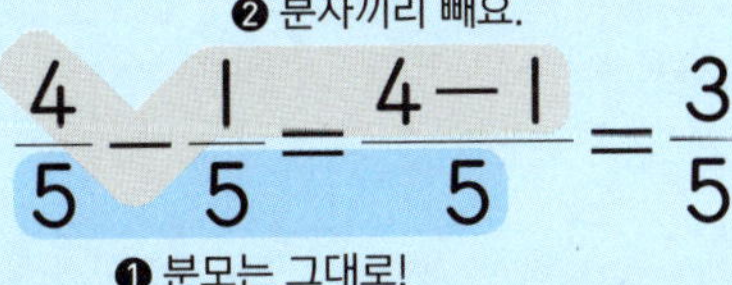

* 분모가 같은 진분수의 뺄셈

❷ 분자끼리 빼요.

$$\dfrac{4}{5} - \dfrac{1}{5} = \dfrac{4-1}{5} = \dfrac{3}{5}$$

❶ 분모는 그대로!

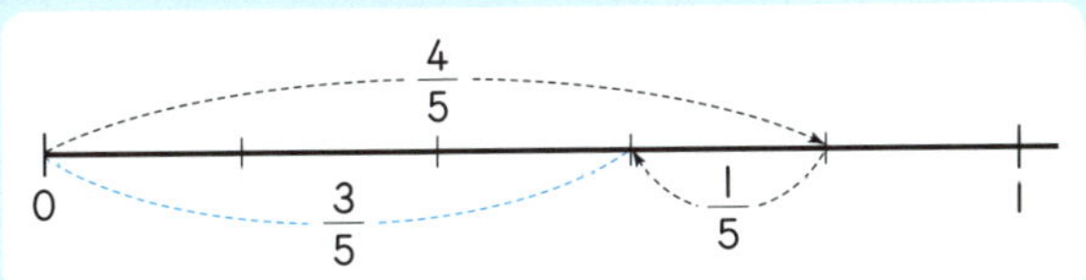

1) $\dfrac{4}{6} - \dfrac{3}{6} = \dfrac{4-\Box}{6} = \dfrac{\Box}{6}$

2) $\dfrac{6}{7} - \dfrac{4}{7} =$

3) $\dfrac{7}{8} - \dfrac{2}{8} = \dfrac{\Box}{8}$

4) $\dfrac{8}{9} - \dfrac{4}{9} =$

5) $\dfrac{9}{10} - \dfrac{2}{10} =$

6) $\dfrac{11}{12} - \dfrac{6}{12} =$

7) $\dfrac{11}{13} - \dfrac{4}{13} =$

8) $\dfrac{13}{14} - \dfrac{8}{14} =$

9) $\dfrac{9}{15} - \dfrac{2}{15} =$

10) $\dfrac{14}{16} - \dfrac{3}{16} =$

✂ 계산하세요.

1 $\dfrac{5}{7} - \dfrac{1}{7} =$

2 $\dfrac{7}{9} - \dfrac{2}{9} =$

3 $\dfrac{6}{8} - \dfrac{3}{8} =$

4 $\dfrac{10}{11} - \dfrac{4}{11} =$

5 $\dfrac{9}{10} - \dfrac{6}{10} =$

6 $\dfrac{8}{12} - \dfrac{3}{12} =$

7 $\dfrac{12}{13} - \dfrac{7}{13} =$

8 $\dfrac{14}{15} - \dfrac{6}{15} =$

9 $\dfrac{11}{14} - \dfrac{2}{14} =$

10 $\dfrac{16}{17} - \dfrac{4}{17} =$

11 $\dfrac{15}{18} - \dfrac{10}{18} =$

12 $\dfrac{13}{16} - \dfrac{8}{16} =$

12 자연수끼리, 분수끼리 빼자

✂ 자연수끼리, 분수끼리 빼어 계산하세요.

* 분모가 같은 대분수의 뺄셈

$$2\frac{3}{5} - 1\frac{1}{5} = (2-1) + \left(\frac{3}{5} - \frac{1}{5}\right)$$
$$= 1 + \frac{2}{5} = 1\frac{2}{5}$$

$$2\frac{3}{5} \quad - \quad 1\frac{1}{5} \quad = \quad 1 \quad + \quad \frac{2}{5}$$

1 $\quad 4\frac{5}{6} - 2\frac{4}{6} = (4 - \square) + \left(\frac{5}{6} - \frac{\square}{6}\right) = \square + \frac{\square}{6} = \square\frac{\square}{6}$

2 $\quad 3\frac{6}{7} - 1\frac{2}{7} =$

3 $\quad 7\frac{5}{8} - 3\frac{2}{8} =$

4 $\quad 6\frac{8}{9} - 4\frac{3}{9} =$

5 $\quad 3\frac{7}{10} - 1\frac{4}{10} = \square\frac{\square}{10}$

6 $\quad 6\frac{9}{11} - 2\frac{4}{11} =$

7 $\quad 8\frac{10}{12} - 5\frac{5}{12} =$

12

✂️ 자연수끼리, 분수끼리 빼어 계산하세요.

1. $6\dfrac{7}{8} - 1\dfrac{4}{8} =$

2. $8\dfrac{6}{9} - 3\dfrac{1}{9} =$

3. $5\dfrac{9}{10} - 2\dfrac{2}{10} =$

4. $4\dfrac{8}{11} - 2\dfrac{2}{11} =$

5. $7\dfrac{11}{12} - 3\dfrac{4}{12} =$

6. $5\dfrac{11}{14} - 2\dfrac{2}{14} =$

7. $2\dfrac{13}{15} - 1\dfrac{5}{15} =$

8. $2\dfrac{15}{17} - 1\dfrac{9}{17} =$

👀 앗! 실수

9. $3\dfrac{13}{18} - 3\dfrac{8}{18} =$

10. $6\dfrac{12}{19} - 2\dfrac{12}{19} =$

* 자연수끼리 또는 분수끼리 뺐을 때 0인 경우

$$5\dfrac{4}{7} - 5\dfrac{3}{7} = (5-5) + \left(\dfrac{4}{7} - \dfrac{3}{7}\right) = 0 + \dfrac{1}{7}$$

$$5\dfrac{4}{7} - 3\dfrac{4}{7} = (5-3) + \left(\dfrac{4}{7} - \dfrac{4}{7}\right) = 2 + 0$$

답을 0으로 쓰지 않도록 주의해요.

13 대분수를 가분수로 바꾸어 빼는 연습도 필요해

대분수를 가분수로 계산하세요.

* 대분수를 가분수로 바꾸어 계산하는 방법

$$2\frac{3}{4} - 1\frac{2}{4} = \frac{11}{4} - \frac{6}{4} = \frac{5}{4} = 1\frac{1}{4}$$

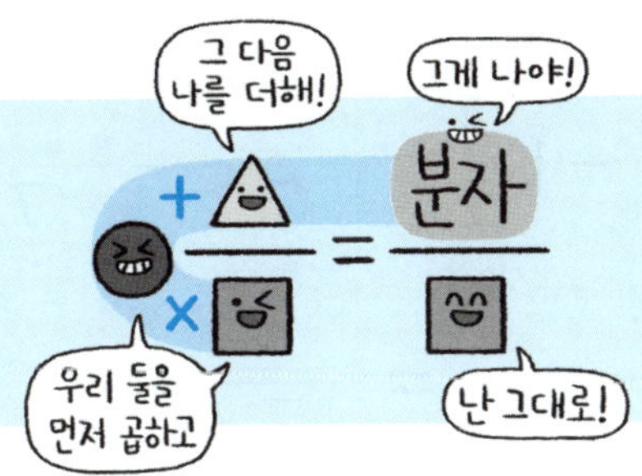

① $3\dfrac{4}{5} - 1\dfrac{3}{5} = \dfrac{\square}{5} - \dfrac{\square}{5}$

$= \dfrac{\square}{5} = \square\dfrac{\square}{5}$

② $3\dfrac{5}{6} - 2\dfrac{1}{6} =$

③ $5\dfrac{4}{7} - 1\dfrac{2}{7} =$

④ $7\dfrac{6}{8} - 1\dfrac{3}{8} =$

⑤ $4\dfrac{7}{9} - 2\dfrac{5}{9} =$

⑥ $7\dfrac{4}{10} - 4\dfrac{1}{10} =$

⑦ $8\dfrac{8}{11} - 2\dfrac{4}{11} =$

⑧ $6\dfrac{9}{12} - 1\dfrac{2}{12} =$

⑨ $4\dfrac{2}{13} - 2\dfrac{1}{13} =$

⑩ $3\dfrac{11}{15} - 1\dfrac{8}{15} =$

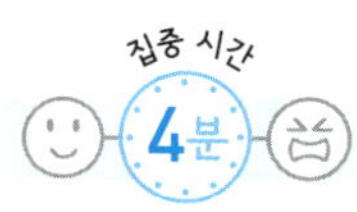

✂ 대분수를 가분수로 바꾸어 계산하세요.

① $3\dfrac{5}{7} - 1\dfrac{3}{7} = \dfrac{\Box}{7} - \dfrac{\Box}{7}$

$= \dfrac{\Box}{7} = \Box\dfrac{\Box}{7}$

⑥ $5\dfrac{9}{11} - 2\dfrac{3}{11} =$

② $7\dfrac{3}{4} - 4\dfrac{1}{4} =$

⑦ $4\dfrac{8}{12} - 3\dfrac{1}{12} =$

③ $6\dfrac{4}{8} - 2\dfrac{1}{8} =$

⑧ $3\dfrac{10}{15} - 1\dfrac{3}{15} =$

④ $5\dfrac{4}{10} - 1\dfrac{3}{10} =$

⑨ $2\dfrac{11}{13} - 1\dfrac{7}{13} =$

⑤ $4\dfrac{5}{9} - 2\dfrac{1}{9} =$

👀 앗! 실수

⑩ $3\dfrac{13}{14} - 1\dfrac{4}{14} =$

14 분모가 같은 대분수의 뺄셈 한 번 더!

✂ 계산하세요.

① $3\dfrac{4}{5} - 2\dfrac{2}{5} =$

② $4\dfrac{6}{7} - 2\dfrac{3}{7} =$

⑦ $9\dfrac{7}{11} - 2\dfrac{3}{11} =$

③ $8\dfrac{5}{6} - 3\dfrac{4}{6} =$

⑧ $8\dfrac{10}{13} - 4\dfrac{2}{13} =$

④ $6\dfrac{8}{9} - 4\dfrac{6}{9} =$

⑨ $3\dfrac{8}{12} - 2\dfrac{3}{12} =$

⑤ $5\dfrac{7}{8} - 1\dfrac{2}{8} =$

⑩ $6\dfrac{11}{15} - 4\dfrac{7}{15} =$

⑥ $7\dfrac{9}{10} - 6\dfrac{2}{10} =$

⑪ $7\dfrac{14}{16} - 2\dfrac{5}{16} =$

❄ 계산하세요.

1. $4\dfrac{5}{7} - 2\dfrac{1}{7} =$

2. $5\dfrac{7}{8} - 1\dfrac{2}{8} =$

3. $6\dfrac{8}{9} - 3\dfrac{6}{9} =$

4. $3\dfrac{8}{11} - 1\dfrac{2}{11} =$

5. $5\dfrac{9}{12} - 1\dfrac{4}{12} =$

6. $7\dfrac{6}{10} - 2\dfrac{3}{10} =$

7. $4\dfrac{13}{14} - 1\dfrac{8}{14} =$

8. $5\dfrac{12}{13} - 2\dfrac{3}{13} =$

9. $4\dfrac{11}{15} - 3\dfrac{7}{15} =$

앗! 실수

10. $7\dfrac{14}{16} - 4\dfrac{14}{16} =$

11. $6\dfrac{8}{18} - 2\dfrac{8}{18} =$

12. $8\dfrac{15}{17} - 8\dfrac{6}{17} =$

15 1을 가분수로 바꾸어 빼자

✂ 계산하세요.

* 1－(진분수)

$$1 - \frac{1}{4} = \frac{4}{4} - \frac{1}{4} = \frac{4-1}{4} = \frac{3}{4}$$

$$\bigcirc = \bigcirc\!\!\!\!$$

6 $1 - \dfrac{3}{7} = \dfrac{\boxed{7}-3}{7} = \dfrac{\square}{7}$
   $1 = \dfrac{7}{7}$

1 $1 - \dfrac{2}{5} = \dfrac{\square}{5} - \dfrac{2}{5}$
$= \dfrac{\square - 2}{5} = \dfrac{\square}{5}$

2 $1 - \dfrac{5}{6} =$

3 $1 - \dfrac{3}{10} =$

4 $1 - \dfrac{1}{8} =$

5 $1 - \dfrac{4}{9} =$

7 $1 - \dfrac{6}{11} =$

8. $1 - \dfrac{5}{12} =$

9 $1 - \dfrac{4}{13} =$

10 $1 - \dfrac{9}{14} =$

11 $1 - \dfrac{11}{15} =$

집중 시간 2분

✼ 계산하세요.

---

* 1 − (진분수) 더 빠르게 푸는 방법

5 − 3 = 2

$$1 - \frac{3}{5} = \frac{2}{5}$$

← (분모) − (분자)
← 분모는 그대로

---

1. $1 - \dfrac{2}{3} =$

2. $1 - \dfrac{1}{6} =$

3. $1 - \dfrac{7}{9} =$

4. $1 - \dfrac{5}{7} =$

5. $1 - \dfrac{11}{12} =$

6. $1 - \dfrac{9}{10} =$

7. $1 - \dfrac{8}{11} =$

8. $1 - \dfrac{2}{8} =$

9. $1 - \dfrac{3}{14} =$

10. $1 - \dfrac{10}{13} =$

11. $1 - \dfrac{7}{15} =$

 **16 자연수에서 1만큼을 가분수로 바꾸어 빼자**

❖ 계산하세요.

* (자연수)−(진분수)
  - 자연수에서 1만큼을 가분수로 바꾸어 빼요.

$$2 - \frac{1}{4} = 1\frac{4}{4} - \frac{1}{4} = 1\frac{3}{4}$$

1만큼을 분모가 4인 가분수로 바꿔요.

$$2 \qquad 1=\frac{4}{4}$$
$$1\frac{4}{4}$$
$$1\frac{4}{4} - \frac{1}{4}$$

1 $4 - \dfrac{3}{5} = 3\dfrac{\square}{5} - \dfrac{3}{5} = \square\dfrac{\square}{5}$

1만큼을 분모가 5인 가분수로 바꿔요.

6 $2 - \dfrac{6}{11} =$

2 $3 - \dfrac{5}{6} =$

7 $6 - \dfrac{5}{12} =$

3 $6 - \dfrac{4}{7} =$

8 $5 - \dfrac{4}{13} =$

4 $4 - \dfrac{3}{8} =$

9 $8 - \dfrac{9}{14} =$

5 $3 - \dfrac{3}{10} =$

10 $7 - \dfrac{8}{15} =$

❇ 계산하세요.

* (자연수)−(진분수) 빠르게 푸는 방법

$$9-4=5$$

$$3-\dfrac{4}{9}=2\dfrac{5}{9}$$

← (분모)−(분자)

← 분모는 그대로

$$3-1=2$$

가분수로 나타낸 1만큼 빼줘요.

① $2-\dfrac{1}{6}=$

② $5-\dfrac{3}{7}=$

③ $3-\dfrac{2}{9}=$

④ $4-\dfrac{7}{8}=$

⑤ $5-\dfrac{5}{12}=$

⑥ $6-\dfrac{7}{10}=$

⑦ $7-\dfrac{5}{13}=$

⑧ $8-\dfrac{11}{14}=$

⑨ $4-\dfrac{6}{15}=$

⑩ $9-\dfrac{8}{17}=$

⑪ $10-\dfrac{7}{19}=$

17 대분수를 뺄 때도 1만큼을 가분수로!

❈ 계산하세요.

* (자연수)−(대분수)

$$8 - 2\frac{7}{8} = 7\frac{8}{8} - 2\frac{7}{8} = 5\frac{1}{8}$$

$$8 = 7 + \frac{8}{8} = 7\frac{8}{8}$$

① $5 - 2\frac{1}{3} = 4\frac{\boxed{}}{3} - 2\frac{1}{3} = \boxed{}\frac{\boxed{}}{3}$

5에서 1만큼을 분모가 3인 가분수로 바꿔요.

② $7 - 3\frac{1}{4} =$

③ $9 - 3\frac{3}{5} =$

④ $6 - 1\frac{5}{6} =$

⑤ $5 - 2\frac{4}{7} =$

⑥ $3 - 1\frac{5}{9} =$

⑦ $9 - 2\frac{1}{10} =$

⑧ $7 - 2\frac{4}{11} =$

⑨ $4 - 1\frac{7}{12} =$

⑩ $6 - 3\frac{2}{13} =$

⑪ $8 - 5\frac{5}{14} =$

집중 시간 **2분**

❉ 계산하세요.

1 $3 - 1\dfrac{4}{7} =$

$\boxed{2\dfrac{7}{7}}$

2 $8 - 3\dfrac{1}{6} =$

3 $9 - 4\dfrac{3}{8} =$

4 $5 - 1\dfrac{1}{10} =$

5 $4 - 2\dfrac{5}{9} =$

6 $6 - 3\dfrac{11}{12} =$

7 $7 - 3\dfrac{9}{11} =$

8 $5 - 1\dfrac{7}{16} =$

9 $4 - 2\dfrac{11}{14} =$

10 $6 - 1\dfrac{6}{13} =$

11 $8 - 3\dfrac{2}{15} =$

12 $7 - 6\dfrac{9}{17} =$

18 분수끼리 뺄 수 없는 (대분수)−(대분수)

자연수끼리, 분수끼리 빼어 계산하세요.

* 분수끼리 뺄 수 없는 대분수의 뺄셈

❷ 자연수끼리, 분수끼리 빼요.

$$4\dfrac{1}{3} - 1\dfrac{2}{3} = 3\dfrac{4}{3} - 1\dfrac{2}{3} = 2\dfrac{2}{3}$$

❶ 1만큼을 분모가 3인 가분수로 바꿔요.

$$4\dfrac{1}{3} = 1 + 3\dfrac{1}{3} = \dfrac{3}{3} + 3\dfrac{1}{3} = 3\dfrac{4}{3}$$

① $5\dfrac{2}{4} - 2\dfrac{3}{4} =$

② $8\dfrac{1}{5} - 4\dfrac{2}{5} =$

③ $5\dfrac{2}{6} - 2\dfrac{3}{6} =$

④ $7\dfrac{1}{7} - 3\dfrac{2}{7} =$

⑤ $6\dfrac{2}{8} - 1\dfrac{5}{8} =$

⑥ $5\dfrac{2}{9} - 3\dfrac{7}{9} =$

⑦ $9\dfrac{5}{10} - 4\dfrac{6}{10} =$

⑧ $8\dfrac{2}{11} - 6\dfrac{3}{11} =$

⑨ $6\dfrac{5}{12} - 2\dfrac{10}{12} =$

⑩ $9\dfrac{8}{13} - 2\dfrac{11}{13} =$

✿ 자연수끼리, 분수끼리 빼어 계산하세요.

*** 분수끼리 뺄 수 없는 대분수의 뺄셈 바로 푸는 꿀팁**

$$6\frac{3}{8} - 1\frac{5}{8} = 4\frac{6}{8}$$

❶ 자연수를 /로 지우고, 1을 뺀 수를 위에 작게 써요.
➡ $6 - 1 = 5$
❷ 분모와 분자를 더해서 분자 위에 작게 써요.
➡ $8 + 3 = 11$
❸ 자연수끼리, 분수끼리 빼어 계산해요.

---

1. $4\frac{1}{7} - 1\frac{3}{7} =$

2. $6\frac{2}{9} - 2\frac{4}{9} =$

3. $5\frac{2}{10} - 3\frac{5}{10} =$

4. $7\frac{4}{8} - 1\frac{7}{8} =$

5. $8\frac{6}{11} - 2\frac{8}{11} =$

6. $5\frac{3}{14} - 2\frac{8}{14} =$

7. $3\frac{10}{15} - 1\frac{12}{15} =$

8. $7\frac{7}{13} - 3\frac{10}{13} =$

9. $4\frac{14}{17} - 2\frac{16}{17} =$

10. $9\frac{5}{16} - 5\frac{12}{16} =$

19 분수끼리 뺄 수 없는 (대분수)－(진분수)

✂ 계산하세요.

1 $6\dfrac{1}{3} - \dfrac{2}{3} = 5\dfrac{\boxed{4}}{3} - \dfrac{2}{3} = \boxed{}\dfrac{\boxed{}}{3}$

2 $2\dfrac{2}{4} - \dfrac{3}{4} = \boxed{}\dfrac{\boxed{}}{4} - \dfrac{3}{4} = \boxed{}\dfrac{\boxed{}}{4}$

3 $3\dfrac{1}{5} - \dfrac{4}{5} =$

4 $5\dfrac{3}{6} - \dfrac{4}{6} =$

5 $3\dfrac{4}{7} - \dfrac{6}{7} =$

6 $4\dfrac{2}{8} - \dfrac{5}{8} =$

7 $4\dfrac{2}{9} - \dfrac{7}{9} =$

8 $3\dfrac{5}{10} - \dfrac{8}{10} =$

9 $6\dfrac{8}{11} - \dfrac{9}{11} =$

10 $8\dfrac{6}{12} - \dfrac{11}{12} =$

11 $7\dfrac{7}{13} - \dfrac{10}{13} =$

12 $1\dfrac{1}{14} - \dfrac{10}{14} =$

집중 시간 3분

😊 계산하세요.

---

* 분수끼리 뺄 수 없는 (대분수)−(진분수) 바로 푸는 꿀팁

$$3\dfrac{3}{8} - \dfrac{6}{8} = 2\dfrac{5}{8}$$

❶ 자연수를 ╱로 지우고, 1을 뺀 수를 위에 작게 써요.
➡ 3−1=2
❷ 분모와 분자를 더해서 분자 위에 작게 써요.
➡ 8+3=11
❸ 자연수끼리, 분수끼리 빼어 계산해요.

---

① $3\dfrac{1}{4} - \dfrac{2}{4} =$

② $2\dfrac{2}{5} - \dfrac{4}{5} =$

③ $5\dfrac{1}{10} - \dfrac{4}{10} =$

④ $4\dfrac{3}{8} - \dfrac{6}{8} =$

⑤ $7\dfrac{2}{6} - \dfrac{3}{6} =$

⑥ $4\dfrac{3}{11} - \dfrac{10}{11} =$

⑦ $4\dfrac{3}{7} - \dfrac{6}{7} =$

⑧ $2\dfrac{5}{10} - \dfrac{8}{10} =$

⑨ $7\dfrac{1}{9} - \dfrac{6}{9} =$

⑩ $3\dfrac{4}{13} - \dfrac{8}{13} =$

20 대분수를 가분수로 바꾸어 빼는 연습

❄ 대분수를 가분수로 바꾸어 계산하세요.

① $3\dfrac{1}{3} - 1\dfrac{2}{3} = \dfrac{\square}{3} - \dfrac{\square}{3} = \dfrac{\square}{3} = \square\dfrac{\square}{3}$

⑥ $3\dfrac{4}{8} - 2\dfrac{7}{8} =$

② $5\dfrac{1}{4} - 2\dfrac{2}{4} =$

⑦ $5\dfrac{3}{9} - 1\dfrac{4}{9} =$

③ $4\dfrac{3}{5} - 3\dfrac{4}{5} =$

⑧ $8\dfrac{2}{10} - 6\dfrac{7}{10} =$

④ $6\dfrac{1}{6} - \dfrac{2}{6} =$

⑨ $7\dfrac{6}{11} - \dfrac{9}{11} =$

⑤ $5\dfrac{2}{7} - \dfrac{5}{7} =$

⑩ $3\dfrac{3}{12} - \dfrac{8}{12} =$

집중 시간 4분

❊ 대분수를 가분수로 바꾸어 계산하세요.

1. $6\dfrac{1}{4} - 2\dfrac{2}{4} =$

2. $5\dfrac{1}{7} - 1\dfrac{6}{7} =$

3. $7\dfrac{2}{5} - 4\dfrac{3}{5} =$

4. $5\dfrac{1}{6} - 2\dfrac{5}{6} =$

5. $4\dfrac{3}{8} - \dfrac{6}{8} =$

6. $6\dfrac{2}{9} - \dfrac{4}{9} =$

7. $8\dfrac{2}{10} - 2\dfrac{5}{10} =$

8. $4\dfrac{6}{11} - 1\dfrac{7}{11} =$

9. $5\dfrac{1}{12} - 2\dfrac{8}{12} =$

10. $3\dfrac{2}{13} - 1\dfrac{12}{13} =$

11. $2\dfrac{8}{14} - \dfrac{9}{14} =$

12. $1\dfrac{2}{16} - \dfrac{11}{16} =$

21 여러 가지 분수의 뺄셈 연습

✂ 계산하세요.

1. $\dfrac{8}{9} - \dfrac{2}{9} =$

2. $\dfrac{6}{7} - \dfrac{4}{7} =$

3. $1 - \dfrac{7}{10} =$

4. $5\dfrac{11}{12} - 3\dfrac{6}{12} =$

5. $7\dfrac{12}{13} - 2\dfrac{3}{13} =$

6. $8\dfrac{15}{16} - 4\dfrac{6}{16} =$

7. $3 - \dfrac{7}{8} =$

8. $7 - 2\dfrac{4}{11} =$

9. $4\dfrac{2}{6} - \dfrac{3}{6} =$

10. $8\dfrac{1}{10} - 6\dfrac{8}{10} =$

11. $9\dfrac{7}{15} - 3\dfrac{14}{15} =$

12. $6\dfrac{9}{18} - \dfrac{10}{18} =$

✂ 계산하세요.

1 $\dfrac{3}{4} - \dfrac{2}{4} =$

2 $\dfrac{6}{7} - \dfrac{3}{7} =$

3 $8\dfrac{7}{9} - 1\dfrac{3}{9} =$

4 $7\dfrac{4}{6} - 5\dfrac{3}{6} =$

5 $1 - \dfrac{9}{11} =$

6 $4 - \dfrac{9}{13} =$

7 $9 - 2\dfrac{3}{8} =$

8 $6 - 4\dfrac{4}{12} =$

9 $7\dfrac{4}{16} - 2\dfrac{13}{16} =$

10 $8\dfrac{7}{17} - 2\dfrac{15}{17} =$

11 $4\dfrac{3}{18} - 2\dfrac{16}{18} =$

12 $6\dfrac{8}{14} - 5\dfrac{11}{14} =$

 **22** 생활 속 연산 – 분수의 뺄셈

그림을 보고 ☐ 안에 알맞은 수를 써넣으세요.

1 

분수 나라 공주의 머리카락의 길이는 1 m입니다.

이 중 $\dfrac{5}{12}$ m를 자르면 공주의 머리카락의 길이는

☐ m가 됩니다.

2 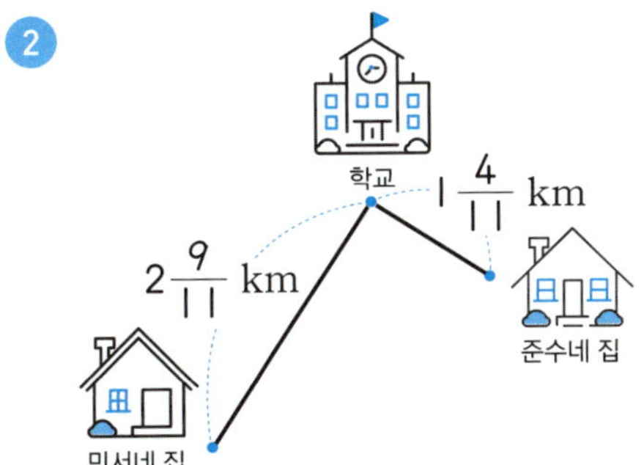

학교에서 민서네 집까지의 거리는 학교에서 준수네

집까지의 거리보다 ☐ km 더 멉니다.

3 

현지의 몸무게는 준수의 몸무게보다 $3\dfrac{2}{6}$ kg 더

가볍습니다. 현지의 몸무게는 ☐ kg입니다.

4 

딸기 $5\dfrac{3}{7}$ kg 중 $\dfrac{6}{7}$ kg을 사용하여 딸기잼을 만들

었습니다. 딸기잼을 만들고 남은 딸기는 ☐ kg

입니다.

물뿌리개에 담긴 물로 화분에 적힌 양만큼 물을 주려고 합니다. 화분에 물을 준 다음 물뿌리개에 남아 있는 물은 몇 L인지 이어 보세요.

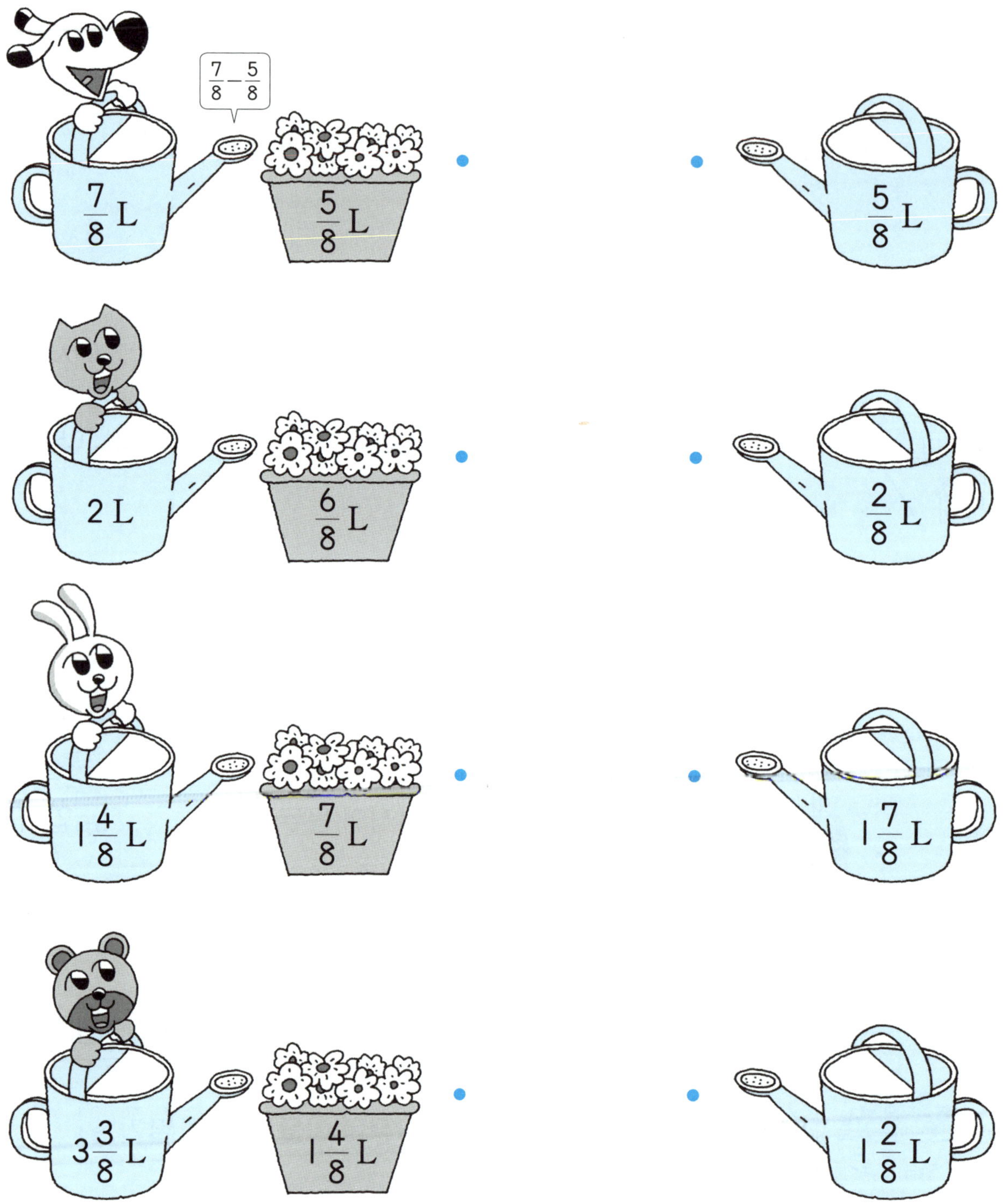

$$\dfrac{7}{8} - \dfrac{5}{8}$$

$\dfrac{7}{8}$ L 　 $\dfrac{5}{8}$ L ●　　　● $\dfrac{5}{8}$ L

2 L 　 $\dfrac{6}{8}$ L ●　　　● $\dfrac{2}{8}$ L

$1\dfrac{4}{8}$ L 　 $\dfrac{7}{8}$ L ●　　　● $1\dfrac{7}{8}$ L

$3\dfrac{3}{8}$ L 　 $1\dfrac{4}{8}$ L ●　　　● $1\dfrac{2}{8}$ L

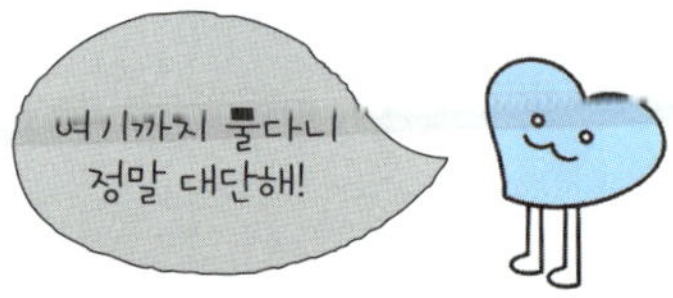

둘째 마당 통과 문제

틀린 문제는 꼭 다시 확인하고 넘어가요!

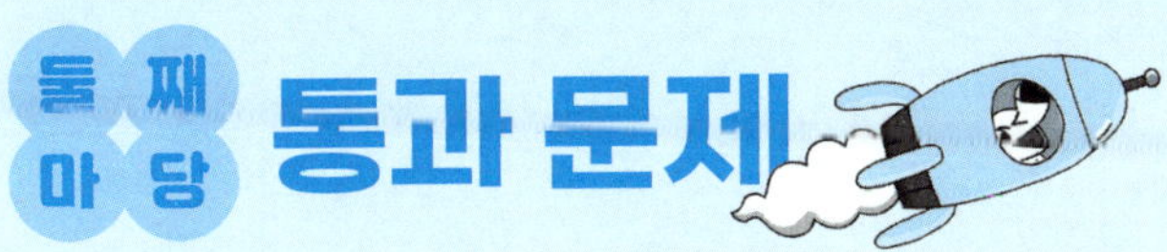

□ 안에 알맞은 수 또는 분수를 써넣으세요.

① $\frac{9}{13}-\frac{4}{13}=\frac{\square}{\square}$

② $\frac{6}{7}-\frac{1}{7}=\frac{\square}{\square}$

③ $4\frac{3}{5}-1\frac{1}{5}=\square\frac{\square}{\square}$

④ $7\frac{5}{9}-4\frac{4}{9}=\square\frac{\square}{\square}$

⑤ $1-\frac{4}{11}=\frac{\square}{\square}$

⑥ $1-\frac{7}{10}=\frac{\square}{\square}$

⑦ $5-\frac{1}{2}=\square\frac{\square}{\square}$

⑧ $6-\frac{5}{13}=\square\frac{\square}{\square}$

⑨ $4-2\frac{1}{2}=\square\frac{\square}{\square}$

⑩ $8-3\frac{5}{7}=\square\frac{\square}{\square}$

⑪ $6\frac{5}{12}-3\frac{7}{12}=\square\frac{\square}{\square}$

⑫ $9\frac{3}{8}-5\frac{5}{8}=\square\frac{\square}{\square}$

⑬ $5\frac{1}{4}-\frac{3}{4}=\square\frac{\square}{\square}$

⑭ $3\frac{4}{9}-1\frac{4}{9}=\square$

⑮ 정호는 물 $4\frac{4}{9}$ L 중 $4\frac{1}{9}$ L를 마셨습니다. 남은 물은 □ L입니다.

오늘 공부한
단계를 색칠해
보세요!

소수

28

29

30

✪ 소수 두 자리 수

- 분수 $\dfrac{1}{100}$은 소수로 0.01이라 쓰고,
영 점 영일이라고 읽습니다.

- 2.63은 이 점 육삼이라고 읽습니다.

$$\dfrac{1}{100}=0.01$$

전체를 똑같이 100으로
나눈 것 중의 하나를 나타내요.

0.01

일의 자리	.	소수 첫째 자리	소수 둘째 자리
이 2	점 .	육 6	삼 3

나타내는 수 —2 　　0.6 　　0.03

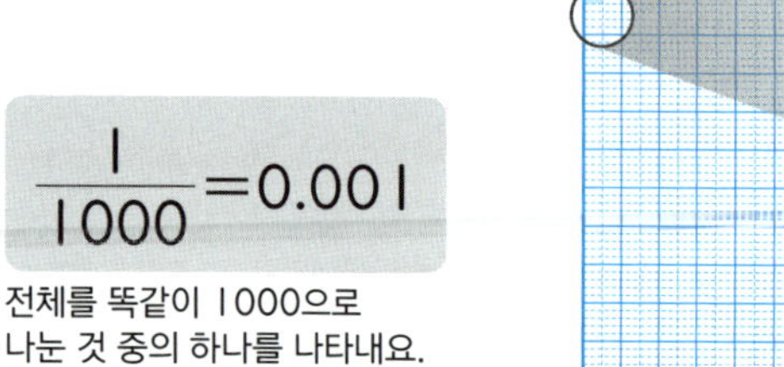

✪ 소수 세 자리 수

- 분수 $\dfrac{1}{1000}$은 소수로 0.001이라 쓰고, 영 점 영영일이라고 읽습니다.

$$\dfrac{1}{1000}=0.001$$

전체를 똑같이 1000으로
나눈 것 중의 하나를 나타내요.

- 7.586은 칠 점 오팔육이라고 읽습니다.

일의 자리	.	소수 첫째 자리	소수 둘째 자리	소수 셋째 자리
칠 7	점 .	오 5	팔 8	육 6

나타내는 수 —7 　　0.5 　　0.08 　　0.006

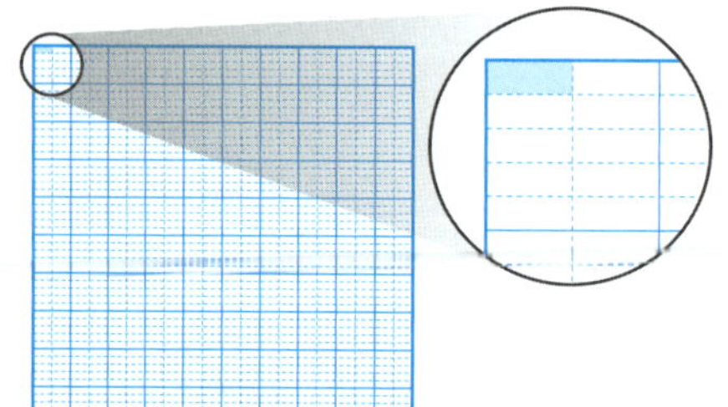

23 분수를 소수로 나타낼 수 있어

❈ 분수를 소수로 나타내고, 읽어 보세요.

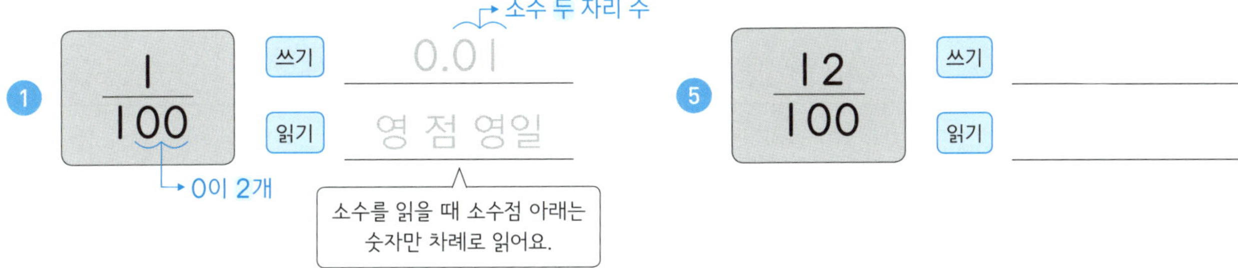

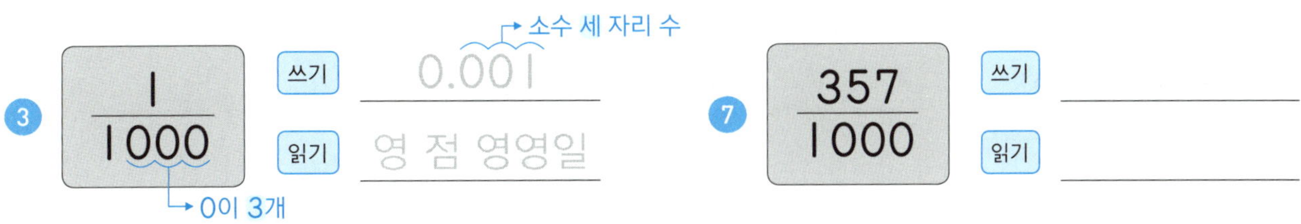

23

✂ 분수를 소수로 나타내고, 읽어 보세요.

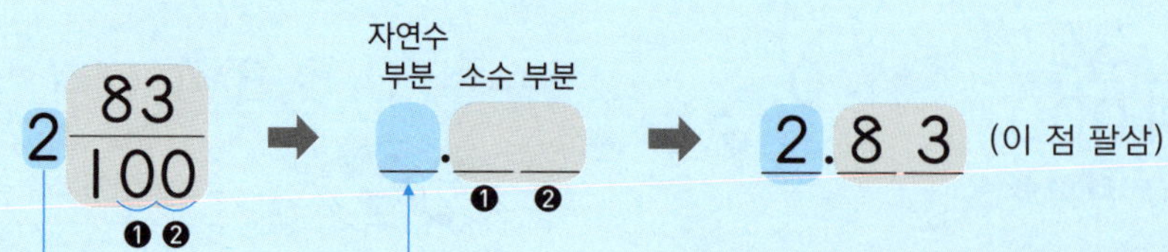

* 대분수를 소수로 나타내는 방법
  - 자연수는 자연수 부분에 분수는 소수 부분에 나타내요.

$2\dfrac{83}{100}$ → (자연수 부분)(소수 부분) → 2.83 (이 점 팔삼)

1 $3\dfrac{1}{100}$ 쓰기 ___3.01___ 읽기 ___삼 점 영일___

5 $2\dfrac{1}{1000}$ 쓰기 ______ 읽기 ______

2 $2\dfrac{9}{100}$ 쓰기 ______ 읽기 ______

6 $1\dfrac{13}{1000}$ 쓰기 ______ 읽기 ______

3 $6\dfrac{23}{100}$ 쓰기 ______ 읽기 ______

7 $7\dfrac{365}{1000}$ 쓰기 ______ 읽기 ______

4 $8\dfrac{61}{100}$ 쓰기 ______ 읽기 ______

8 $5\dfrac{408}{1000}$ 쓰기 ______ 읽기 ______

24 자릿값의 개수로 소수를 알 수 있어

✂ 다음이 나타내는 수를 써 보세요.

일의 자리   소수 첫째 자리   소수 둘째 자리

1이 **3**개, 0.1이 **2**개, 0.01이 **4**개인 수 ➡ **3.24**

3   0.2   0.04

---

1 1이 3개, 0.1이 7개, 0.01이 4개인 수 ➡ (   )

2 1이 5개, 0.1이 4개, 0.01이 8개인 수 ➡ (   )

3 1이 4개, 0.01이 2개인 수 ➡ (   )

4 1이 2개, 0.1이 5개, 0.001이 3개인 수 ➡ (   )

5 0.1이 6개, 0.01이 1개, 0.001이 9개인 수 ➡ (   )

다음이 나타내는 수를 써 보세요.

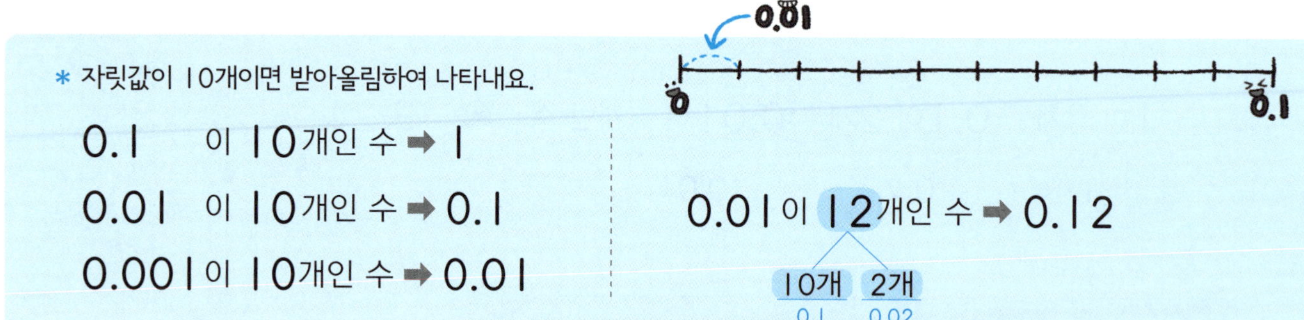

1 1이 4개, 0.1이 5개, 0.01이 13개인 수 ➡ (   )

0.13

2 1이 3개, 0.01이 18개인 수 ➡ (   )

3 1이 7개, 0.01이 16개, 0.001이 8개인 수 ➡ (   )

4 0.1이 29개, 0.01이 1개, 0.001이 14개인 수 ➡ (   )

5 1이 5개, 0.1이 12개, 0.001이 6개인 수 ➡ (   )

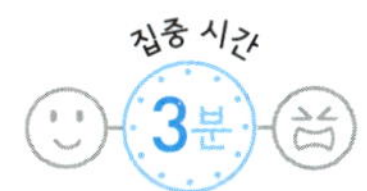

25 소수의 각 자리 숫자가 나타내는 수

집중 시간 3분

각 자리 숫자가 나타내는 수를 써넣으세요.

* 자릿값에서 1을 각 자리의 숫자로 바꾸면 나타내는 수가 돼요.

6.34 →

자릿값	
일 →	1
소수 첫째 →	0.1
소수 둘째 →	0.01

→

나타내는 수
6
0.3
0.04

같은 숫자여도 자리에 따라 나타내는 수가 달라요.

		일의 자리	소수 첫째 자리	소수 둘째 자리	소수 셋째 자리
1	3.33	3	0.3	0.03	
2	1.97				
3	7.69				
4	5.555				0.005
5	9.274				
6	8.491				

❄ 밑줄 친 부분이 나타내는 수를 써 보세요.

6.3<u>4</u>2 ➡ 0.04̸0̸

밑줄 친 자리를 제외한 나머지 숫자를 0으로 바꾸면
밑줄 친 부분이 나타내는 수를 쉽게 구할 수 있어요.

---

① 2.<u>7</u>5 ➡ (0.7)

② 5.1<u>2</u> ➡ ( )

③ 3.<u>6</u>2 ➡ ( )

④ 4.1<u>0</u>3 ➡ ( )

⑤ 7.6<u>4</u>8 ➡ ( )

⑥ <u>2</u>.67 ➡ ( )

⑦ 1.1<u>9</u> ➡ ( )

⑧ 7.<u>5</u>7 ➡ ( )

앗! 실수

⑨ 5.<u>5</u>58 ➡ ( )

⑩ <u>5</u>.558 ➡ ( )

⑪ 5.5<u>5</u>8 ➡ ( )

26 높은 자리부터 차례로 비교하자

❀ 두 수의 크기를 비교하여 ○ 안에 >, =, <를 알맞게 써넣으세요.

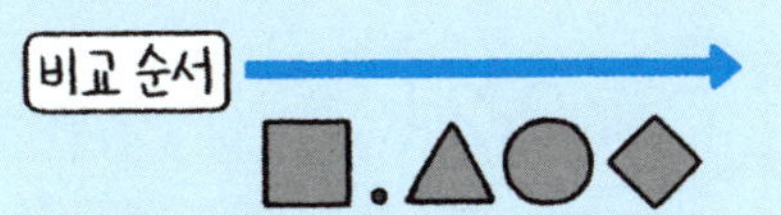

1 3.91 ◯ 3.63

2 0.416 ◯ 0.418

3 3.105 ◯ 2.958

4 1.749 ◯ 1.751

5 6.751 ◯ 6.734

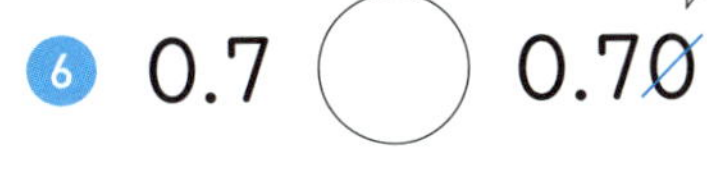

6 0.7 ◯ 0.70

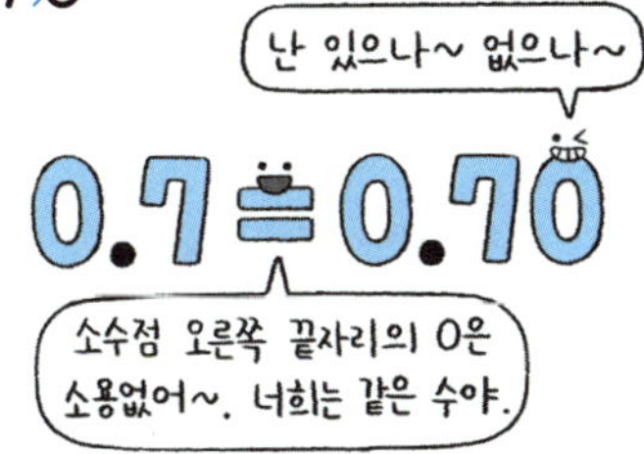

7 5.240 ◯ 5.24

8 0.31 ◯ 0.301

9 2.75 ◯ 2.749

10 4.258 ◯ 4.28

11 7.03 ◯ 7.3

✂ 두 수의 크기를 비교하여 ◯ 안에 >, =, <를 알맞게 써넣으세요.

1 0.03 ◯ $\dfrac{3}{100}$ $= 0.03$

> 분수를 소수로 바꾸어
> 크기를 비교해 보세요~.

2 0.05 ◯ $\dfrac{5}{1000}$

3 $\dfrac{34}{100}$ ◯ 0.034

4 $\dfrac{476}{1000}$ ◯ 4.76

5 4.037 ◯ $4\dfrac{307}{1000}$

6 5.06 ◯ $5\dfrac{6}{1000}$

7 0.199 ◯ 0.21

8 7.52 ◯ 7.499

9 2.999 ◯ 10.08

10 1.389 ◯ 1.398

앗! 실수

11 3.509 ◯ 3.59

> 소수점 아래 자리가 많아도
> 더 작은 수일 수도 있어요.

12 1.243 ◯ 1.25

27 소수점이 이동하는 규칙 알아보기 (1)

✂ 빈칸에 알맞은 수를 써넣으세요.

* 소수를 10배 하면 소수점이 오른쪽으로 1칸 이동해요.

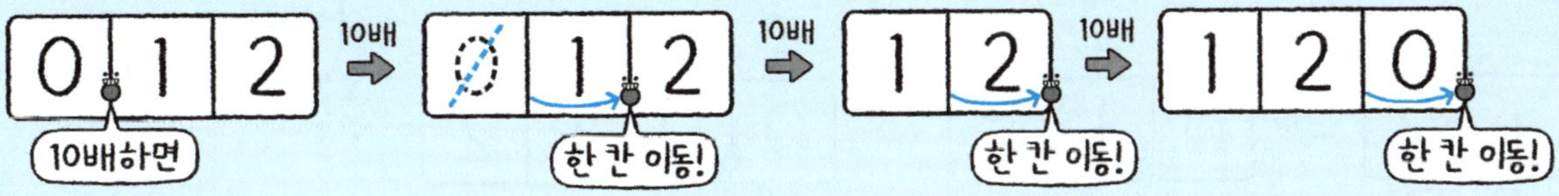

① 0.03 →(10배)→ [ ] (0.03) →(10배)→ 3 (0.3) →(10배)→ 30

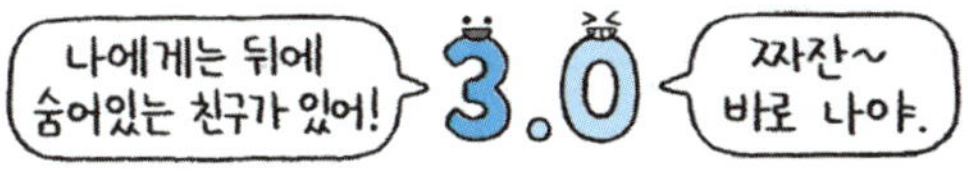

② 4.17 →(10배)→ [ ] →(10배)→ [ ] →(10배)→ 4170

③ 0.007 →(10배)→ 0.07 (0.007) →(10배)→ [ ] →(10배)→ [ ]

④ 0.613 →(10배)→ [ ] →(10배)→ 61.3 →(10배)→ [ ]

⑤ 4.52 →(10배)→ [ ] (4.52) →(10배)→ [ ] →(10배)→ 4520 (452 0)

⑥ 0.834 →(10배)→ [ ] (0.834) →(10배)→ [ ] →(10배)→ [ ]

❖ 빈칸에 알맞은 수를 써넣으세요.

* 소수의 $\frac{1}{10}$ 을 하면 소수점이 왼쪽으로 한 칸 이동해요.

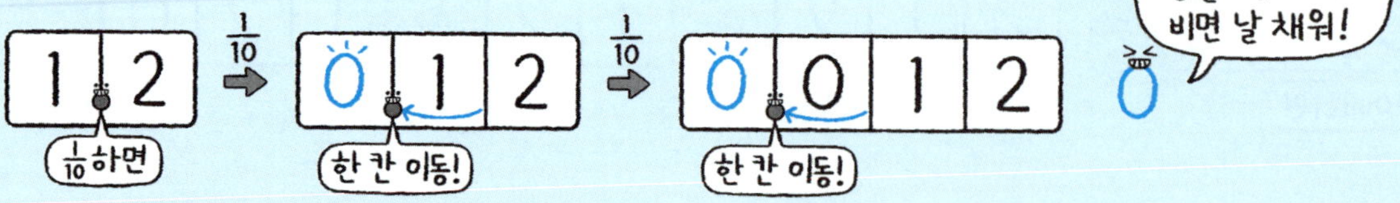

1 3 $\xrightarrow{\frac{1}{10}}$ 0.3 $\xrightarrow{\frac{1}{10}}$ 0.03 $\xrightarrow{\frac{1}{10}}$ [ ]

자연수 뒤에 소수점이 있다고 생각하면 쉬워요. 3=3.0

2 50 $\xrightarrow{\frac{1}{10}}$ [ ] $\xrightarrow{\frac{1}{10}}$ 0.5 $\xrightarrow{\frac{1}{10}}$ [ ]

3 86 $\xrightarrow{\frac{1}{10}}$ [ ] $\xrightarrow{\frac{1}{10}}$ [ ] $\xrightarrow{\frac{1}{10}}$ 0.086

4 73 $\xrightarrow{\frac{1}{10}}$ [ ] $\xrightarrow{\frac{1}{10}}$ 0.73 $\xrightarrow{\frac{1}{10}}$ [ ]

5 400 $\xrightarrow{\frac{1}{10}}$ 40 $\xrightarrow{\frac{1}{10}}$ [ ] $\xrightarrow{\frac{1}{10}}$ [ ]

6 109 $\xrightarrow{\frac{1}{10}}$ [ ] $\xrightarrow{\frac{1}{10}}$ 1.09 $\xrightarrow{\frac{1}{10}}$ [ ]

28 소수점이 이동하는 규칙 알아보기 (2)

빈칸에 알맞은 수를 써넣으세요.

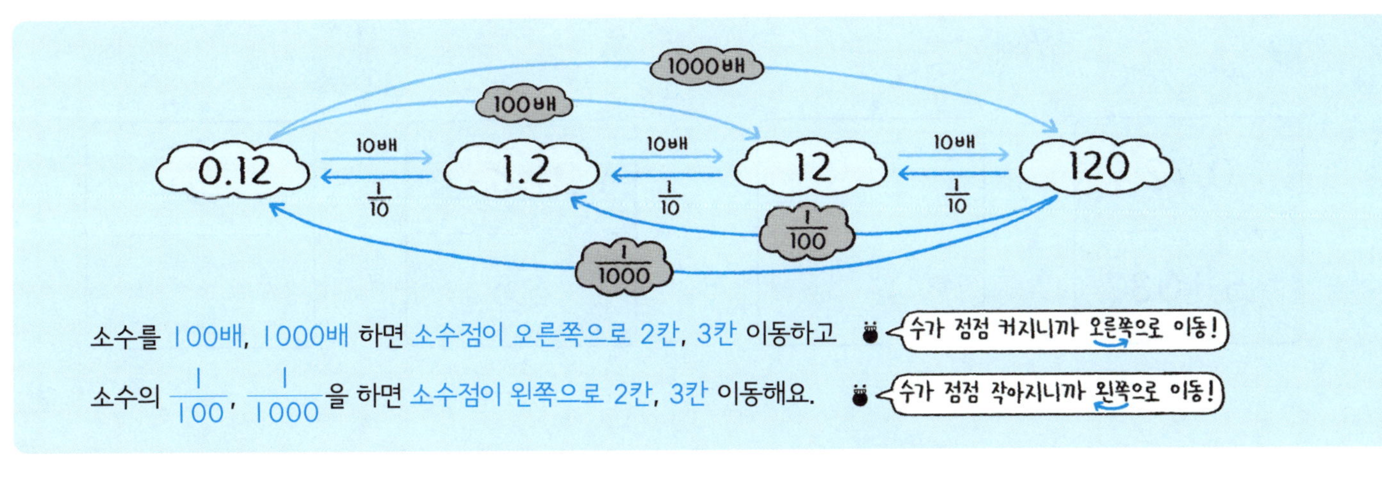

1 100배 / 1000배

0.013

2 100배 / 1000배

0.827

3 100배 / 1000배

2.05

4 $\frac{1}{100}$ / $\frac{1}{1000}$

70

5 $\frac{1}{100}$ / $\frac{1}{1000}$

38

6 $\frac{1}{100}$ / $\frac{1}{1000}$

95

✂ 빈칸에 알맞은 수를 써넣으세요.

1 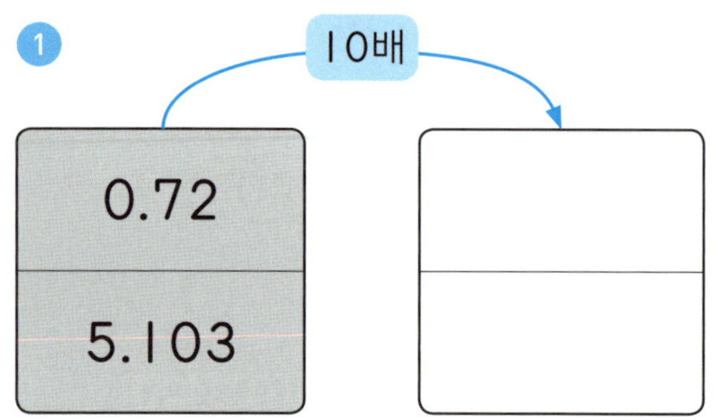

4 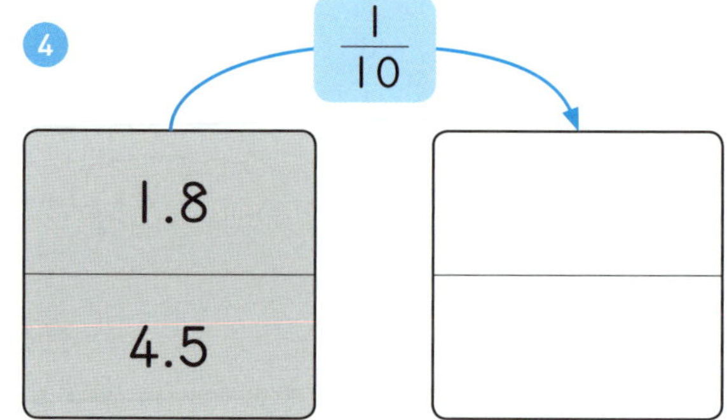

2 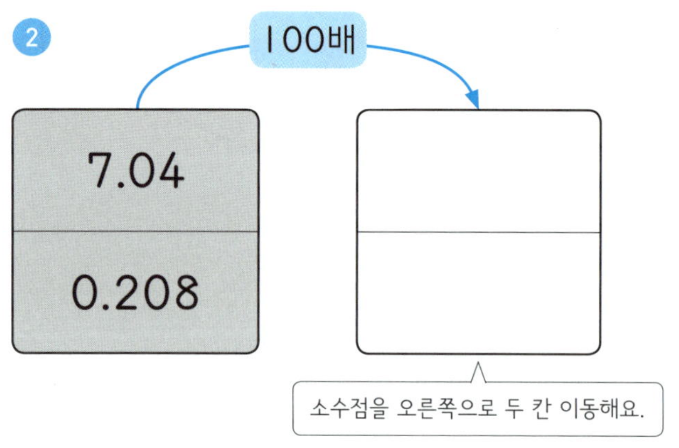

5 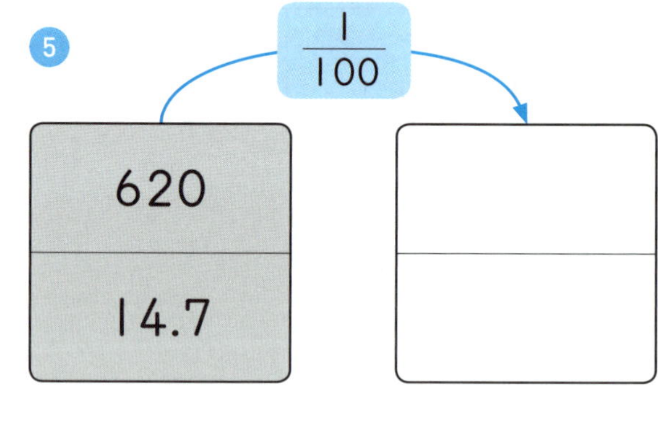

3 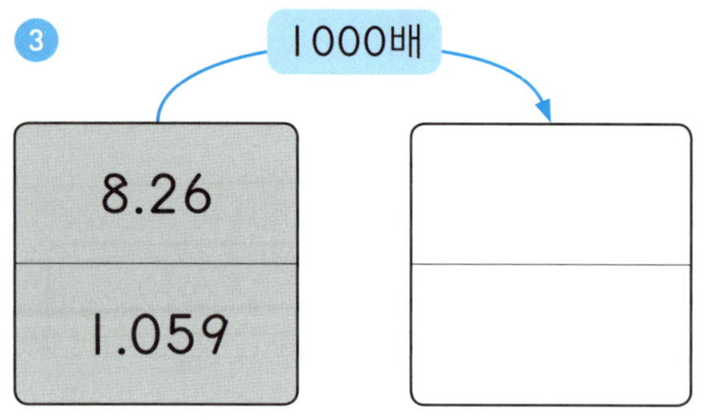

6 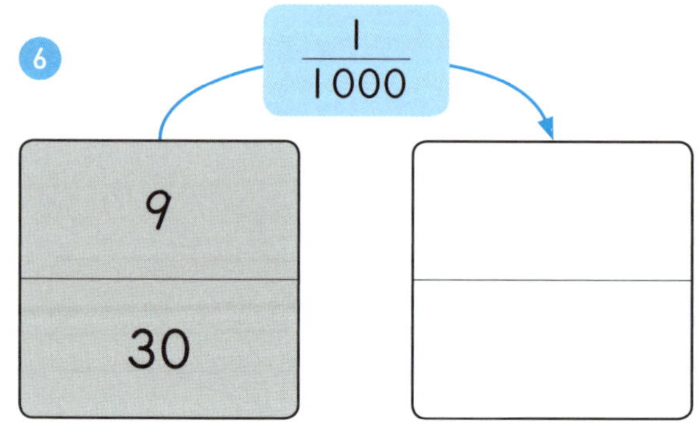

29 1 mm 는 0.1 cm, 1 cm 는 0.01 m

✂ ☐ 안에 알맞은 수를 써넣으세요.

1 2 mm = ☐ 0.2 ☐ cm ← ▲ mm=0.▲ cm
　　　　　　　 2.0

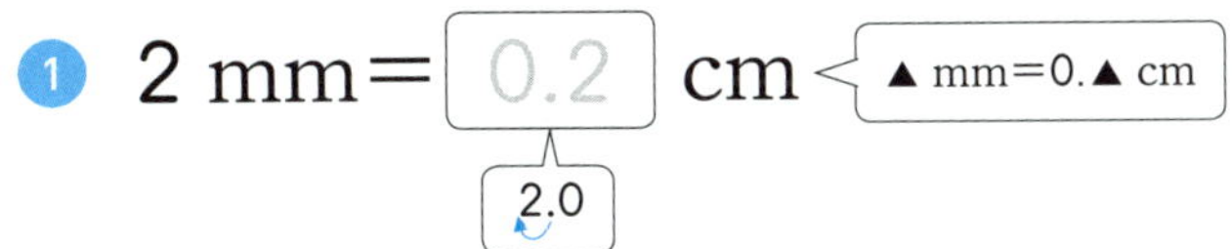

2 5 mm = ☐ cm

3 8 mm = ☐ cm

4 10 mm = ☐ cm
　　　　　　 1.0에서 0을
　　　　　　 생략할 수 있어요.

5 30 mm = ☐ cm

6 65 mm = ☐ cm
　　　　　 ■▲ mm=■.▲ cm

7 100 mm = ☐ cm

8 170 mm = ☐ cm

9 296 mm = ☐ cm

10 381 mm = ☐ cm

11 502 mm = ☐ cm

✂ □ 안에 알맞은 수를 써넣으세요.

m은 cm보다 100배 큰 단위예요.

① 2 cm = [0.02] m ◁ ▲ cm=0.0▲ m
2.0

***** cm를 m로 바꾸면 수가 $\frac{1}{100}$이 돼요.

$$1 \text{ cm} = 0.01 \text{ m}$$

② 3 cm = ☐ m

③ 15 cm = ☐ m
■▲ cm=0.■▲ mm

④ 13 cm = ☐ m

⑤ 27 cm = ☐ m

⑥ 40 cm = ☐ m

⑦ 100 cm = ☐ m

⑧ 263 cm = ☐ m

⑨ 309 cm = ☐ m

⑩ 458 cm = ☐ m

⑪ 140 cm = ☐ m

 **30** # 생활 속 연산 – 소수

그림을 보고 ☐ 안에 알맞은 수 또는 소수나 말을 써넣으세요.

1

현아: 1.47 m

현아의 키는 1.47 m입니다. 현아의 키의 소수

둘째 자리 숫자가 나타내는 수는 ☐ 입니다.

2

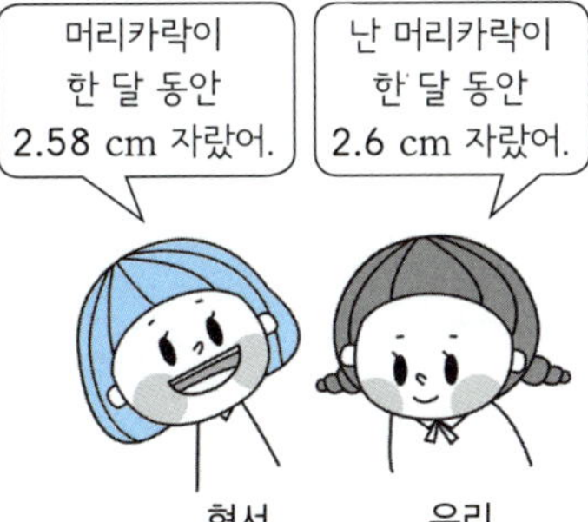

현서와 유리 중 한 달 동안 머리카락이 더 많이 자란

사람은 ☐ 입니다.

3

세계에서 가장 긴 속눈썹을 가진 사람은 그 길이가

12.4 cm라고 합니다. 이 길이는 ☐ mm 또는

☐ m와 같습니다.

4

마술 상자에 막대를 넣었다 빼면 길이가 처음 길이의

$\dfrac{1}{10}$이 됩니다. 길이가 9.4 cm인 막대를 마술 상자에 2번

넣었다 빼면 ☐ cm가 됩니다.

✂ 바빠독이 더 빠른 길로 여행을 가려고 합니다. 표지판에 적힌 거리가 더 가까운 길을 따라가 보세요.

1

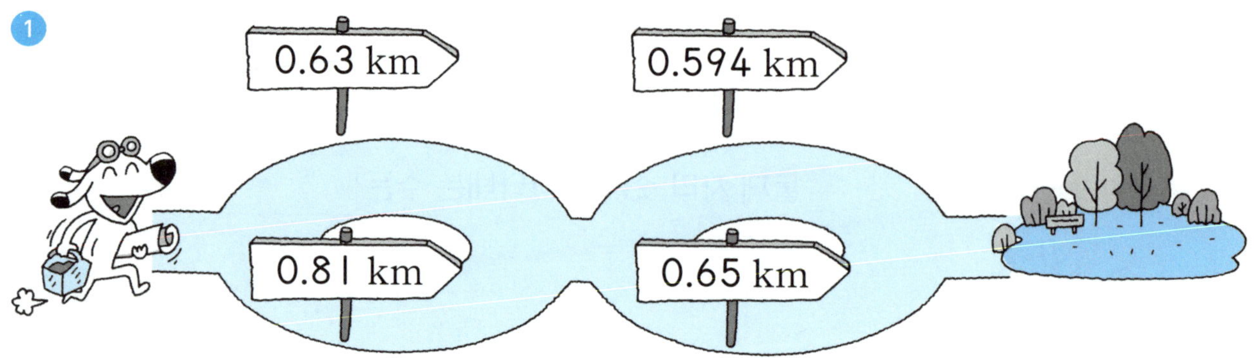

2

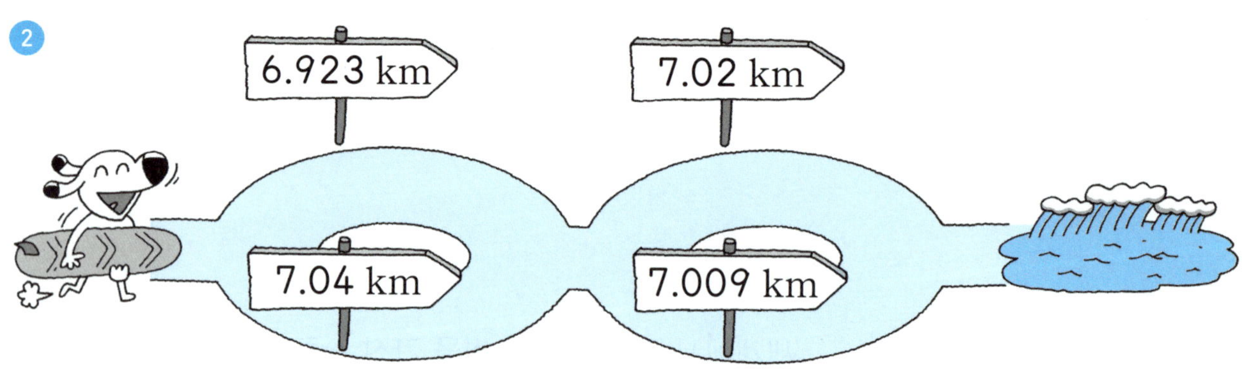

3

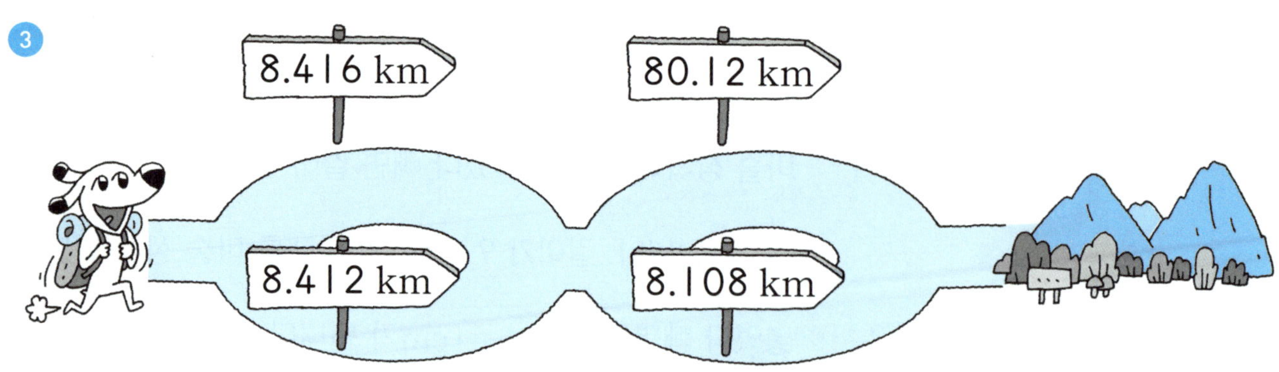

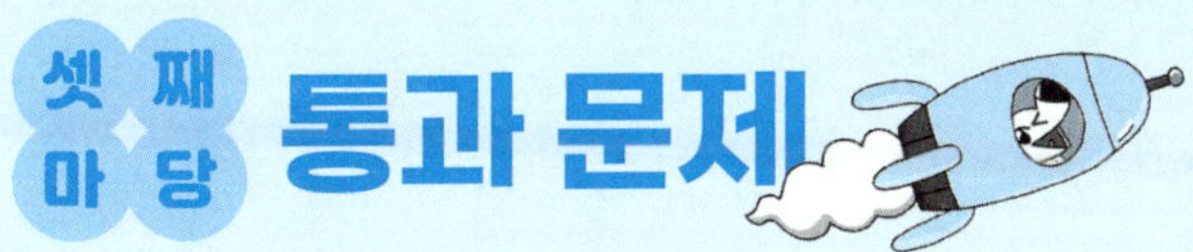

통과 문제

*틀린 문제는 꼭 다시 확인하고 넘어가요!

✄ □ 안에 알맞은 수 또는 소수를 써넣으세요.

1  $\dfrac{17}{100}$ ➡ 소수 □

2 $\dfrac{413}{1000}$ ➡ 소수 □

3 2.36
- 3이 나타내는 수: □
- 6이 나타내는 수: □

4 5.409
- 4가 나타내는 수: □
- 9가 나타내는 수: □

5 1이 4개, 0.01이 2개인 수는 □ 입니다.

6 0.1이 7개, 0.001이 6개인 수는 □ 입니다.

7 6.09   6.9
더 작은 수: □

8 1.749   1.751   1.745
- 가장 큰 수: □
- 가장 작은 수: □

9 1.14 ─10배→ □

10 5 ─$\dfrac{1}{100}$→ □

11 □ ─1000배→ 254

12 아진이의 키는 1.52 m입니다. 아진이의 키는 □ cm입니다.

오늘 공부한
단계를 색칠해
보세요!
32
31
33
35
34
36
37
38

소수의 덧셈과 뺄셈

✪ 소수의 덧셈

소수점의 위치를 맞추어 쓰고 같은 자리 수끼리 더한 다음 소수점을 같은 위치에 찍습니다.

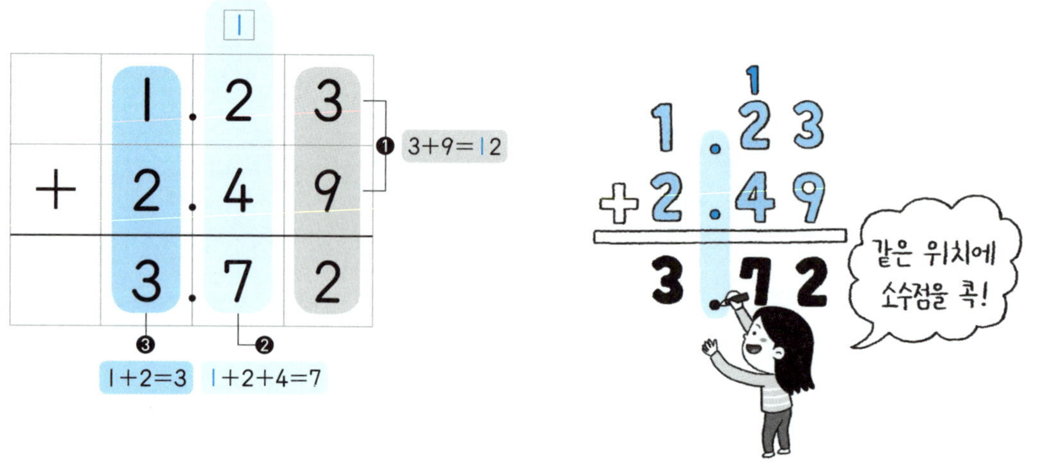

✪ 소수의 뺄셈

소수점의 위치를 맞추어 쓰고 같은 자리 수끼리 뺀 다음 소수점을 같은 위치에 찍습니다.

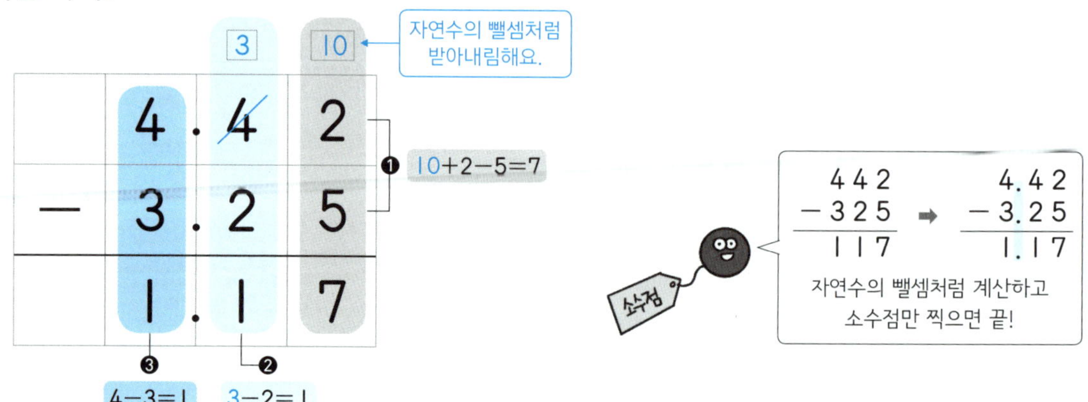

12.8−0.6을 세로셈으로 바르게 나타낸 것은 어느 것일까요?

①   1 2 . 8
   − 0 . 6

②   1 2 . 8
   −   0 . 6

31 같은 자리 수끼리 더한 후 소수점을 콕 찍자

❀ 계산하세요.

*** 소수 한 자리 수의 덧셈**

소수 첫째 자리에서 받아올림한 수

$$1.7 + 2.6$$

소수점의 위치를 맞추어 식을 써요. → 자연수의 덧셈처럼 계산해요. → 소수점을 같은 위치에 찍어요.

---

① 일 · 소수 첫째

①
$$0.2 + 0.7$$

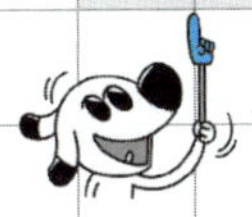

②
$$3.6 + 0.2$$

③
$$6.4 + 0.5$$

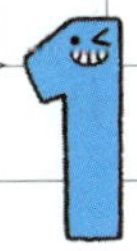

④
$$6.8 + 2.4$$

⑤
$$3.6 + 4.8$$

⑥
$$5.5 + 3.9$$

⑦
$$5.4 + 6.7$$

⑧
$$5.9 + 5.3$$

⑨
$$8.7 + 4.5$$

✂ 계산하세요.

	일	소수 첫째
①	1.	8
	+ 0.	4

② 4.5 + 1.6

③ 3.4 + 5.9

④ 0.6 + 1.4

자연수
2 = 소수
2.0

⑤ 6.8 + 2.7

⑥ 2.6 + 5.7

⑦ 9.3 + 3.4

⑧ 4.7 + 7.2

⑨ 5.7 + 9.9

⑩ 8.9 + 3.5

앗! 실수

⑪ 4.6 + 5.5

⑫ 3.8 + 6.8

32 소수점의 위치를 맞추어 쓰고 더하는 게 핵심!

✂ 세로셈으로 나타내고, 계산하세요.

1 4.2＋0.7

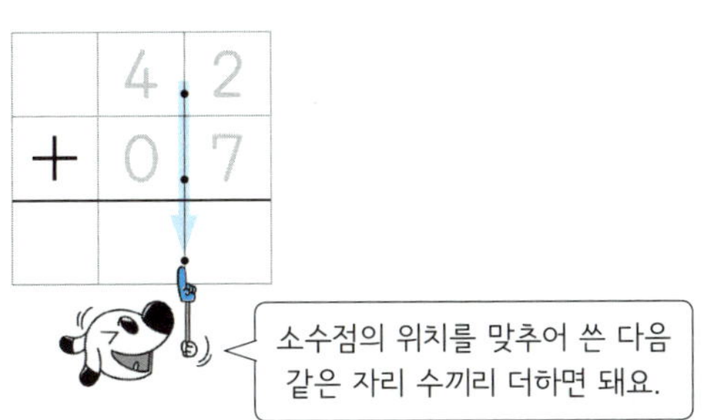

5 5.2＋2.9

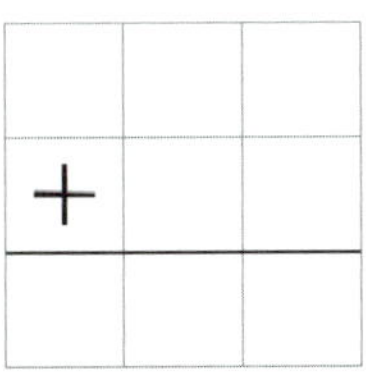

9 5.3＋5.6

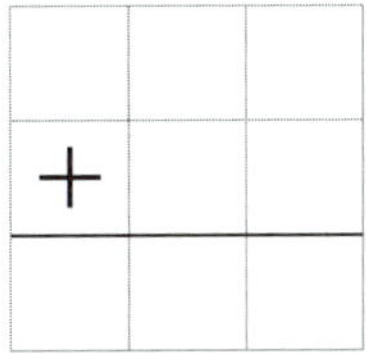

2 2.4＋6.3

6 2.8＋3.7

10 3.8＋8.9

3 0.9＋3.5

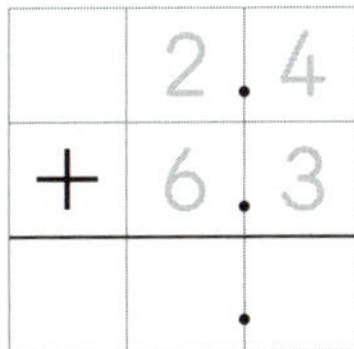

7 3.7＋5.6

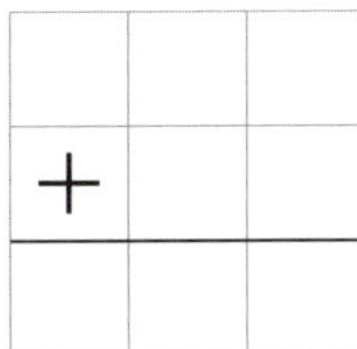

11 9.6＋3.8

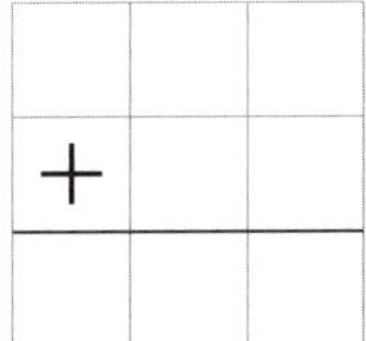

4 4.6＋1.8

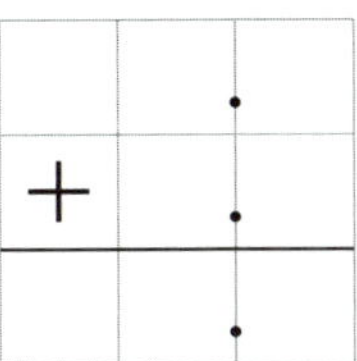

8 5.4＋6.5

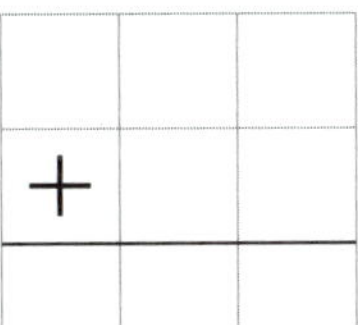

12 4.7＋5.4

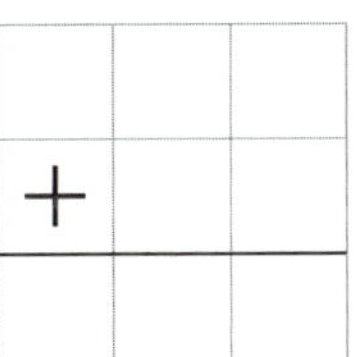

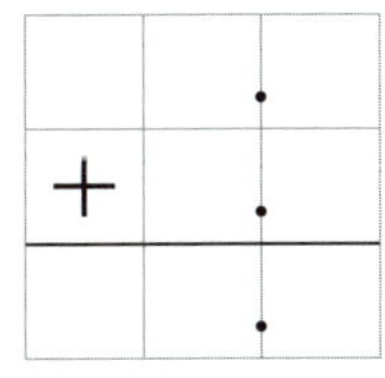
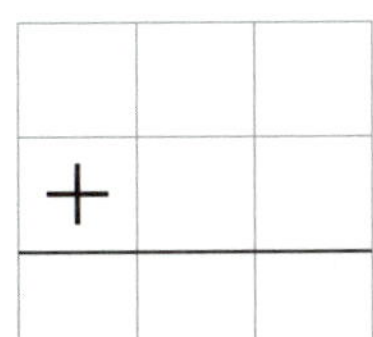
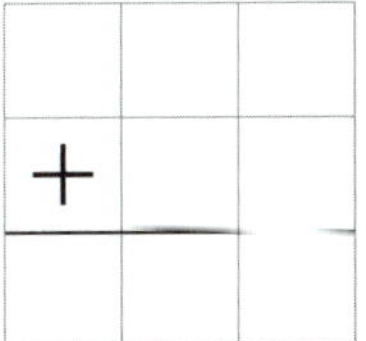

✵ 계산하세요.

1 2.3+3.6＝

2 1.6+4.7＝

7 6.8+3.8＝

3 3.4+5.8＝

8 4.5+6.7＝

4 1.9+2.4＝

9 9.9+7.4＝

5 5.7+6.4＝

10 3.5+8.6＝

6 8.2+1.8＝

11 9.8+4.7＝

33 소수 둘째 자리부터 차례로 더하자

✂ 계산하세요.

①
$$1.13 + 2.62 = 3.75$$

②
$$0.45 + 3.23$$

③
$$4.08 + 0.54$$

④
$$2.31 + 6.94$$

⑤
$$1.42 + 0.67$$

⑥
$$2.56 + 1.17$$

⑦
$$3.92 + 2.45$$

⑧
$$1.26 + 7.18$$

⑨
$$0.48 + 5.73$$

⑩
$$4.25 + 2.97$$

⑪
$$6.69 + 1.38$$

⑫
$$5.75 + 3.46$$

✂ 계산하세요.

	일	소수 첫째	소수 둘째
①	0.	2	6
+	4.	3	5

	일	소수 첫째	소수 둘째
②	0.	9	4
+	8.	3	1

	일	소수 첫째	소수 둘째
③	6.	3	8
+	0.	1	4

	일	소수 첫째	소수 둘째
④	1.	9	4
+	3.	2	6

	일	소수 첫째	소수 둘째
⑤	1.	3	4
+	2.	6	7

	일	소수 첫째	소수 둘째
⑥	5.	4	8
+	0.	9	6

	일	소수 첫째	소수 둘째
⑦	3.	2	7
+	4.	7	9

	일	소수 첫째	소수 둘째
⑧	2.	6	9
+	6.	5	7

	십	일	소수 첫째	소수 둘째
⑨		9.	6	4
+		3.	0	8

	십	일	소수 첫째	소수 둘째
⑩		2.	6	2
+		9.	4	6

앗! 실수

	십	일	소수 첫째	소수 둘째
⑪		8.	9	8
+		1.	6	7

	십	일	소수 첫째	소수 둘째
⑫		7.	2	9
+		3.	7	9

34 소수 두 자리 수의 덧셈 집중 연습

세로셈으로 나타내고, 계산하세요.

① 0.43+0.15

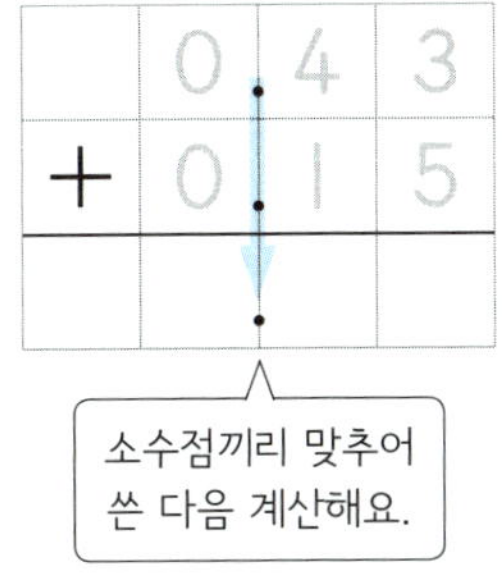

⑤ 1.36+2.19

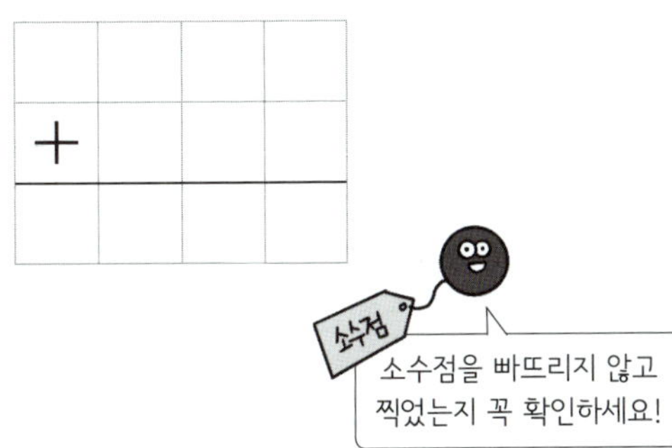

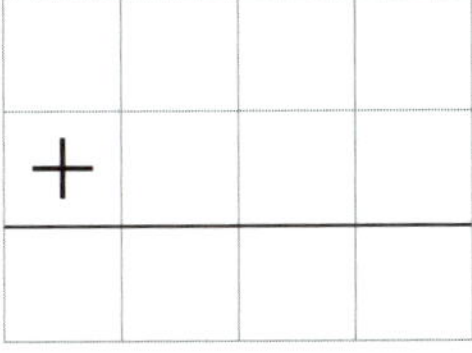

⑨ 2.53+4.69

② 1.82+3.04

⑥ 4.52+3.63

⑩ 1.72+9.45

③ 2.45+0.29

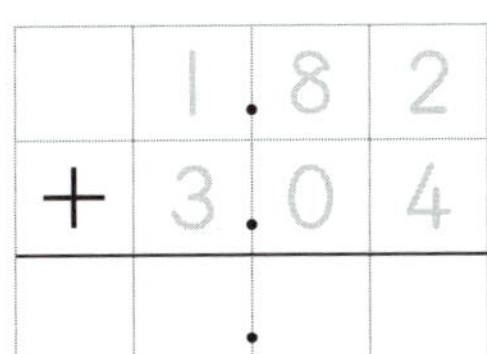

⑦ 5.81+2.62

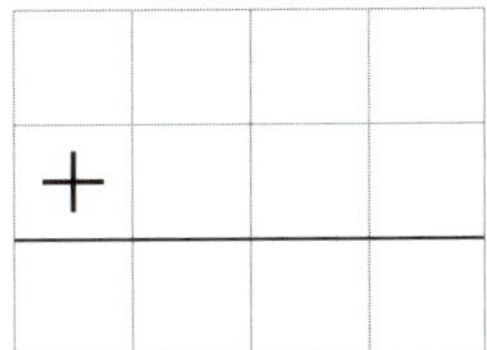

⑪ 3.49+7.84

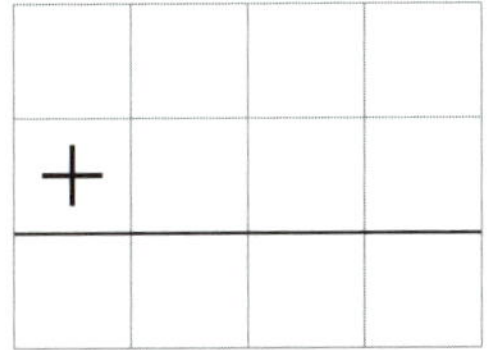

④ 3.51+1.74

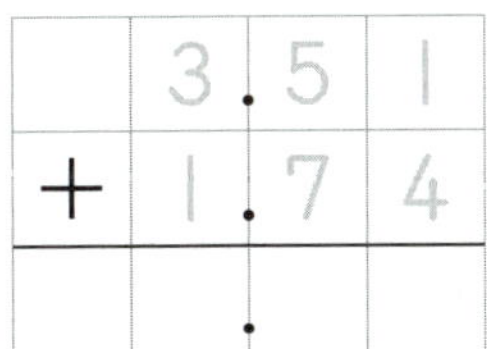

⑧ 6.28+0.76

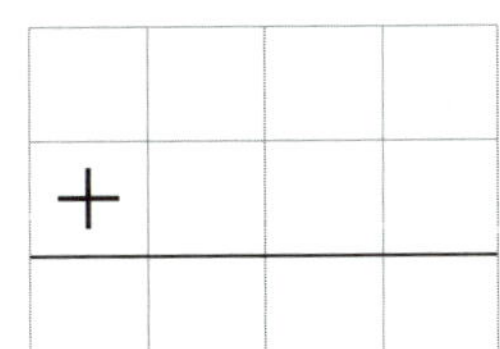

⑫ 5.73+6.58

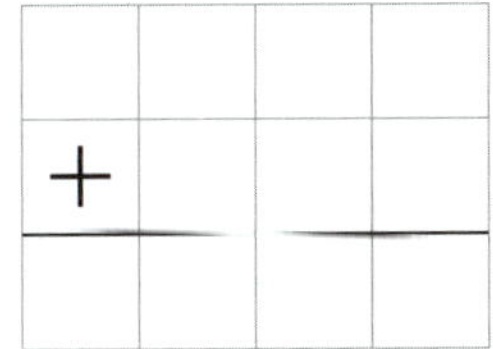

34

❈ 계산하세요.

세로셈으로 바꾸어
차근차근 풀어 보세요.

1 0.34＋0.29 ＝

2 2.85＋0.63 ＝

3 1.62＋3.78 ＝

4 5.17＋0.95 ＝

5 2.78＋4.57 ＝

6 6.39＋1.65 ＝

7 4.56＋3.78 ＝

8 3.49＋7.64 ＝

9 5.29＋6.87 ＝

👀 앗! 실수

10 2.07＋2.98 ＝

11 9.27＋3.75 ＝

소수의 덧셈에서
기준은 항상 '소수점'이에요.
소수점의 위치를 맞추어 쓰는 게
가장 중요해요.

35 같은 자리 수끼리 뺀 후 소수점을 콕 찍자

계산하세요.

---

* **소수 한 자리 수의 뺄셈**

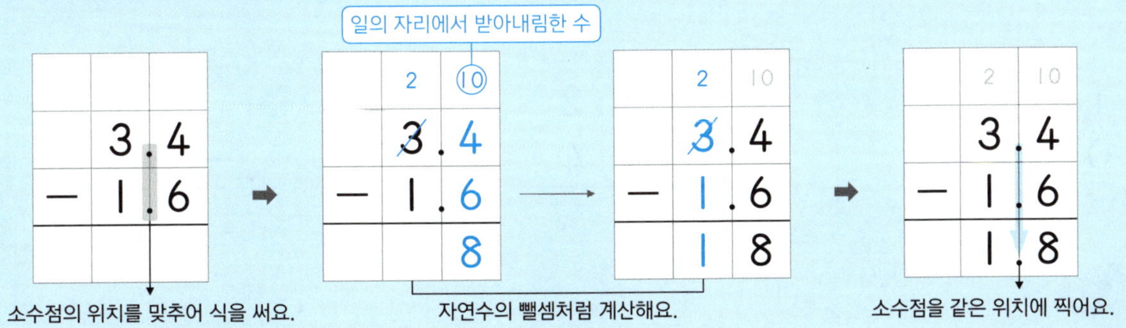

일의 자리에서 받아내림한 수

$$3.4 - 1.6$$

소수점의 위치를 맞추어 식을 써요.　자연수의 뺄셈처럼 계산해요.　소수점을 같은 위치에 찍어요.

받아내림한 수를 작게 쓴 후 계산해요.

① 4.8 − 0.3

② 3.9 − 0.1

③ 7.6 − 1.4

④ 4.2 − 1.5

⑤ 5.4 − 3.9

⑥ 9.1 − 2.7

⑦ 7.2 − 2.3

⑧ 9.4 − 7.6

⑨ 8.5 − 6.9

✂ 계산하세요.

①
$$\begin{array}{r} 1.9 \\ -\ 0.3 \\ \hline \end{array}$$

②
$$\begin{array}{r} 4.7 \\ -\ 2.1 \\ \hline \end{array}$$

③
$$\begin{array}{r} 6.6 \\ -\ 2.7 \\ \hline \end{array}$$

④
$$\begin{array}{r} 3.8 \\ -\ 1.9 \\ \hline \end{array}$$

⑤
$$\begin{array}{r} 8.2 \\ -\ 6.4 \\ \hline \end{array}$$

⑥
$$\begin{array}{r} 7.4 \\ -\ 3.8 \\ \hline \end{array}$$

⑦
$$\begin{array}{r} 5.4 \\ -\ 3.7 \\ \hline \end{array}$$

⑧
$$\begin{array}{r} 9.6 \\ -\ 4.8 \\ \hline \end{array}$$

⑨
$$\begin{array}{r} 8.5 \\ -\ 5.6 \\ \hline \end{array}$$

앗! 실수

⑩
$$\begin{array}{r} 9.5 \\ -\ 8.7 \\ \hline \end{array}$$

⑪
$$\begin{array}{r} 5.1 \\ -\ 4.8 \\ \hline \end{array}$$

✱ 자연수의 뺄셈과 소수의 뺄셈의 차이점

	5	1
−	4	8
		3

0을 쓰지 않아요.

	5 .	1
−	4 .	8
	0 .	3

0을 꼭 써야 해요.

36 소수점의 위치를 맞추어 쓰고 빼는 게 핵심!

집중 시간 3분

세로셈으로 나타내고, 계산하세요.

① 1.7−0.4

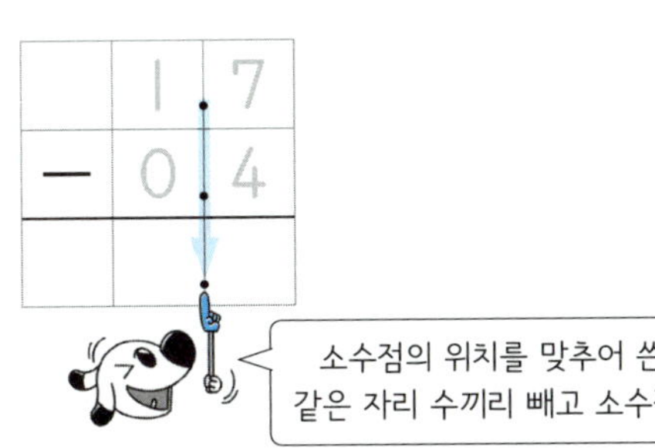

	1.	7
−	0.	4
	.	

소수점의 위치를 맞추어 쓴 다음
같은 자리 수끼리 빼고 소수점을 콕!

② 4.8−1.5

	4.	8
−	1.	5
	.	

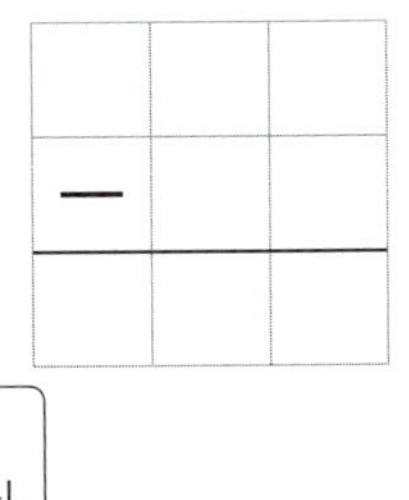

③ 2.4−0.7

	.	
−	.	
	.	

④ 5.3−2.9

	.	
−	.	
	.	

⑤ 7.3−2.6

−		

⑥ 6.2−3.4

−		

⑦ 8.6−5.9

−		

⑧ 9.2−7.8

−		

소수점을 빠뜨리지 않고
찍었는지 꼭 확인하세요!

⑨ 4.2−1.7

−		

⑩ 5.7−3.8

−		

⑪ 8.3−4.7

−		

⑫ 7.4−1.6

−		

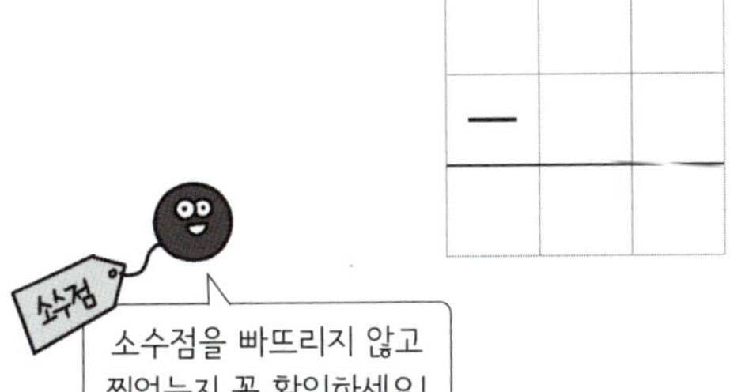

❀ 계산하세요.

세로셈으로 바꾸어
차근차근 풀어 보세요.

1 $5.4-3.5=$

2 $6.4-4.8=$

3 $5.3-3.4=$

4 $8.6-1.8=$

5 $7.1-2.6=$

6 $9.2-6.7=$

7 $4.3-2.8=$

8 $7.6-5.9=$

9 $9.2-2.9=$

10 $8.1-3.7=$

11 $7.1-5.6=$

소수의 뺄셈에서도
기준은 항상 소수점!
소수점의 위치를 맞추어 쓰는 게
중요해요.

37 소수 둘째 자리부터 차례로 빼자

✿ 계산하세요.

① 일 · 소수 첫째 · 소수 둘째
③ ② ① 계산 순서
1.5 8
− 0.3 2
1 2 6

② 2.6 7
− 1.2 4

2 10

③ 3.2 5
− 0.7 1

④ 4.3 7
− 2.5 2

⑤ 5.6 2
− 1.3 4

⑥ 3.4 6
− 1.0 9

⑦ 6.4 9
− 5.5 6
0

⑧ 5.3 1
− 3.2 6

⑨ 7.1 2
− 4.8 5

⑩ 5.4 4
− 0.9 8

⑪ 8.5 3
− 2.5 9

⑫ 9.2 3
− 6.2 7

✂ 계산하세요.

① $2.85 - 0.23$

② $2.69 - 0.33$

③ $7.26 - 3.94$

④ $4.02 - 1.72$

⑤ $5.64 - 4.37$

⑥ $5.18 - 1.41$

⑦ $6.36 - 4.28$

⑧ $8.21 - 5.93$

⑨ $2.36 - 1.97$

⑩ $8.15 - 6.18$

앗! 실수

⑪ $9.03 - 3.65$

⑫ $7.02 - 2.39$

38 소수 두 자리 수의 뺄셈 집중 연습

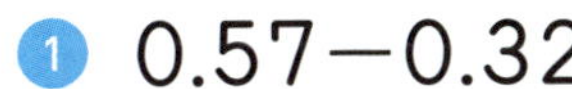 세로셈으로 나타내고, 계산하세요.

1 0.57−0.32

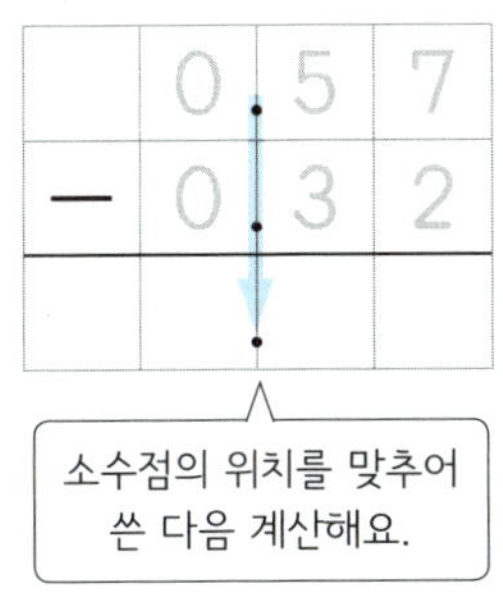

소수점의 위치를 맞추어 쓴 다음 계산해요.

5 2.46−0.38

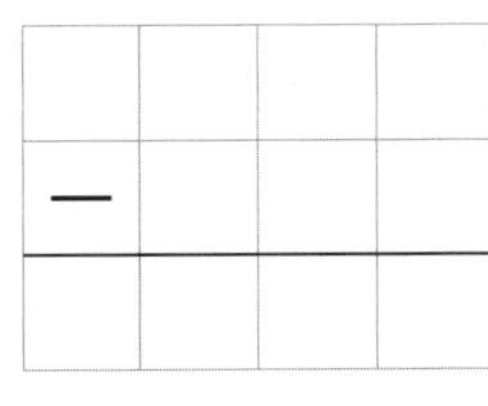
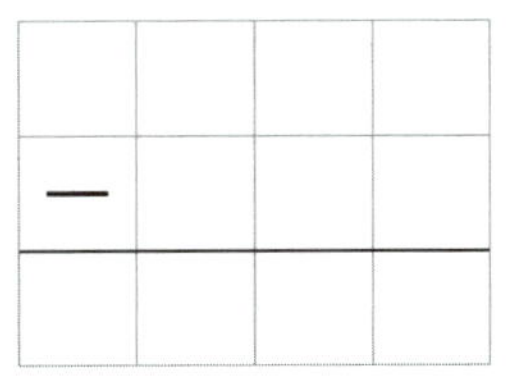

9 7.42−4.83

2 2.49−1.06

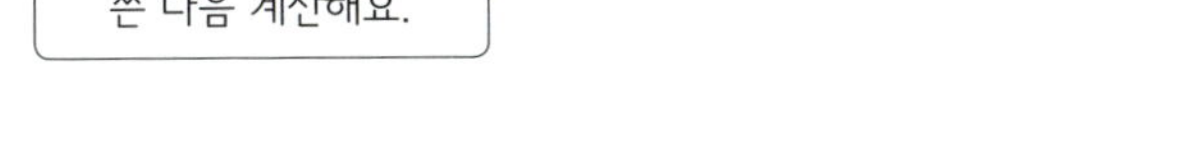

6 4.08−1.35

10 8.25−6.27

3 1.86−0.29

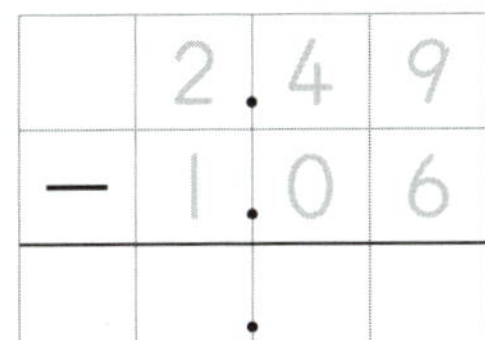

7 6.35−0.74

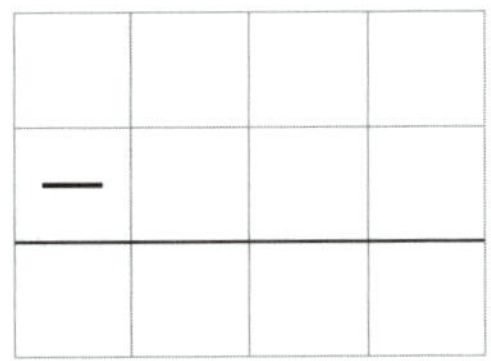

11 9.13−3.65

4 5.27−3.41

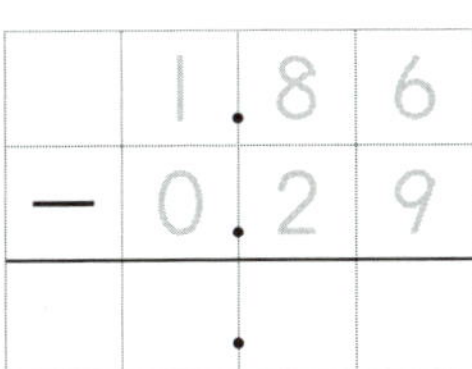

8 6.73−3.58

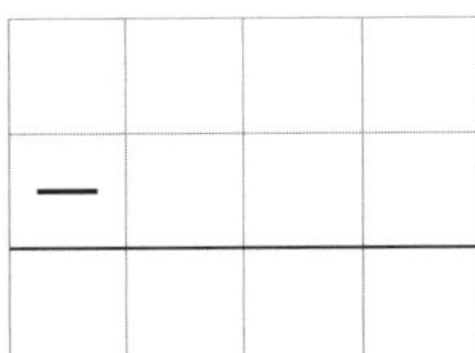

12 7.05−1.09

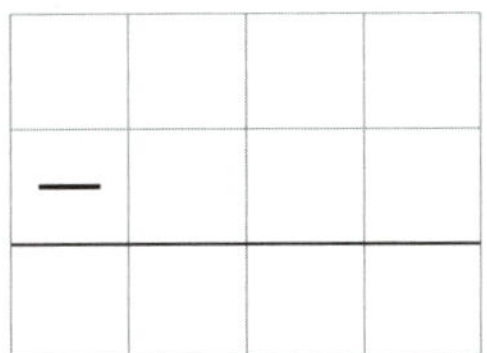

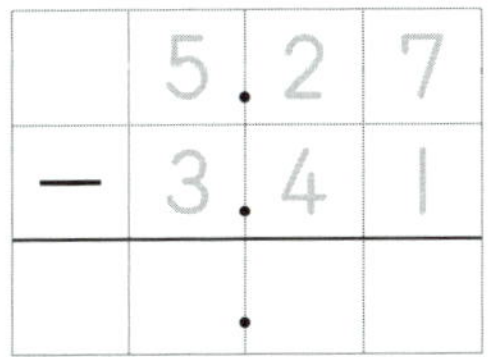
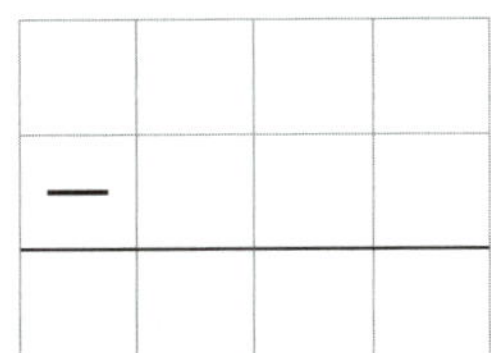
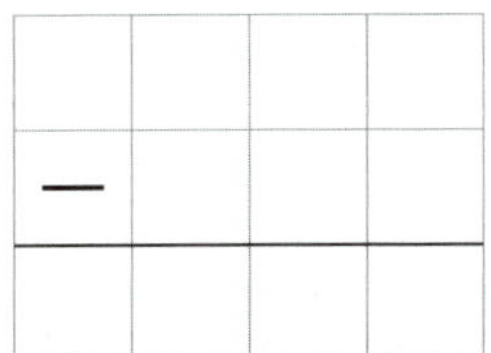

✂ 계산하세요.

1. $2.16-0.04=$

2. $0.91-0.23=$

3. $4.07-0.43=$

4. $3.61-2.55=$

5. $4.68-3.78=$

6. $6.15-2.42=$

7. $5.26-1.89=$

8. $6.13-4.15=$

9. $8.42-3.58=$

10. $9.65-8.78=$

앗! 실수

11. $6.04-2.48=$

12. $5.03-0.26=$

39 자릿수가 다르면 같게 만들어 더하자

❈ 계산하세요.

* 1.3+0.14 계산하기
❶ 소수점의 위치를 맞추어 쓰고
❷ 소수점 아래 자리 수가 적은
   소수의 오른쪽 끝자리에 0을 붙여
❸ 자릿수를 같게 만들어 계산해요.

$$\begin{array}{r} 1.3 \\ +\ 0.14 \\ \hline 1.44 \end{array}$$

→ 0+4=4

③
$$\begin{array}{r} 1.7 \\ +\ 4.53 \\ \hline \end{array}$$

⑦
$$\begin{array}{r} 2.64 \\ +\ 3.9 \\ \hline \end{array}$$

④
$$\begin{array}{r} 3.8 \\ +\ 5.68 \\ \hline \end{array}$$

⑧
$$\begin{array}{r} 1.53 \\ +\ 5.6 \\ \hline \end{array}$$

①
$$\begin{array}{r} 0.42 \\ +\ 2.5 \\ \hline \end{array}$$

⑤
$$\begin{array}{r} 5.9 \\ +\ 2.34 \\ \hline \end{array}$$

⑨
$$\begin{array}{r} 1.3 \\ +\ 4.98 \\ \hline \end{array}$$

②
$$\begin{array}{r} 1.63 \\ +\ 0.4 \\ \hline \end{array}$$

⑥
$$\begin{array}{r} 4.5 \\ +\ 2.69 \\ \hline \end{array}$$

⑩
$$\begin{array}{r} 7.3 \\ +\ 1.72 \\ \hline \end{array}$$

※ 계산하세요.

①
$$\begin{array}{r} 1.56 \\ +\ 3.5 \\ \hline \end{array}$$

②
$$\begin{array}{r} 0.8 \\ +\ 6.43 \\ \hline \end{array}$$

③
$$\begin{array}{r} 2.38 \\ +\ 2.9 \\ \hline \end{array}$$

④
$$\begin{array}{r} 5.6 \\ +\ 3.85 \\ \hline \end{array}$$

⑤
$$\begin{array}{r} 2.54 \\ +\ 4.6 \\ \hline \end{array}$$

⑥
$$\begin{array}{r} 1.6 \\ +\ 4.76 \\ \hline \end{array}$$

⑦
$$\begin{array}{r} 5.41 \\ +\ 2.6 \\ \hline \end{array}$$

⑧
$$\begin{array}{r} 7.9 \\ +\ 1.77 \\ \hline \end{array}$$

⑨
$$\begin{array}{r} 6.9 \\ +\ 3.58 \\ \hline \end{array}$$

⑩
$$\begin{array}{r} 7.25 \\ +\ 3.9 \\ \hline \end{array}$$

⑪
$$\begin{array}{r} 4.8 \\ +\ 8.72 \\ \hline \end{array}$$

⑫
$$\begin{array}{r} 5.49 \\ +\ 9.6 \\ \hline \end{array}$$

40 자릿수가 다르면 같게 만들어 빼자

계산하세요.

* **3.78−0.4 계산하기**

❶ 소수점의 위치를 맞추어 쓰고
❷ 소수점 아래 자리 수가 적은
   소수의 오른쪽 끝자리에 0을 붙여
❸ 자릿수를 같게 만들어 계산해요.

	3	7	8
−	0	4	0
	3	3	8

8−0=8

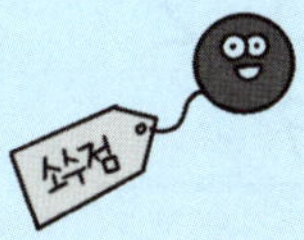

3

	3	4	0
−	0	2	5
			5

10−5=5

7

	2	6	3
−	1	9	

4

	1	6	0
−	0	3	8

8

	5	1	9
−	3	4	

1

	5	7	2
−	0	4	0

5

	4	9	
−	1	3	1

9

	7	6	
−	1	7	5

2

	3	5	4
−	0	2	0

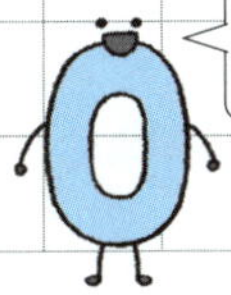

6

	6	8	
−	2	1	4

10

	8	2	
−	5	6	6

✂ 계산하세요.

1

	일	소수 첫째	소수 둘째
	1	8	6
−	0	3	

2

	4	3	2
−	1	5	

3

	3	6	4
−	0	9	

4

	7	2	8
−	3	9	

5

	일	소수 첫째	소수 둘째
	0	9	
−	0	7	5

6

	6	9	
−	2	7	8

7

	4	5	
−	0	6	3

8

	8	1	
−	5	5	6

9

	일	소수 첫째	소수 둘째
	6	1	7
−	3	3	

10

	8	0	2
−	2	9	

앗! 실수

11

	9	5	
−	3	4	1

12

	7	8	
−	4	8	4

41 실수하기 쉬운 자릿수가 다른 소수의 덧셈과 뺄셈

✂ 세로셈으로 나타내고, 계산하세요.

* 자릿수가 다른 소수의 덧셈과 뺄셈은 꼭 소수점의 위치를 맞추어 써야 해요.

• 0.54＋2.3 계산하기

• 3.64－1.3 계산하기

① 3.8＋0.43

항상 소수점의 위치를 맞추어 써요!

④ 1.9＋3.49

⑦ 5.6＋7.51

② 7.25－5.3

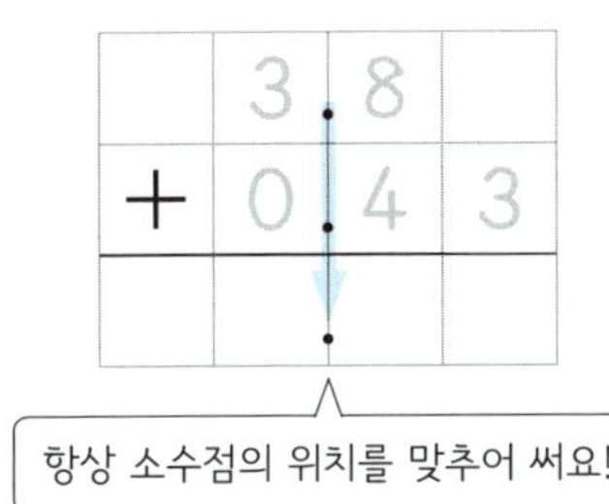

⑤ 6.7－3.65

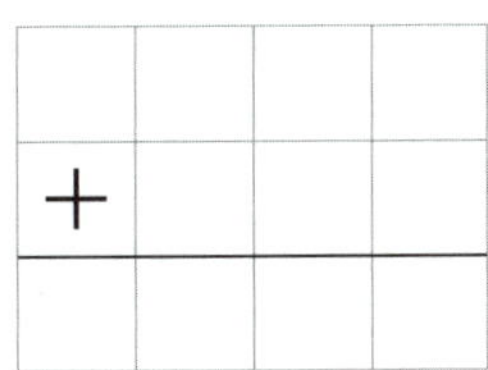

⑧ 9.3－7.54

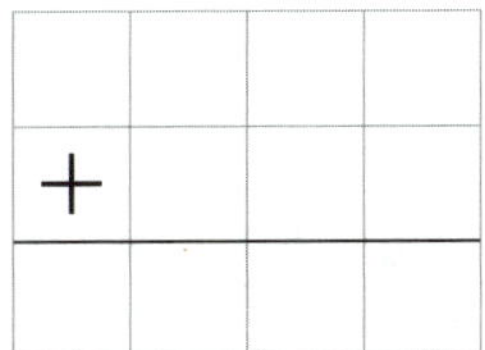

③ 2.57＋4.6

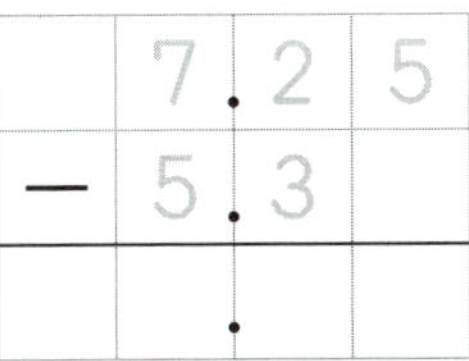

⑥ 4.5＋2.72

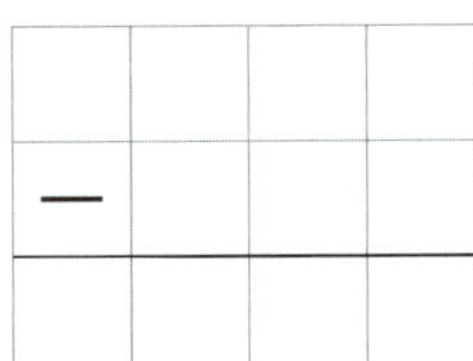

⑨ 4.1－3.48

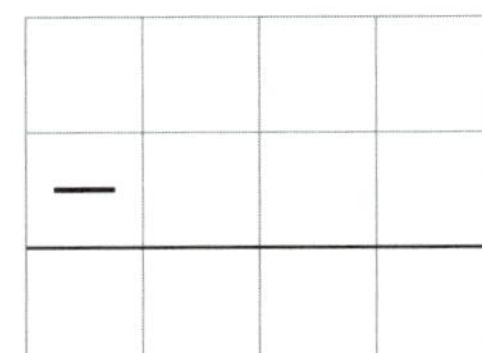

✂ 계산하세요.

1 $1.28+0.7=$

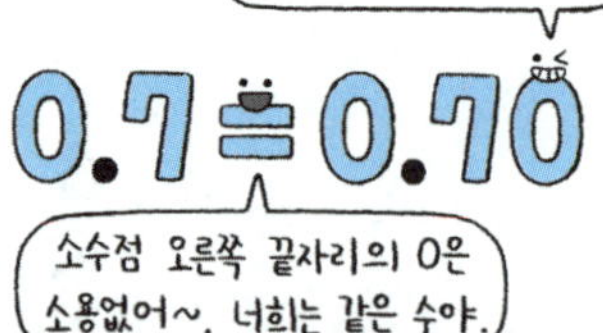

2 $2.4+3.85=$

3 $4.72-1.5=$

4 $3.9+4.72=$

5 $8.27-5.3=$

6 $9.08-6.9=$

7 $5.9+8.69=$

8 $6.8-2.91=$

9 $9.4-4.98=$

앗! 실수

10 $4.5+2.51=$

계산 결과의 소수 첫째 자리가 0일 때
0을 빠뜨리지 않고 써야 해요.

11 $6.4+3.64=$

12 $7.9-0.82=$

42 소수의 덧셈 종합 연습

✂ 계산하세요.

① 　2.7
　+4.8

② 　3.4
　+5.8

③ 　4.6
　+3.8

④ 　5.4
　+0.6

⑤ 　3.9
　+6.5

⑥ 　2.5 2
　+3.8 4

⑦ 　4.4 3
　+3.2 9

⑧ 　6.5 2
　+1.6 4

⑨ 　3.1 4
　+1.8 7

⑩ 　5.9 8
　+6.7 3

⑪ 　4.9 6
　+3.5

⑫ 　2.8
　+3.7 4

⑬ 　6.8 7
　+3.6

⑭ 　8.6
　+7.7 3

집중 시간 **3분**

계산하세요.

1. $3.9 + 4.5 =$

2. $4.7 + 3.6 =$

3. $1.72 + 3.19 =$

4. $6.87 + 2.53 =$

5. $4.56 + 1.68 =$

6. $7.69 + 2.48 =$

7. $1.53 + 2.7 =$

8. $5.6 + 2.89 =$

9. $3.86 + 5.2 =$

10. $8.71 + 3.4 =$

11. $2.4 + 7.83 =$

43 소수의 뺄셈 종합 연습

✂ 계산하세요.

①
$$\begin{array}{r} 4.8 \\ -\ 2.9 \\ \hline \end{array}$$

②
$$\begin{array}{r} 6.4 \\ -\ 3.7 \\ \hline \end{array}$$

③
$$\begin{array}{r} 5.3 \\ -\ 2.8 \\ \hline \end{array}$$

④
$$\begin{array}{r} 4.2 \\ -\ 2.6 \\ \hline \end{array}$$

⑤
$$\begin{array}{r} 5.4 \\ -\ 3.5 \\ \hline \end{array}$$

⑥
$$\begin{array}{r} 3.7\,2 \\ -\ 2.6\,5 \\ \hline \end{array}$$

⑦
$$\begin{array}{r} 8.4\,6 \\ -\ 3.9\,6 \\ \hline \end{array}$$

⑧
$$\begin{array}{r} 5.1\,4 \\ -\ 1.3\,5 \\ \hline \end{array}$$

⑨
$$\begin{array}{r} 7.3\,2 \\ -\ 0.3\,9 \\ \hline \end{array}$$

⑩
$$\begin{array}{r} 6.0\,1 \\ -\ 5.7\,4 \\ \hline \end{array}$$

⑪
$$\begin{array}{r} 6.2\,4 \\ -\ 5.9 \\ \hline \end{array}$$

⑫
$$\begin{array}{r} 5.8 \\ -\ 3.6\,2 \\ \hline \end{array}$$

⑬
$$\begin{array}{r} 5.6\,7 \\ -\ 2.7 \\ \hline \end{array}$$

⑭
$$\begin{array}{r} 9.5 \\ -\ 1.7\,9 \\ \hline \end{array}$$

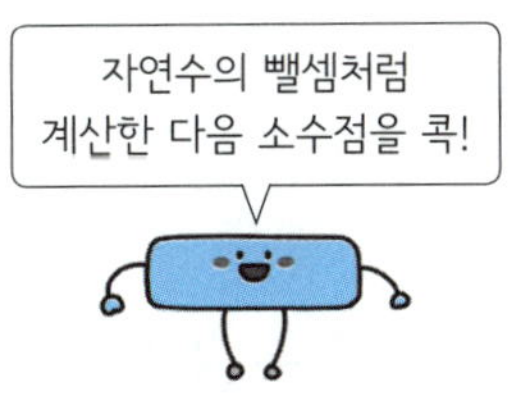

계산하세요.

1. $5.2 - 2.7 =$

2. $7.4 - 1.6 =$

3. $6.46 - 3.28 =$

4. $4.07 - 2.13 =$

5. $7.43 - 5.46 =$

6. $9.25 - 3.27 =$

7. $6.94 - 1.9 =$

8. $6.38 - 3.8 =$

9. $8.6 - 4.57 =$

10. $9.08 - 6.9 =$

11. $7.3 - 4.36 =$

소수의 뺄셈도 소수점이 기준!
소수점의 위치를 맞추어 풀고
소수점을 콕 찍는 것 잊지 마세요.

44 소수의 덧셈과 뺄셈 완벽하게 끝내기

✂ 빈칸에 알맞은 수를 써넣으세요.

1

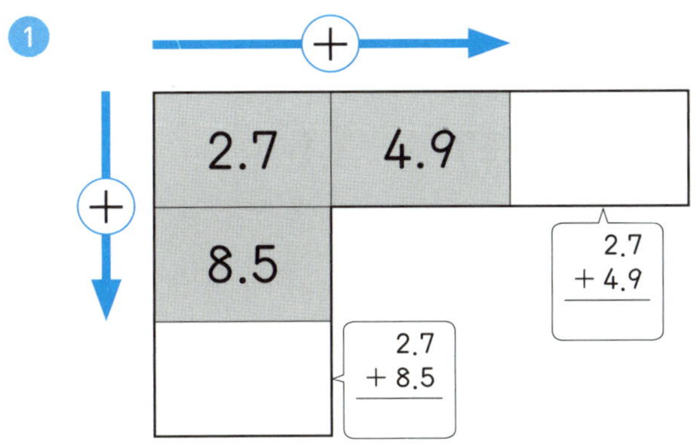

4

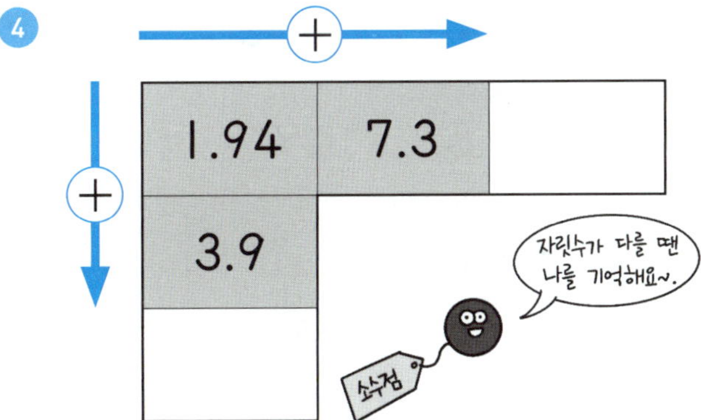

2

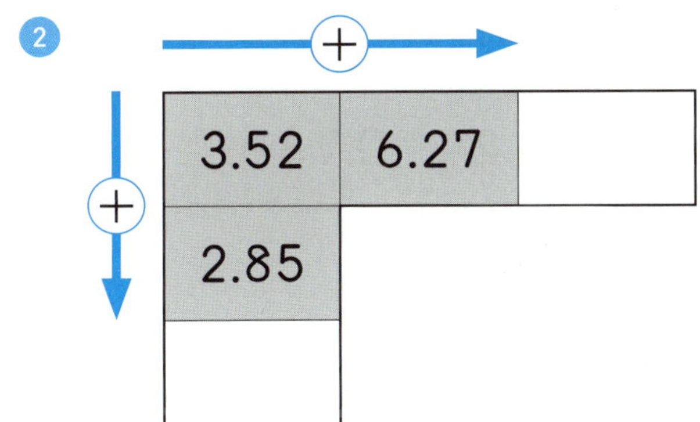

5

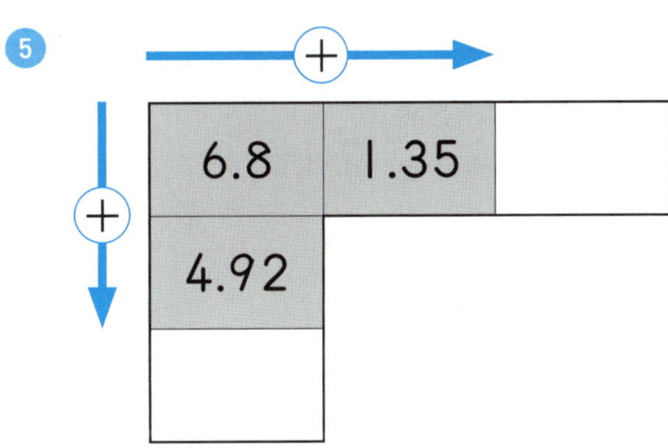

3

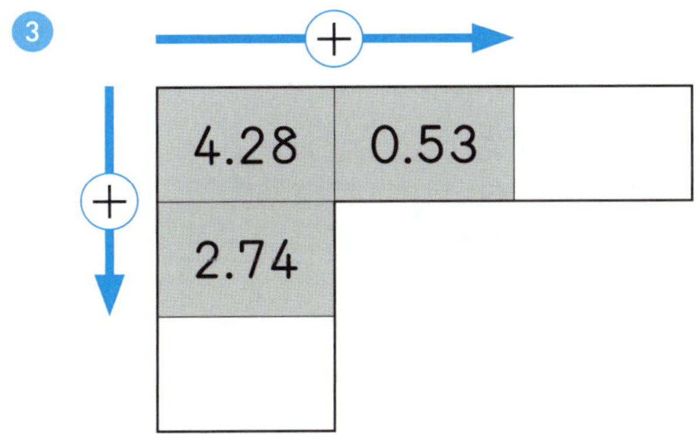

6

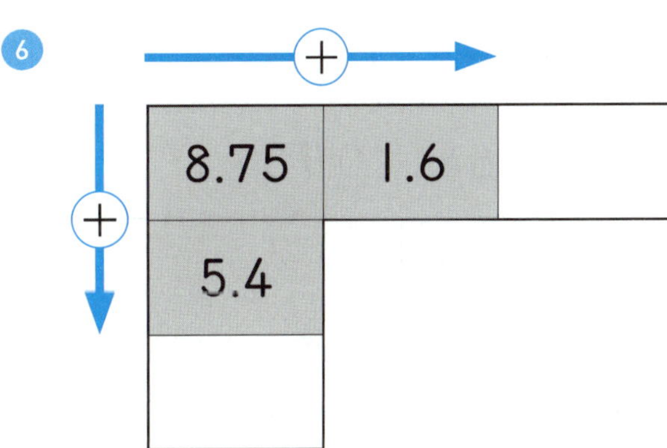

빈칸에 알맞은 수를 써넣으세요.

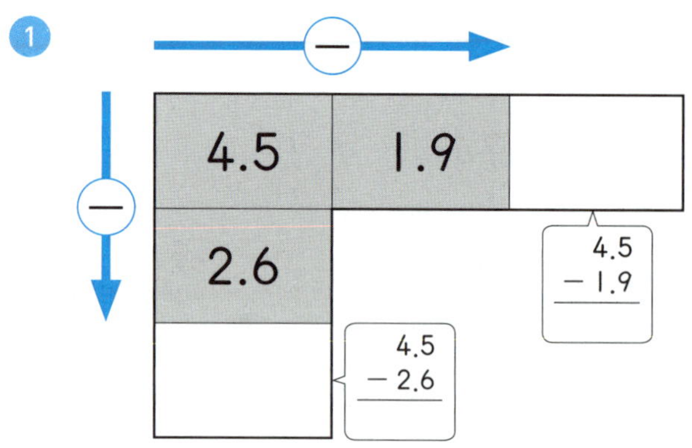

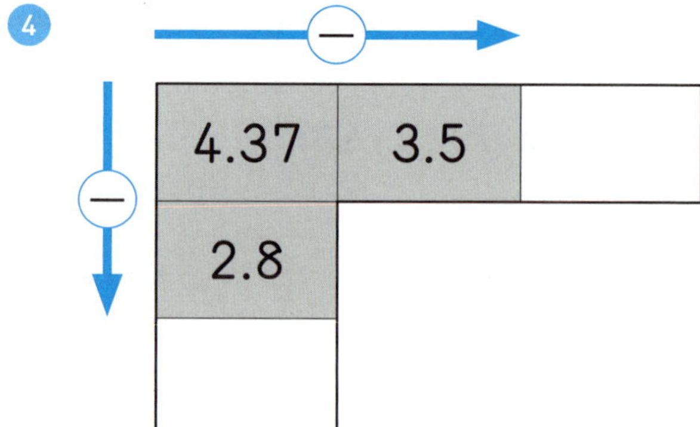

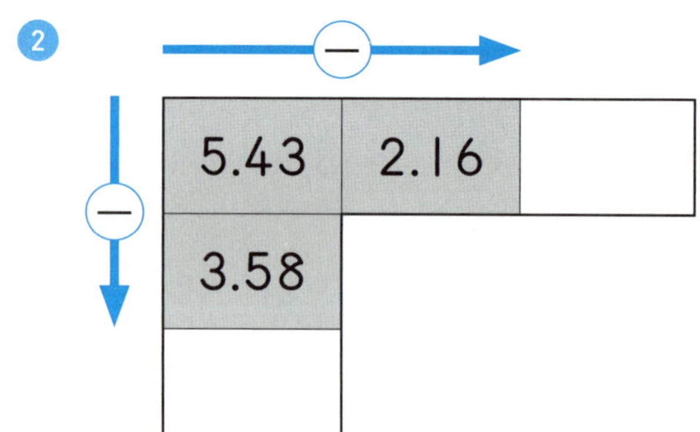

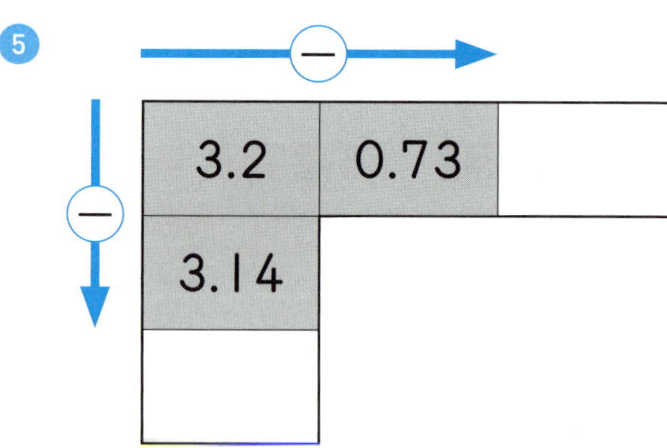

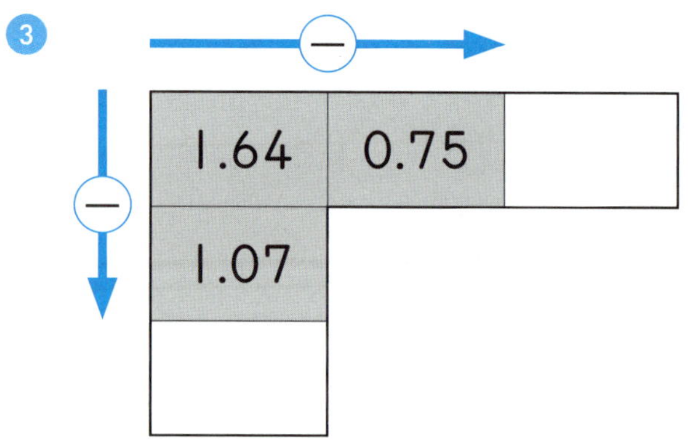

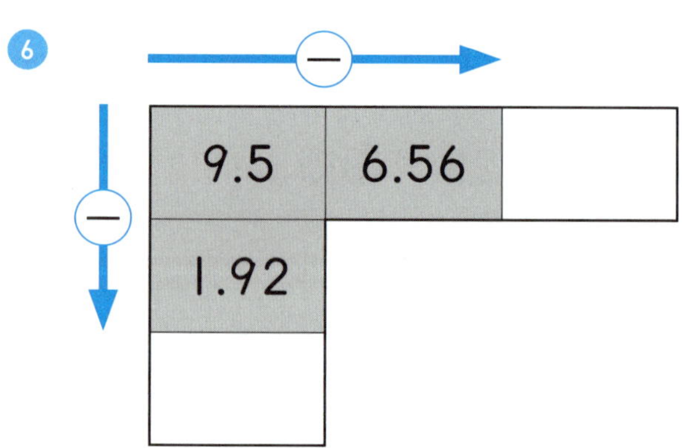

45 생활 속 연산 – 소수의 덧셈과 뺄셈

✂ 그림을 보고 ☐ 안에 알맞은 수를 써넣으세요.

1

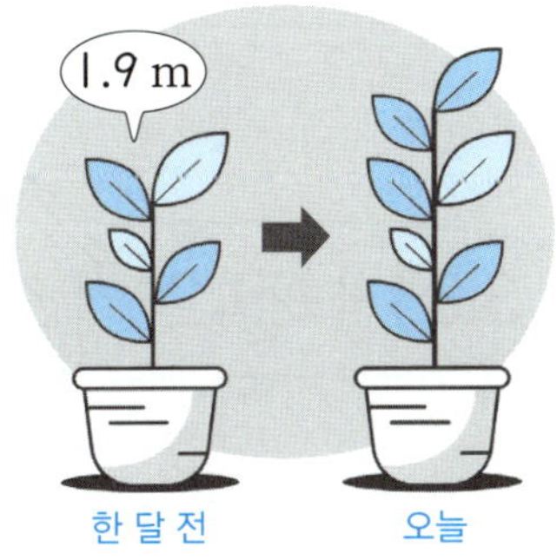

한 달 전에 식물의 키를 재었더니 1.9 m였습니다.

오늘 다시 재어 보니 한 달 전보다 0.4 m가 더 자랐습

니다. 오늘 잰 식물의 키는 ☐ m입니다.

2

달걀 한 개의 영양 성분입니다. 달걀 한 개에 들어 있는 탄

수화물과 지방은 모두 ☐ g입니다.

3

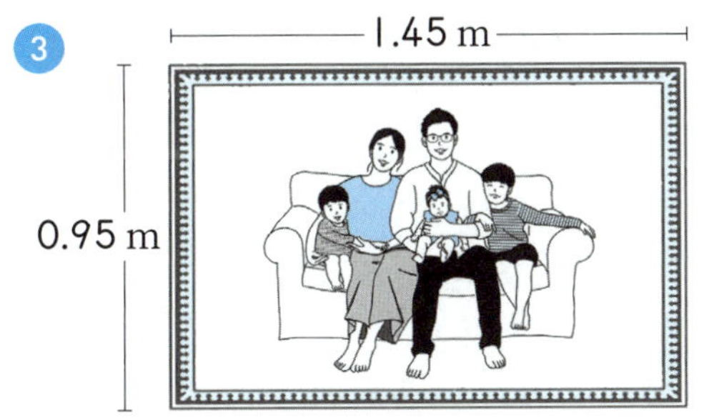

현우네 거실에는 가족 사진이 들어 있는 액자가 걸려 있습

니다.

액자의 가로는 세로보다 ☐ m 더 깁니다.

4

세 사람의 50 m 달리기 기록입니다.

가장 빠른 사람과 가장 느린 사람의 기록의 차는

☐ 초입니다.

✽ 계산 결과가 더 큰 길로 가면 집에 무사히 도착할 수 있어요. 동물 친구들은 어떤 길로 가야 할까요? 계산 결과가 더 큰 계산식이 적힌 길을 따라가 보세요.

1

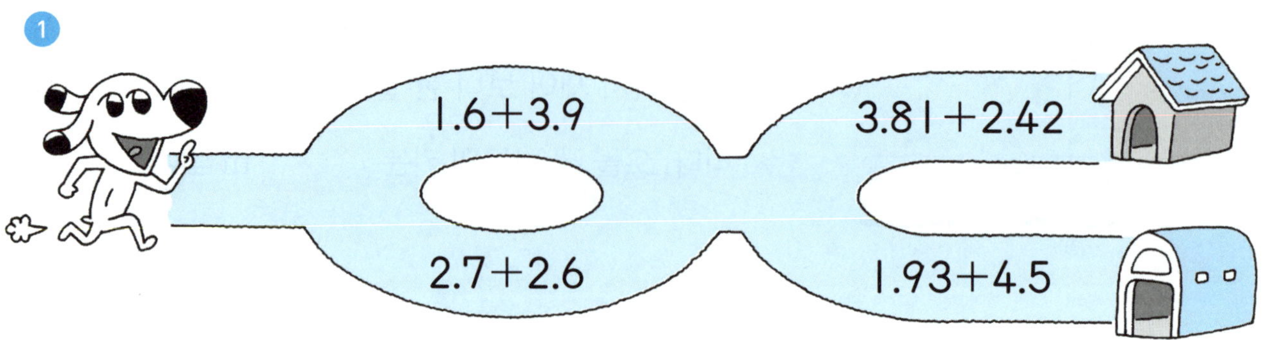

2

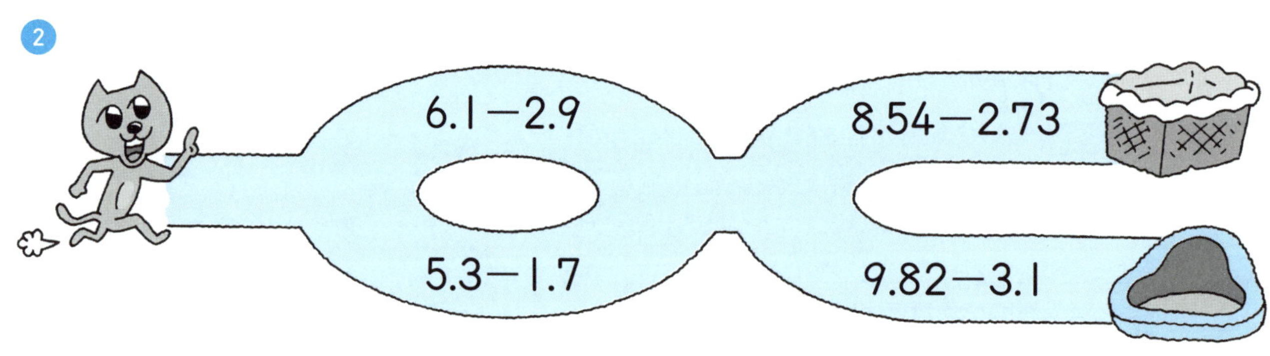

3

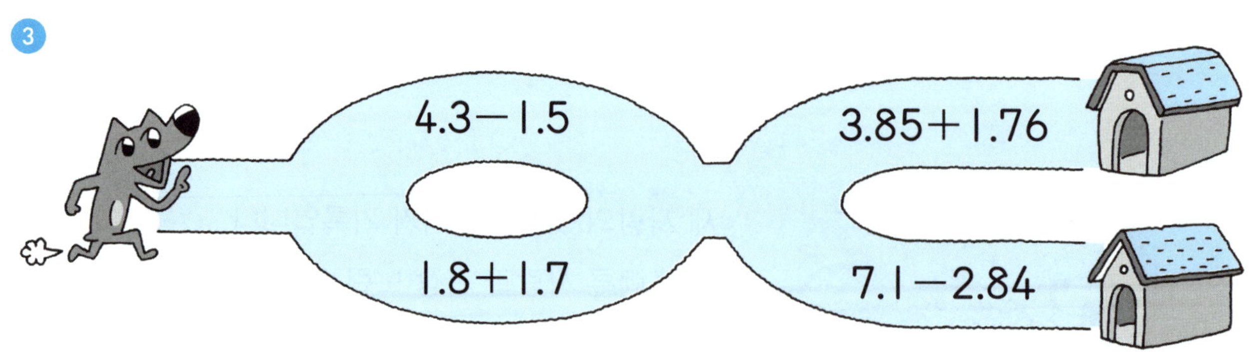

통과 문제

❈ □ 안에 알맞은 수 또는 소수를 써넣으세요.

①
$$0.3 + 0.4 =$$

②
$$3.2 + 2.9 =$$

③
$$5.7 - 2.4 =$$

④
$$3.2 - 1.5 =$$

⑤
$$1.47 + 1.26 =$$

⑥
$$3.26 + 1.99 =$$

⑦
$$2.64 - 1.25 =$$

⑧
$$3.55 - 0.73 =$$

⑨
$$2.7 + 3.04 =$$

⑩
$$1.52 + 4.7 =$$

⑪
$$7.25 - 1.8 =$$

⑫
$$5.1 - 2.54 =$$

⑬ $2.72 + 9.39 = $ □

⑭ $5.27 + 5.84 = $ □

⑮ $4.72 - 1.8 = $ □

⑯ $6.4 - 4.75 = $ □

⑰ 색 테이프를 진희는 8.74 cm, 수지는 8.55 cm 가지고 있습니다. 수지의 색 테이프는 진희의 색 테이프보다 □ cm 더 짧습니다.

오늘 공부한
단계를 색칠해
보세요!

삼각형, 사각형

☆ **이등변삼각형:** 두 변의 길이가 같은 삼각형

성질 길이가 같은 두 변에 있는 두 각의 크기가 같습니다.

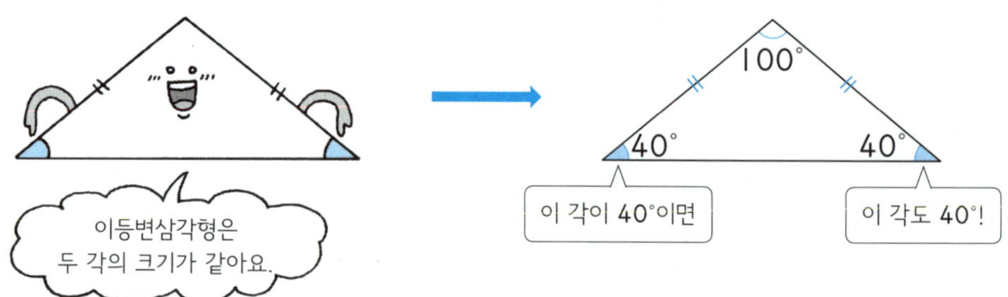

☆ **두 직선이 만나서 이루는 각**

두 직선이 서로 수직으로 만나서 이루는 각은 직각(90°)입니다.

☆ **평행사변형:** 마주 보는 두 쌍의 변이 서로 평행한 사각형

성질 1 마주 보는 두 각의 크기는 서로 같습니다.

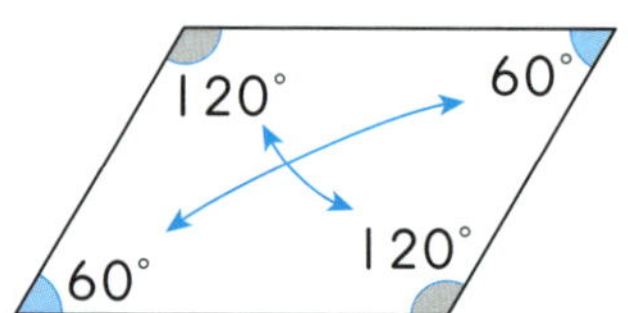

성질 2 이웃한 두 각의 크기의 합은 180°입니다.

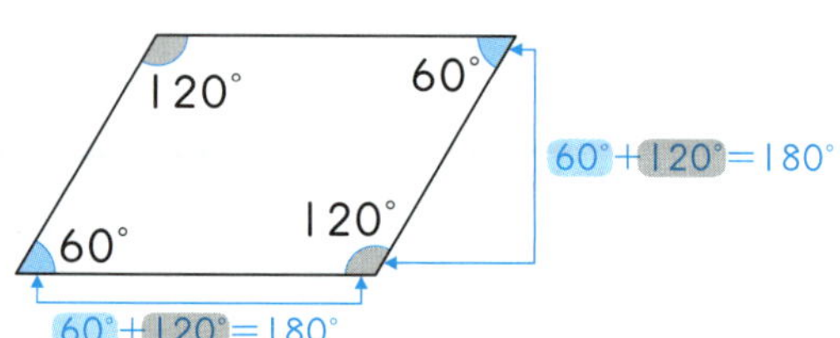

46 이등변삼각형은 두 각의 크기가 같아

'등'이 등호(=)의 '등'처럼 '같다'는 뜻이에요.
즉, 두 변의 길이가 같은 삼각형!

✕ 다음 도형은 이등변삼각형입니다. ☐ 안에 알맞은 수를 써넣으세요.

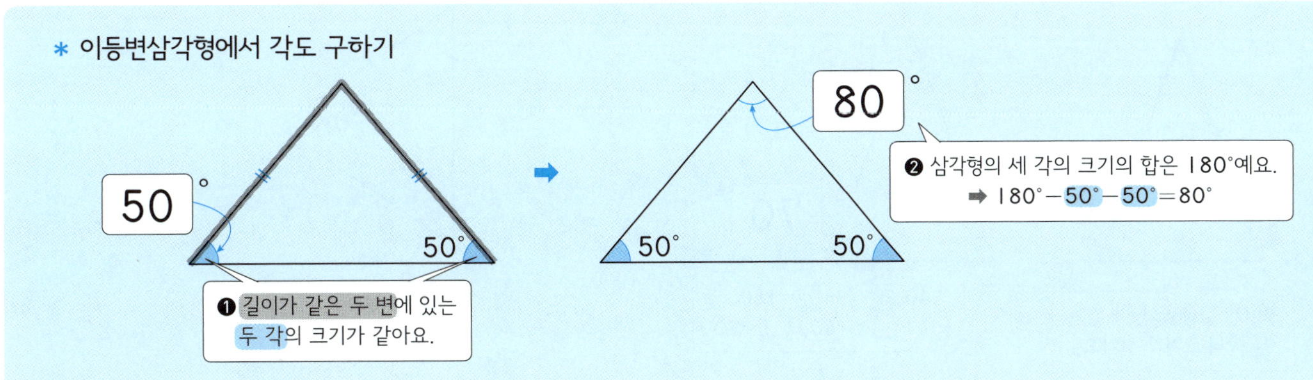

1
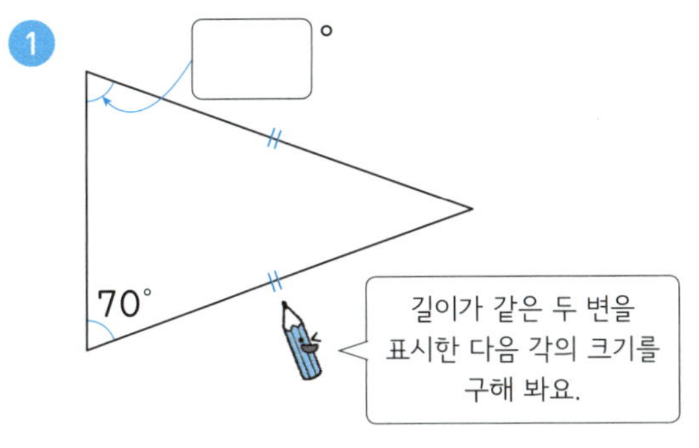

4
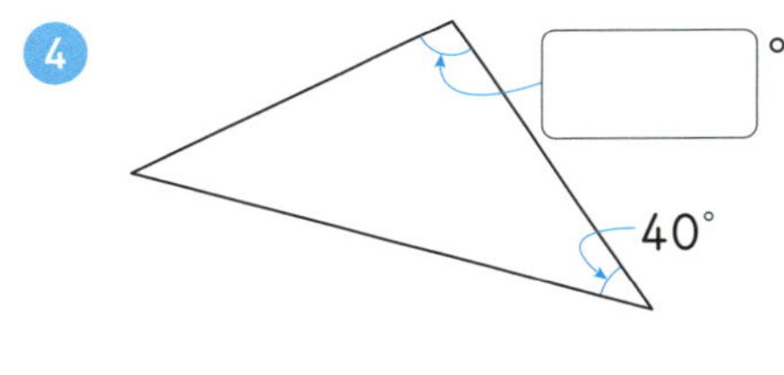

2
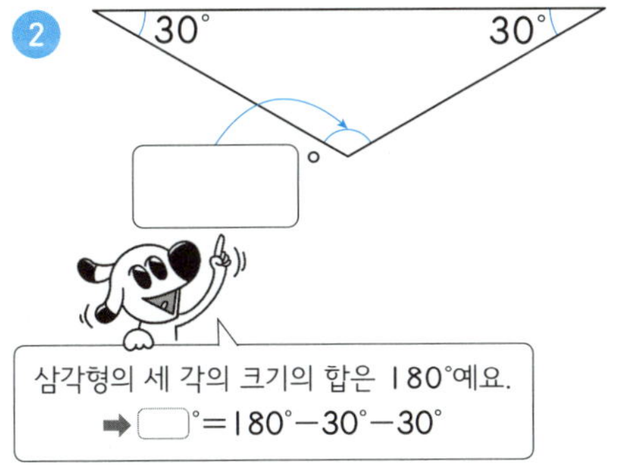

5
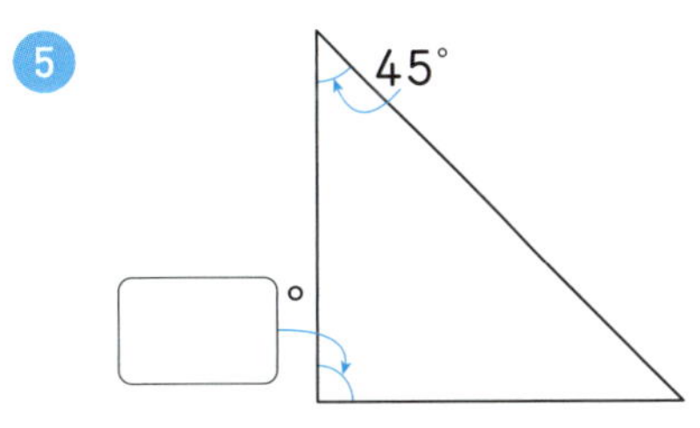

3
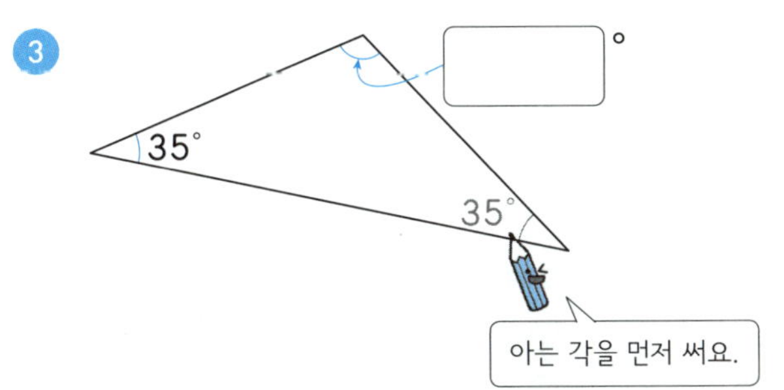

6
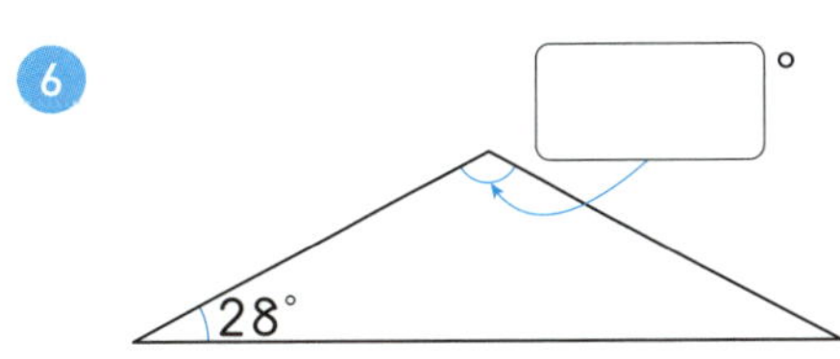

46

✽ 다음 도형은 이등변삼각형입니다. ☐ 안에 알맞은 수를 써넣으세요.

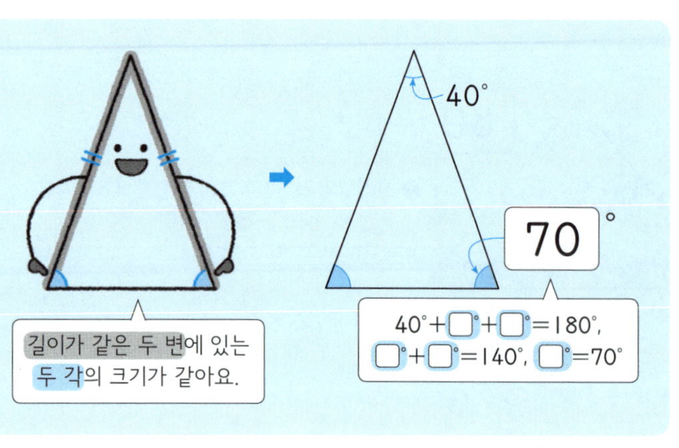

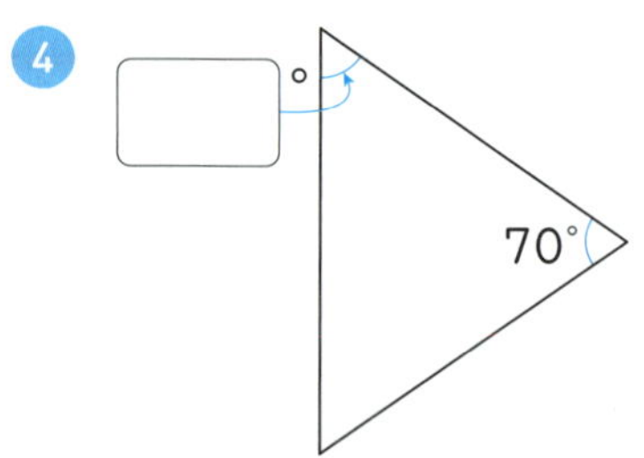

①
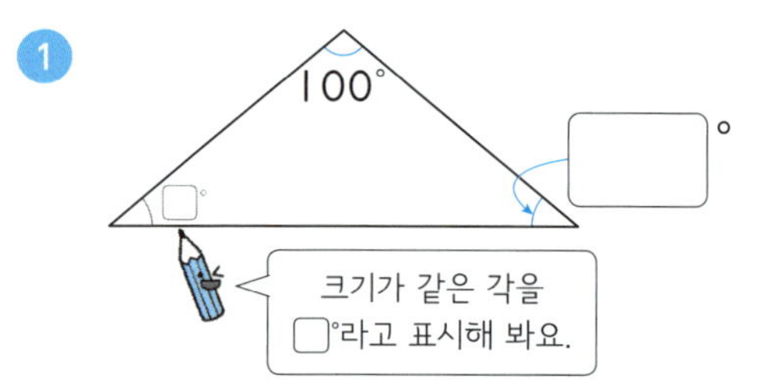

④

②
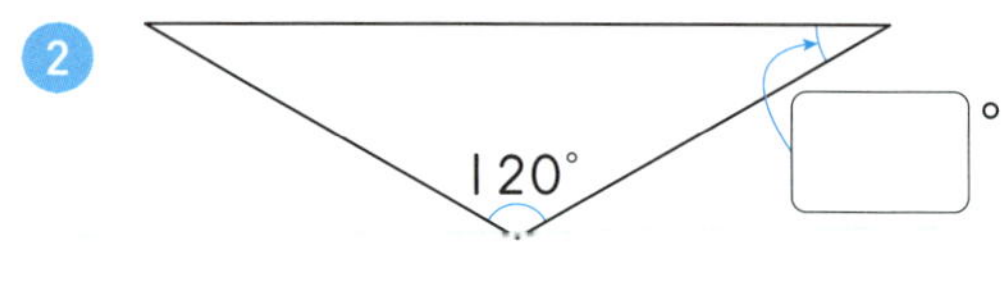

⑤
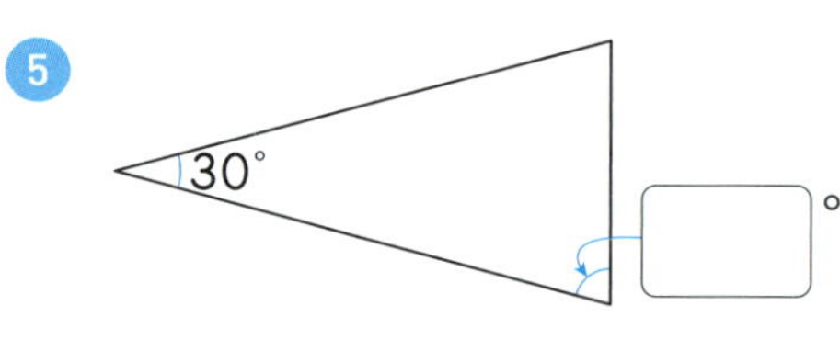

③
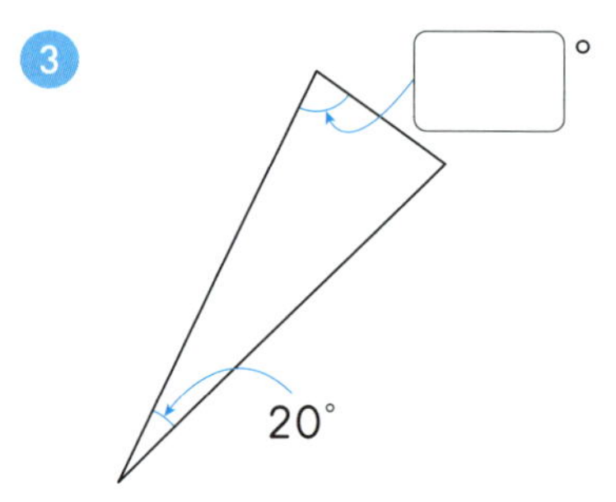

⑥
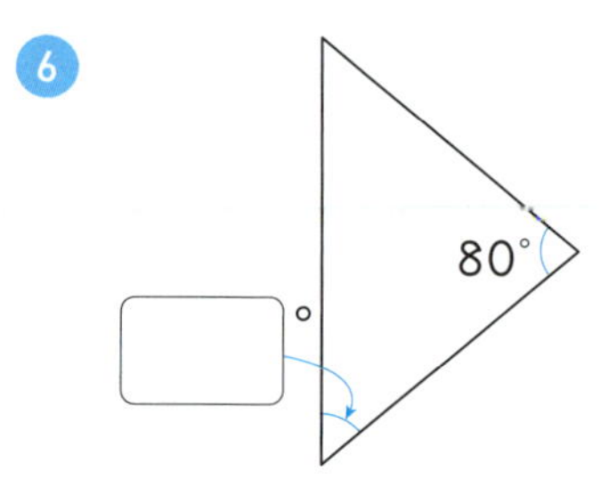

⑦

* 이등변삼각형이면 두 가지만 기억해요!
① 이등변삼각형의 두 각의 크기는 같아요.
② 삼각형의 세 각의 크기의 합은 180°예요.

47 두 직선이 서로 수직으로 만나서 이루는 각은 90°

직선 가와 직선 나는 서로 수직입니다. ㉠의 크기를 구하세요.
↳ 직각으로 만나요.

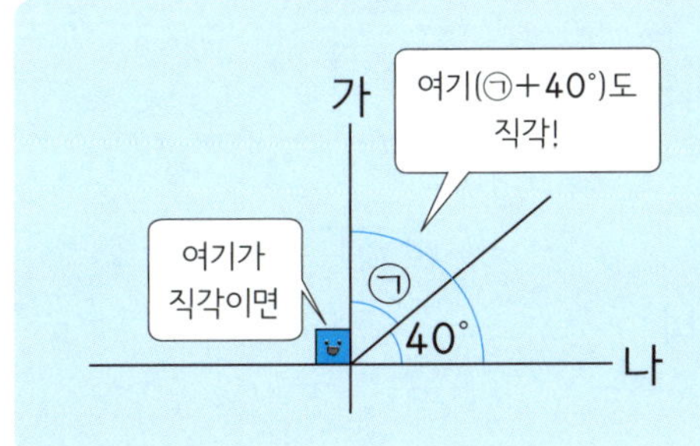

$$㉠+40°=90° \Rightarrow ㉠=90°-40°=50°$$

①

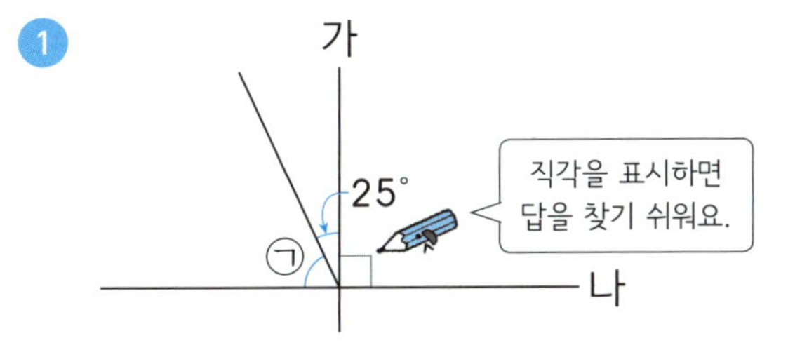

$$㉠+25°=\boxed{90}° \Rightarrow ㉠=\boxed{}°$$

$90°-25°$

④

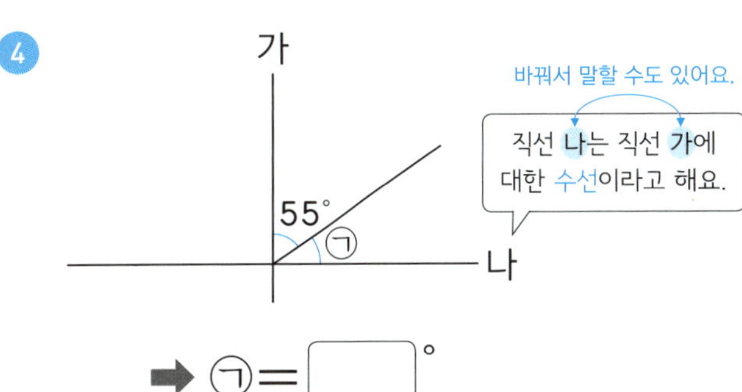

$$\Rightarrow ㉠=\boxed{}°$$

②

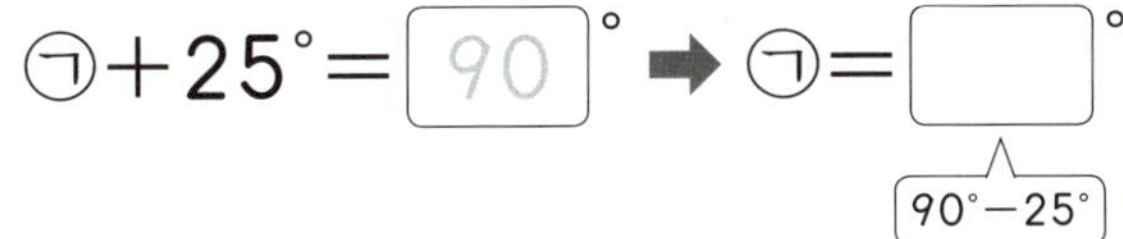

$$\Rightarrow ㉠=90°-\boxed{}°=\boxed{}°$$

⑤

$$\Rightarrow ㉠=\boxed{}°$$

③

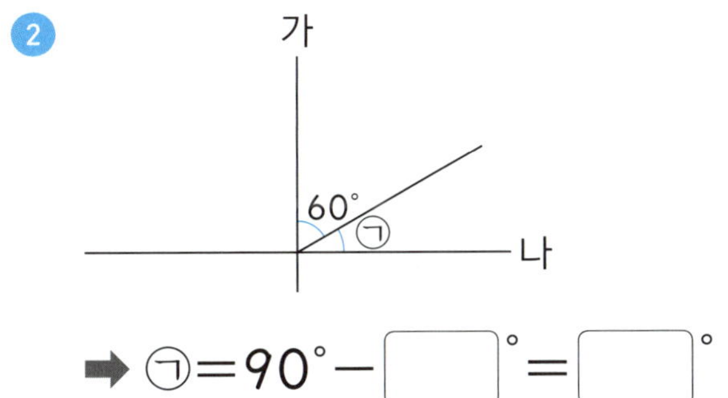

$$\Rightarrow ㉠=\boxed{}°$$

⑥

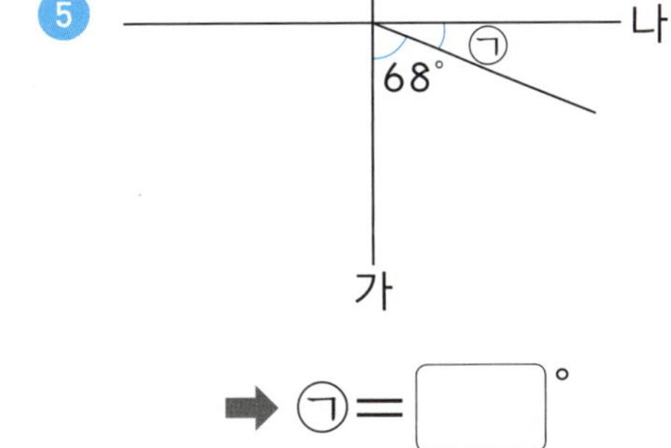

$$\Rightarrow ㉠=\boxed{}°$$

47

집중 시간 3분

직선 가와 직선 나는 서로 수직으로 만납니다. ㉠의 크기를 구하세요.
↳ 두 직선은 직각으로 만나요.

①
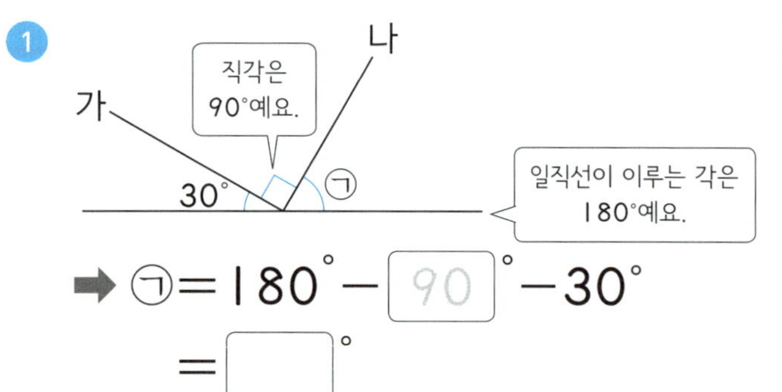

➡ $㉠ = 180° - \boxed{90}° - 30°$
$= \boxed{}°$

⑤
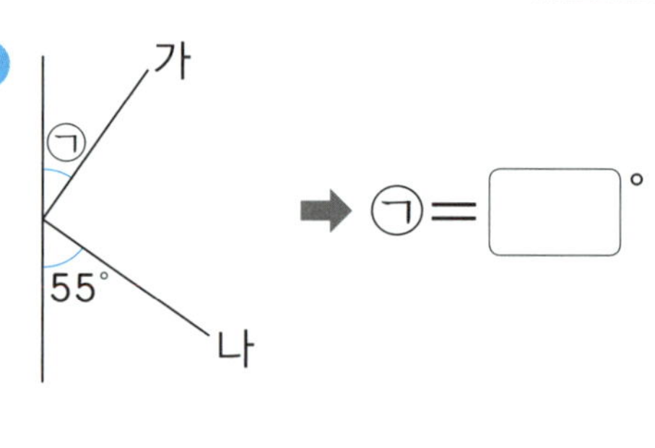

➡ $㉠ = \boxed{}°$

②
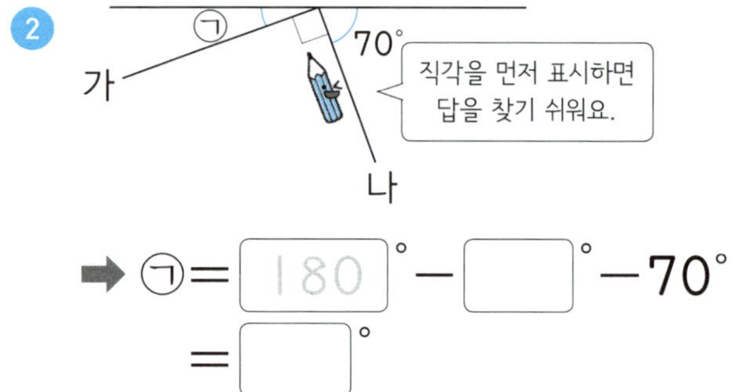

➡ $㉠ = \boxed{180}° - \boxed{}° - 70°$
$= \boxed{}°$

⑥
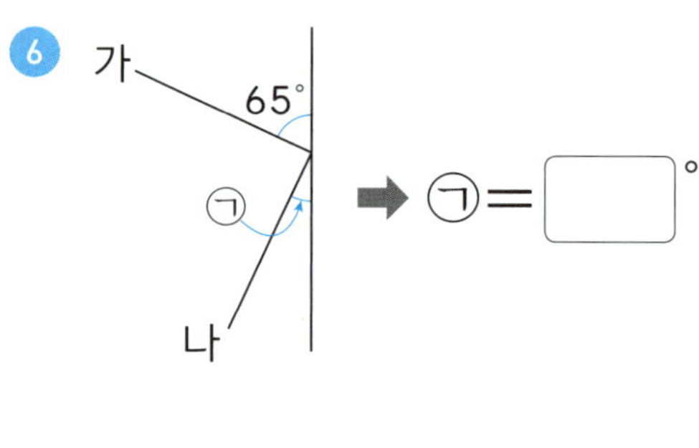

➡ $㉠ = \boxed{}°$

③
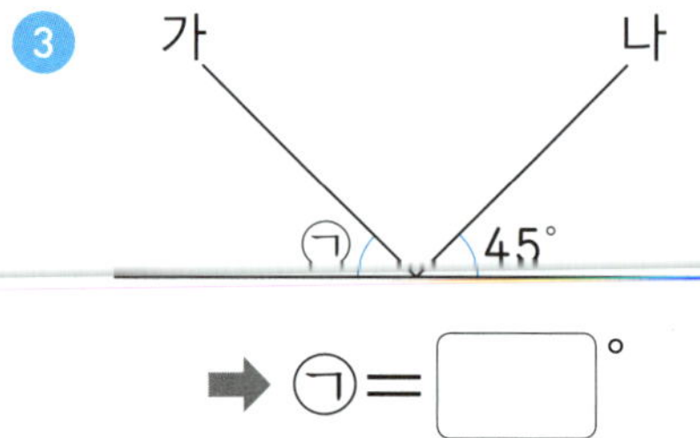

➡ $㉠ = \boxed{}°$

⑦
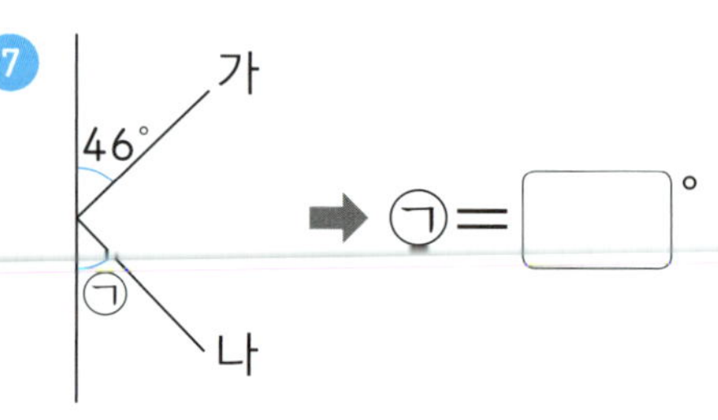

➡ $㉠ = \boxed{}°$

④
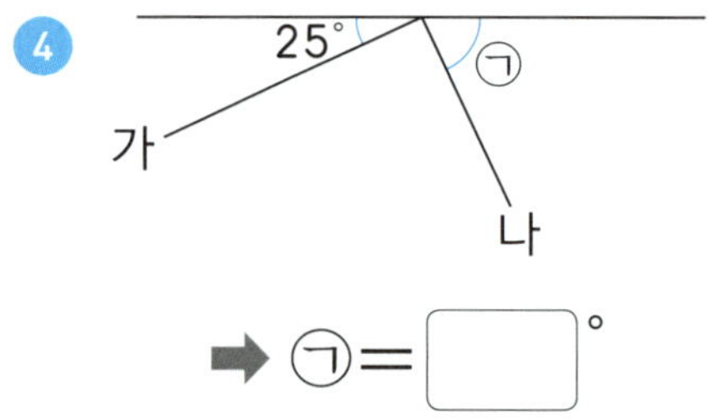

➡ $㉠ = \boxed{}°$

⑧
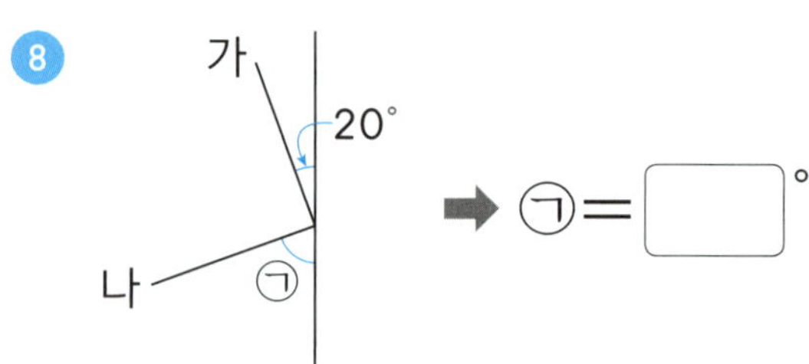

➡ $㉠ = \boxed{}°$

✽ 두 직선이 수직이면 두 가지만 기억해요
① 두 직선이 만나서 이루는 각은 90°예요.
② 일직선이 이루는 각은 180°예요.

48 평행사변형의 두 가지 성질은 꼭 외우자

마주 보는 두 쌍의 변이 서로 평행한 사각형이에요.

❄ 다음 도형은 평행사변형입니다. ☐ 안에 알맞은 수를 써넣으세요.

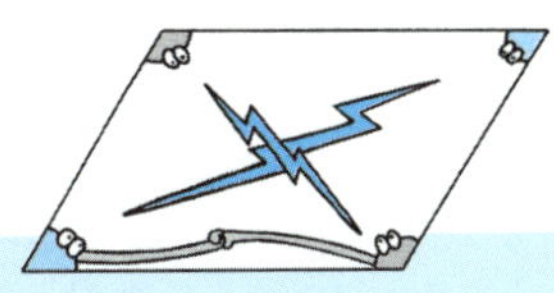

* 평행사변형에서 각도 구하기

• 마주 보는 두 각의 크기가 서로 같아요.

• 이웃한 두 각의 크기의 합은 180°예요.

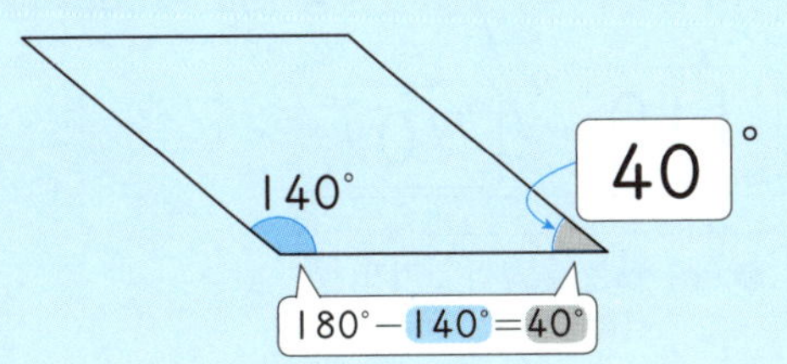

1
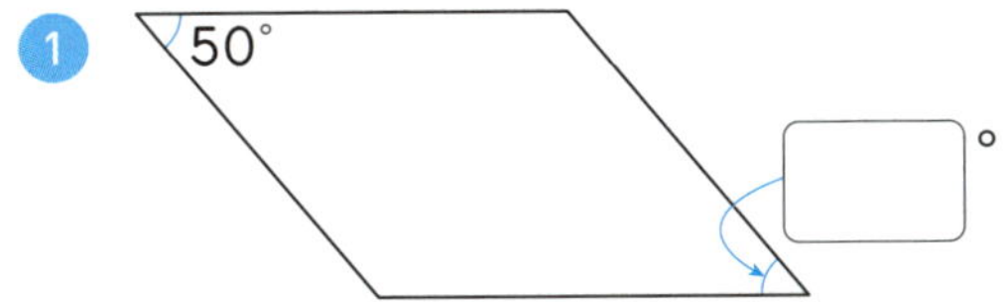

4
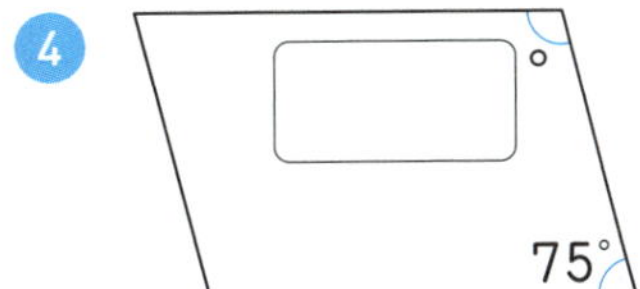

2
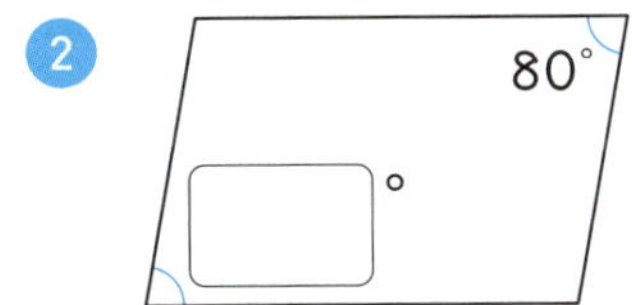

5
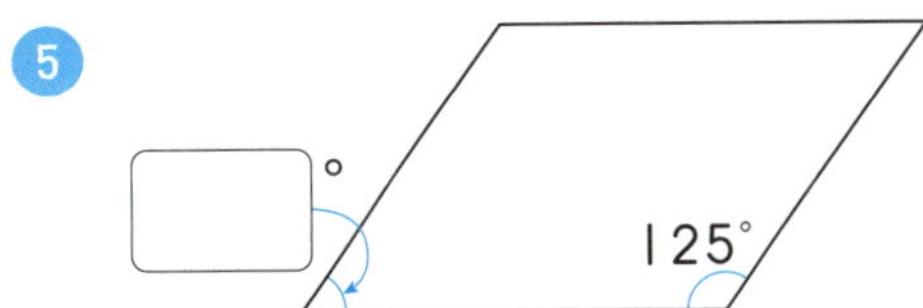

3
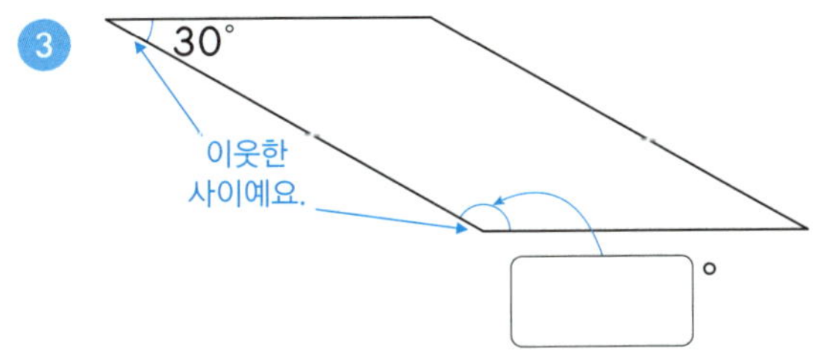

6
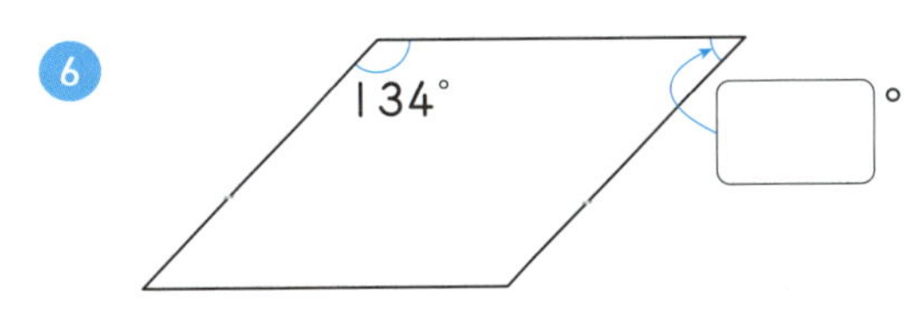

48

다음 도형에서 사각형은 평행사변형입니다. ☐ 안에 알맞은 수를 써넣으세요.

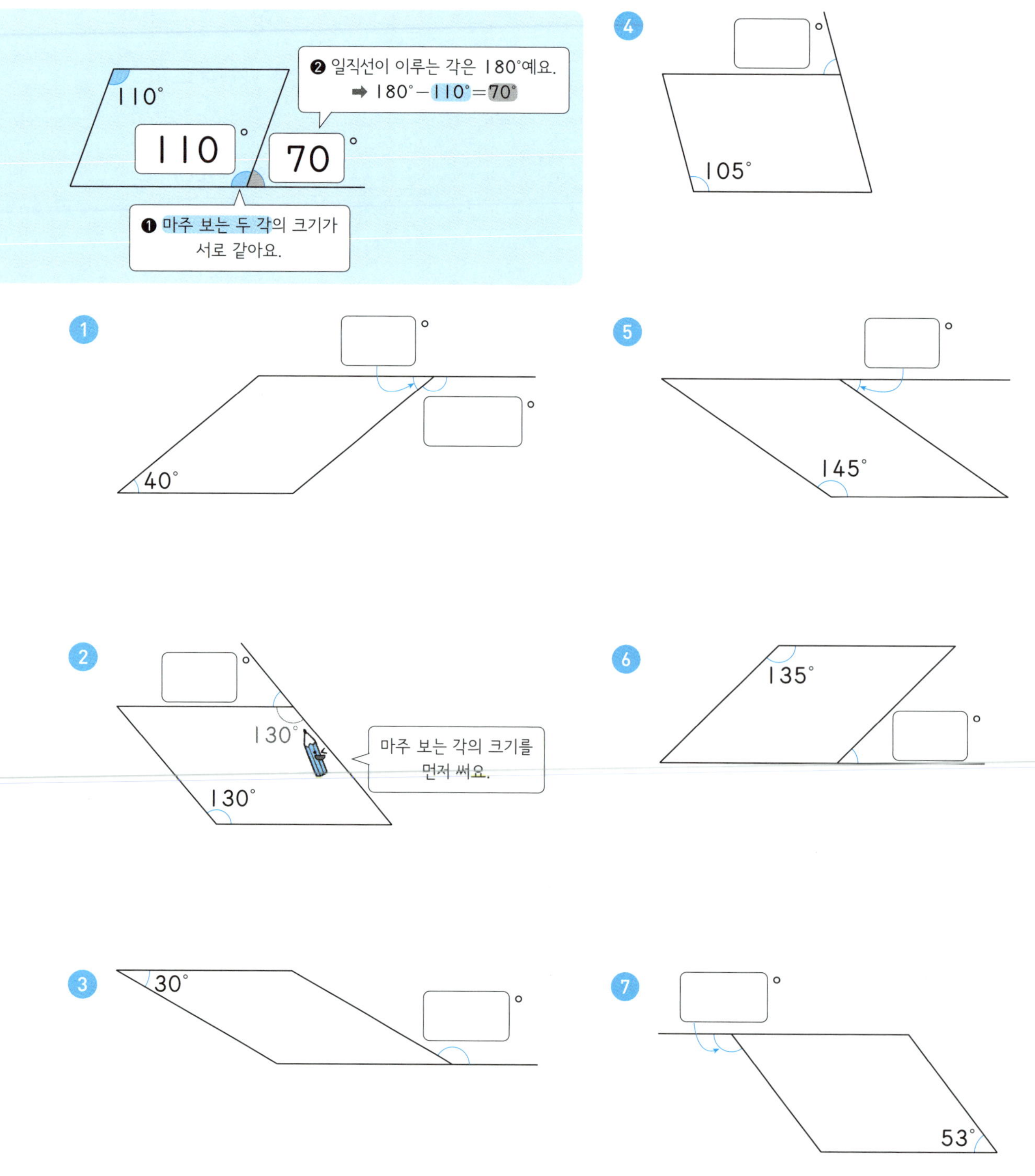

49 마름모는 평행사변형의 성질이 그대로!

네 변의 길이가 모두 같은 사각형이에요.

✂ 다음 도형은 마름모입니다. ☐ 안에 알맞은 수를 써넣으세요.

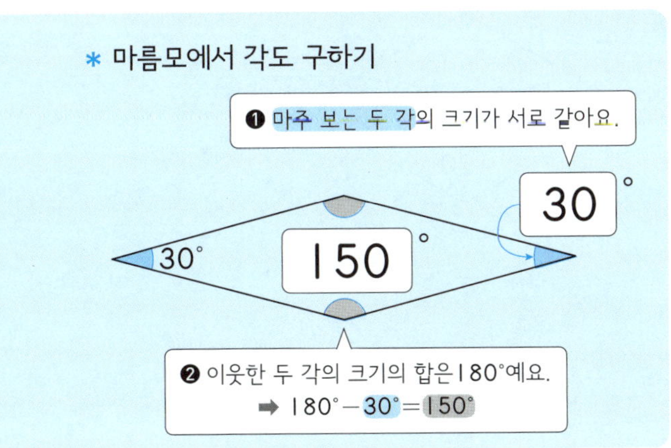

④
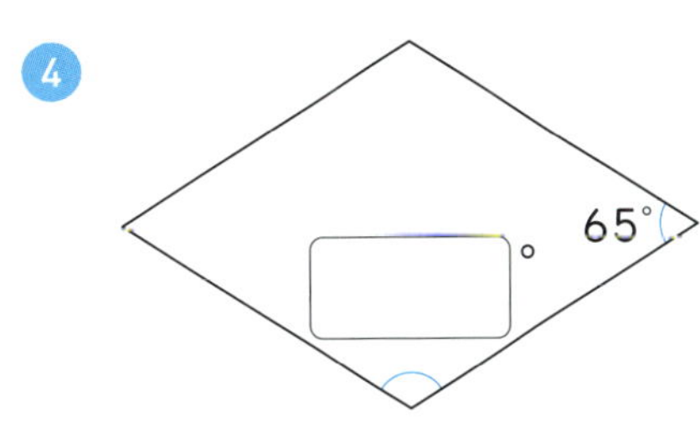

①
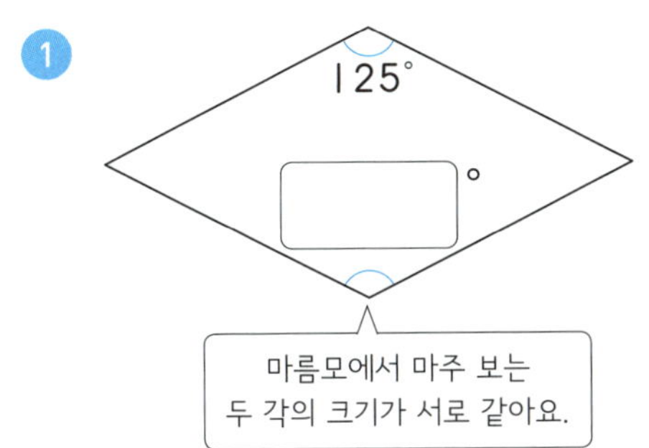

마름모에서 마주 보는
두 각의 크기가 서로 같아요.

⑤
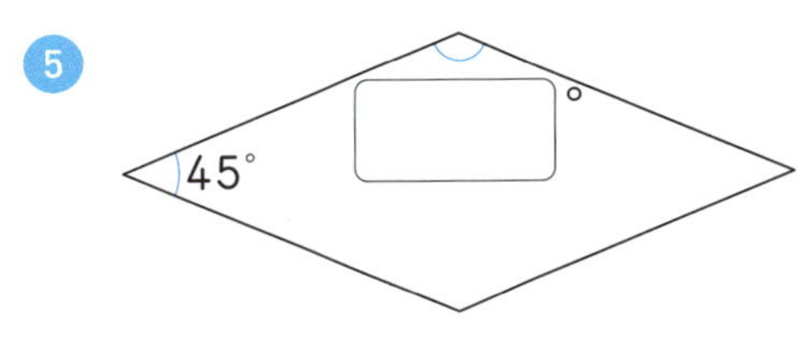

②
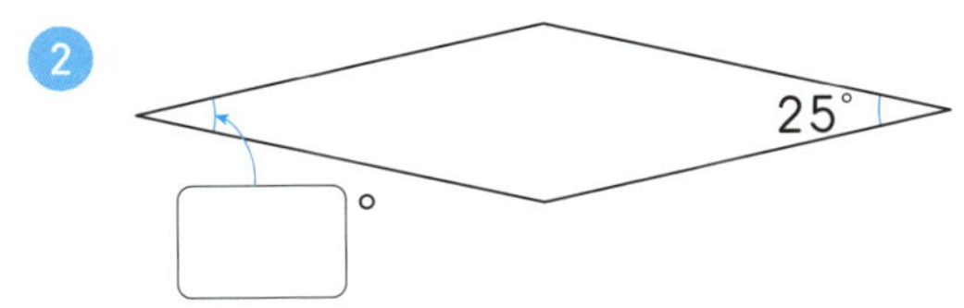

⑥
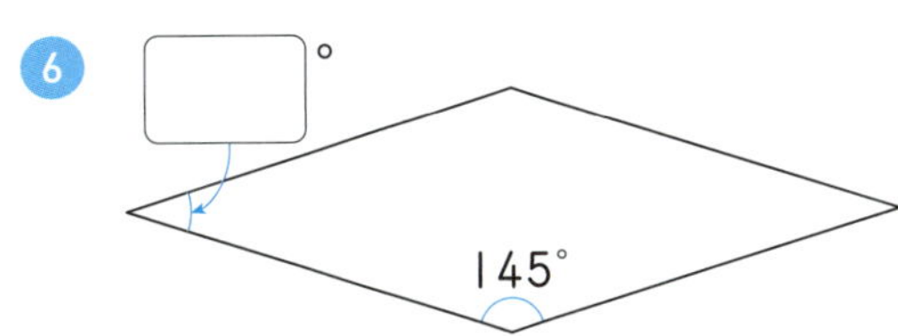

③
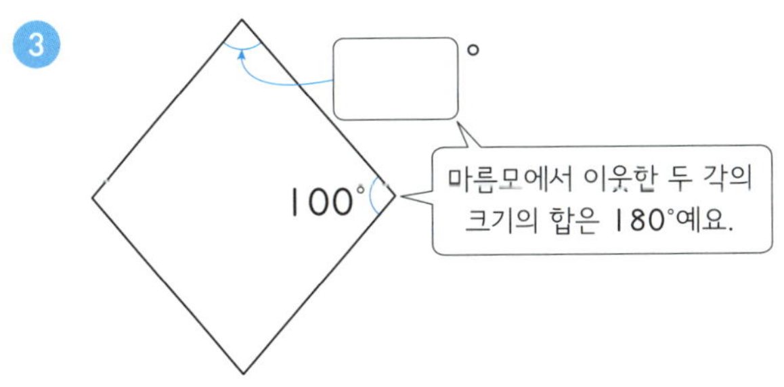

마름모에서 이웃한 두 각의
크기의 합은 180°예요.

⑦
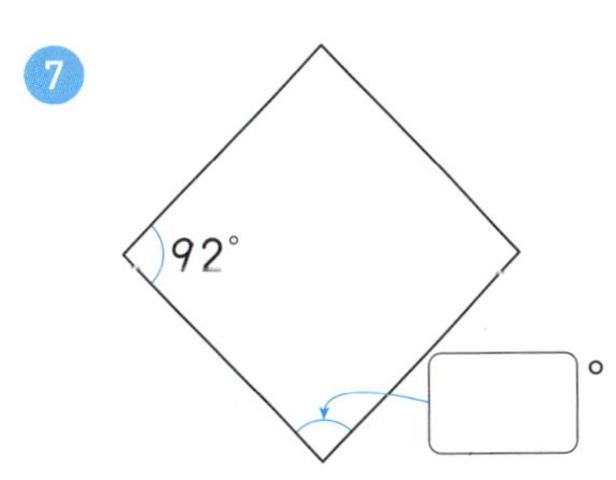

집중 시간 3분

✿ 다음 도형에서 사각형은 마름모입니다. □ 안에 알맞은 수를 써넣으세요.

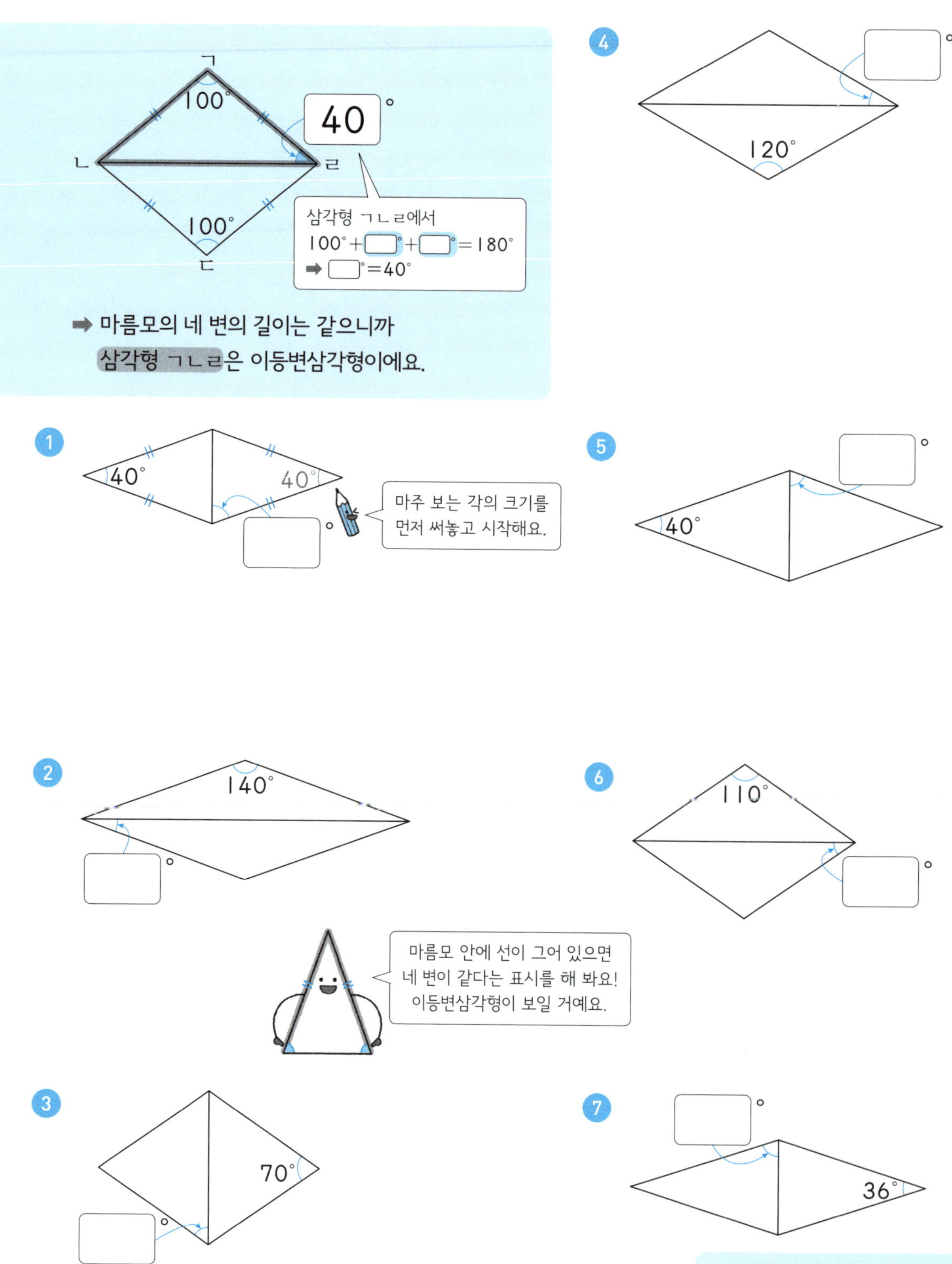

* 마름모는 평행사변형의 성질이 그대로!
① 마주 보는 두 각의 크기가 서로 같아요.
② 이웃한 두 각의 크기의 합은 180°예요!

50 도형에서 각도 구하기 한 번 더!

그림을 보고 ☐ 안에 알맞은 수를 써넣으세요.

① 이등변삼각형

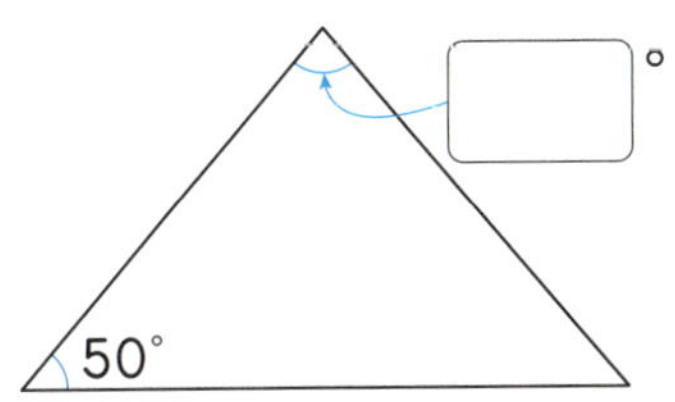

② 이등변삼각형

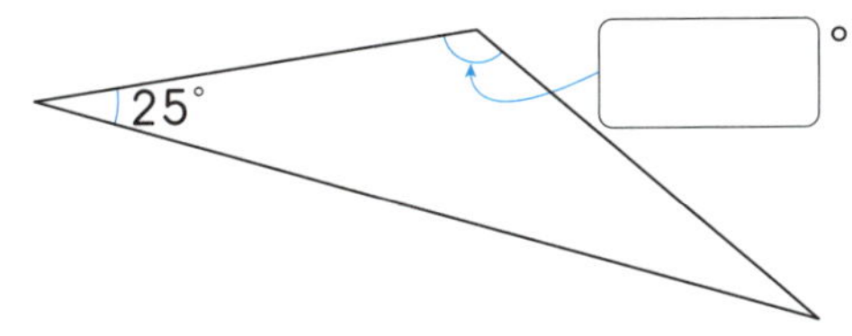

③ 이등변삼각형

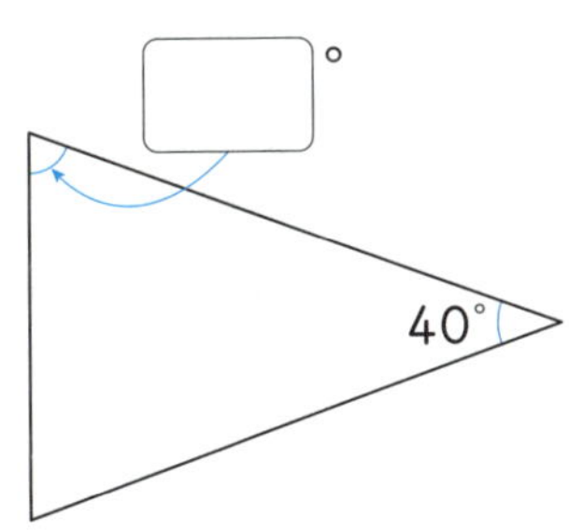

④ 이등변삼각형

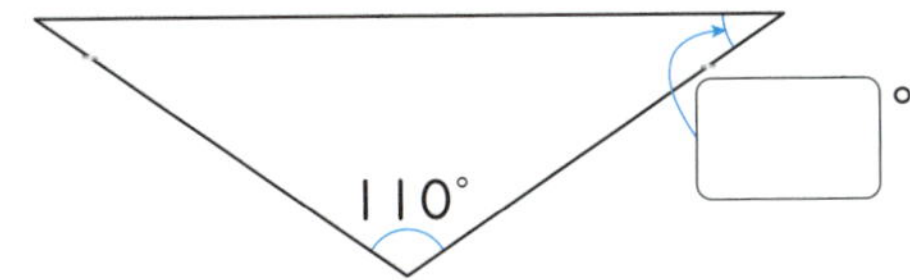

⑤ 직선 가와 직선 나는 서로 수직

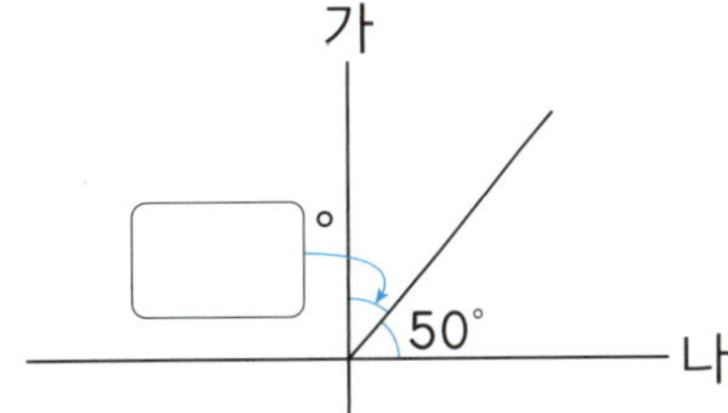

⑥ 직선 가와 직선 나는 서로 수직

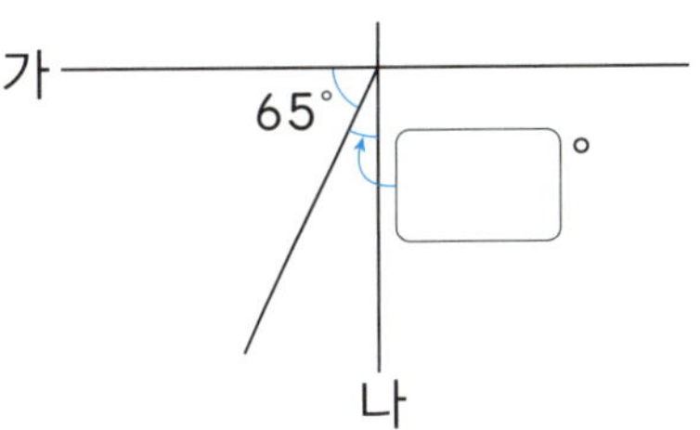

⑦ 직선 가와 직선 나는 서로 수직

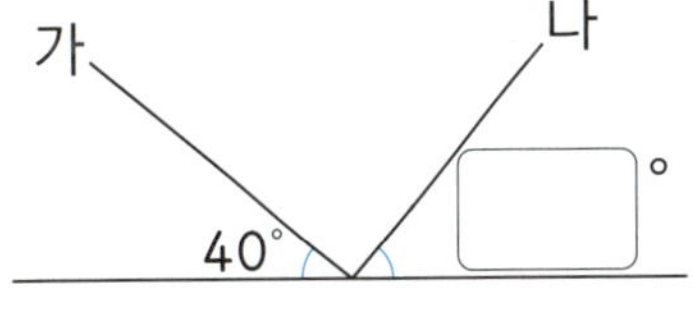

⑧ 직선 가와 직선 나는 서로 수직

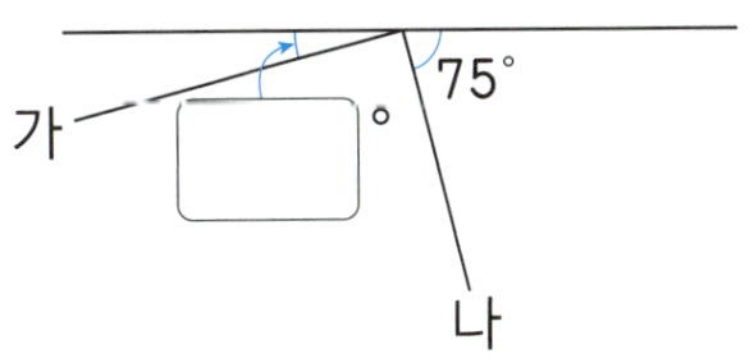

✂ 도형을 보고 ☐ 안에 알맞은 수를 써넣으세요.

1 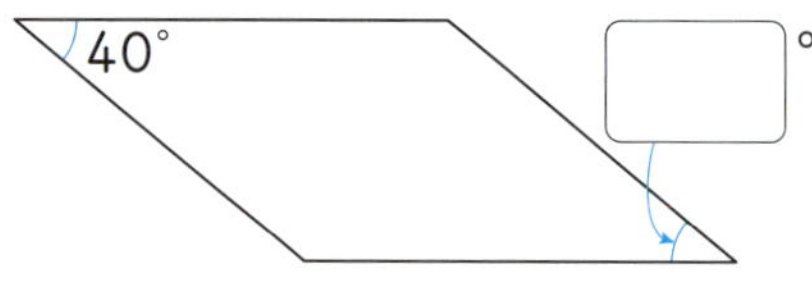

5 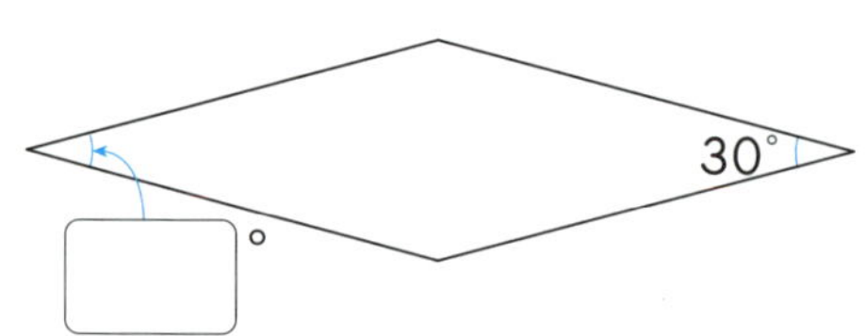

2 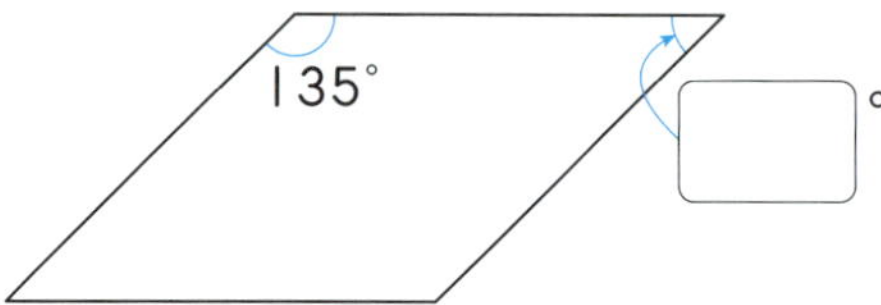

6 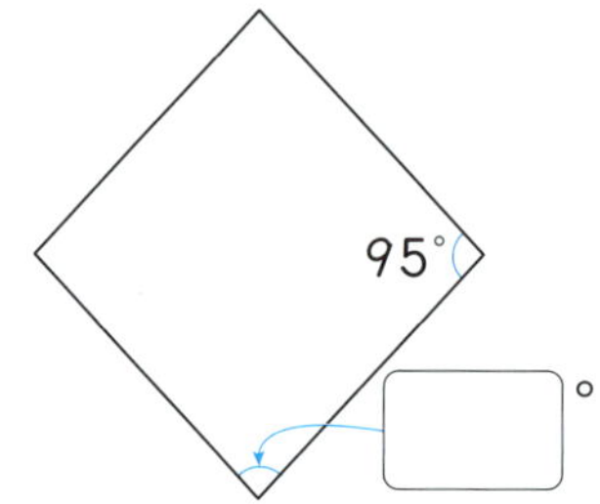

3 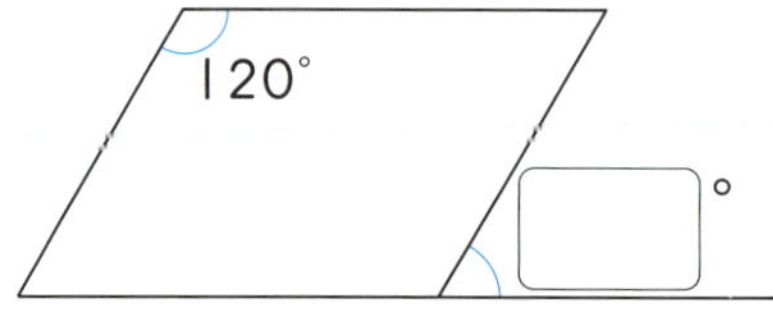

7 

4 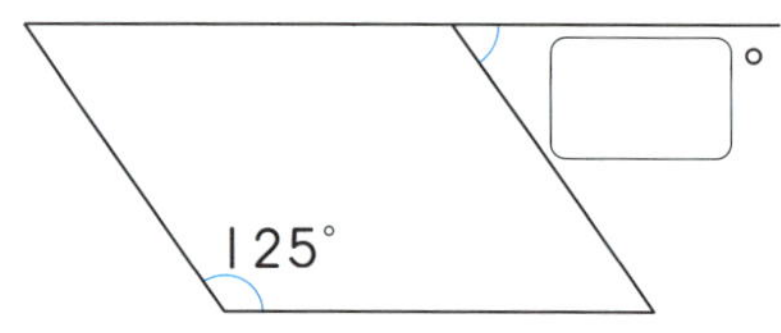

8 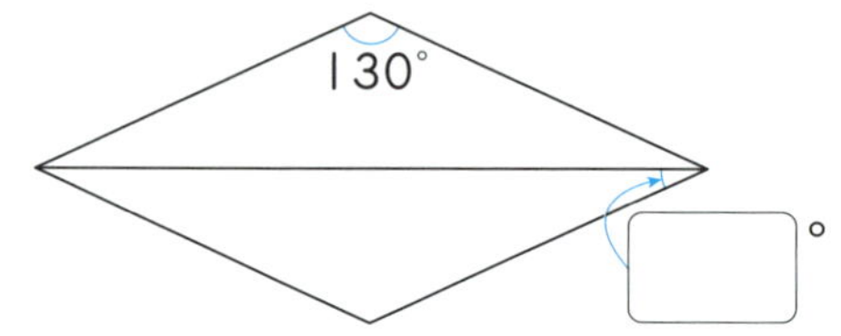

 51 생활 속 연산 – 삼각형, 사각형

그림을 보고 □ 안에 알맞은 수를 써넣으세요.

1
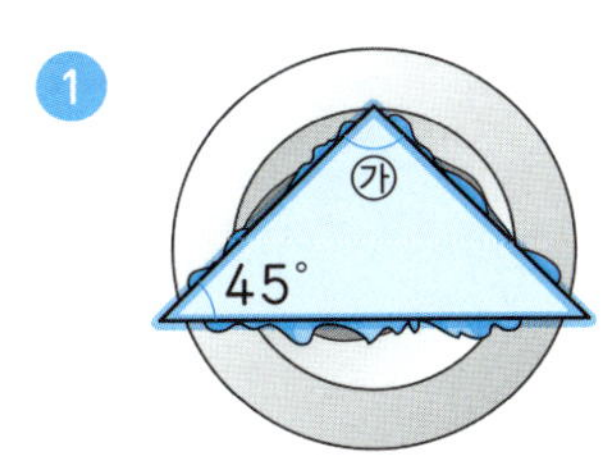

이등변삼각형 모양의 토스트를 만들었습니다.

㉮의 크기는 □°입니다.

2
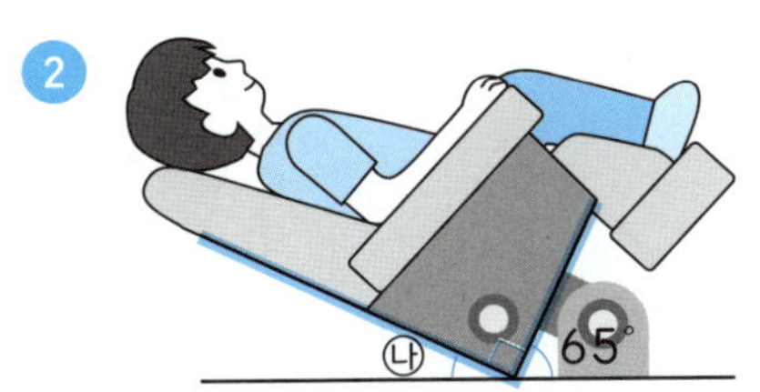

준형이는 직각이 있는 안마 의자에 앉아 있습니다.

㉯의 크기는 □°입니다.

3
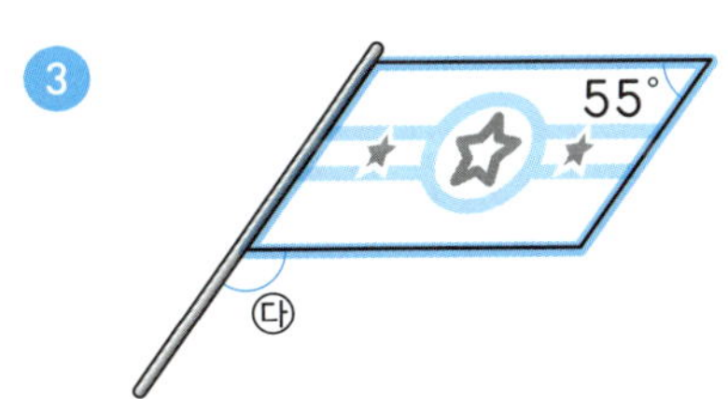

평행사변형 모양의 응원 깃발을 만들었습니다.

㉰의 크기는 □°입니다.

4
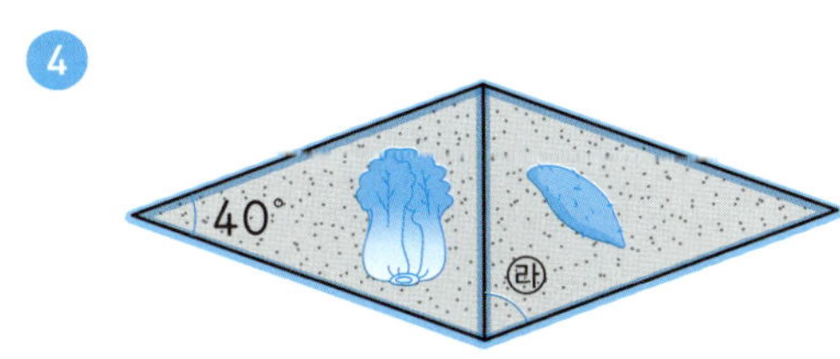

마름모 모양의 땅을 반으로 나누어 왼쪽에는 배추를,

오른쪽에는 고구마를 심었습니다.

고구마를 심은 땅에서 ㉱의 크기는 □°입니다.

✂ 동물들이 모여서 땅따먹기 놀이를 하고 있습니다. 각 동물들이 차지한 땅에서 ★의 크기를 각각 구해 보세요.

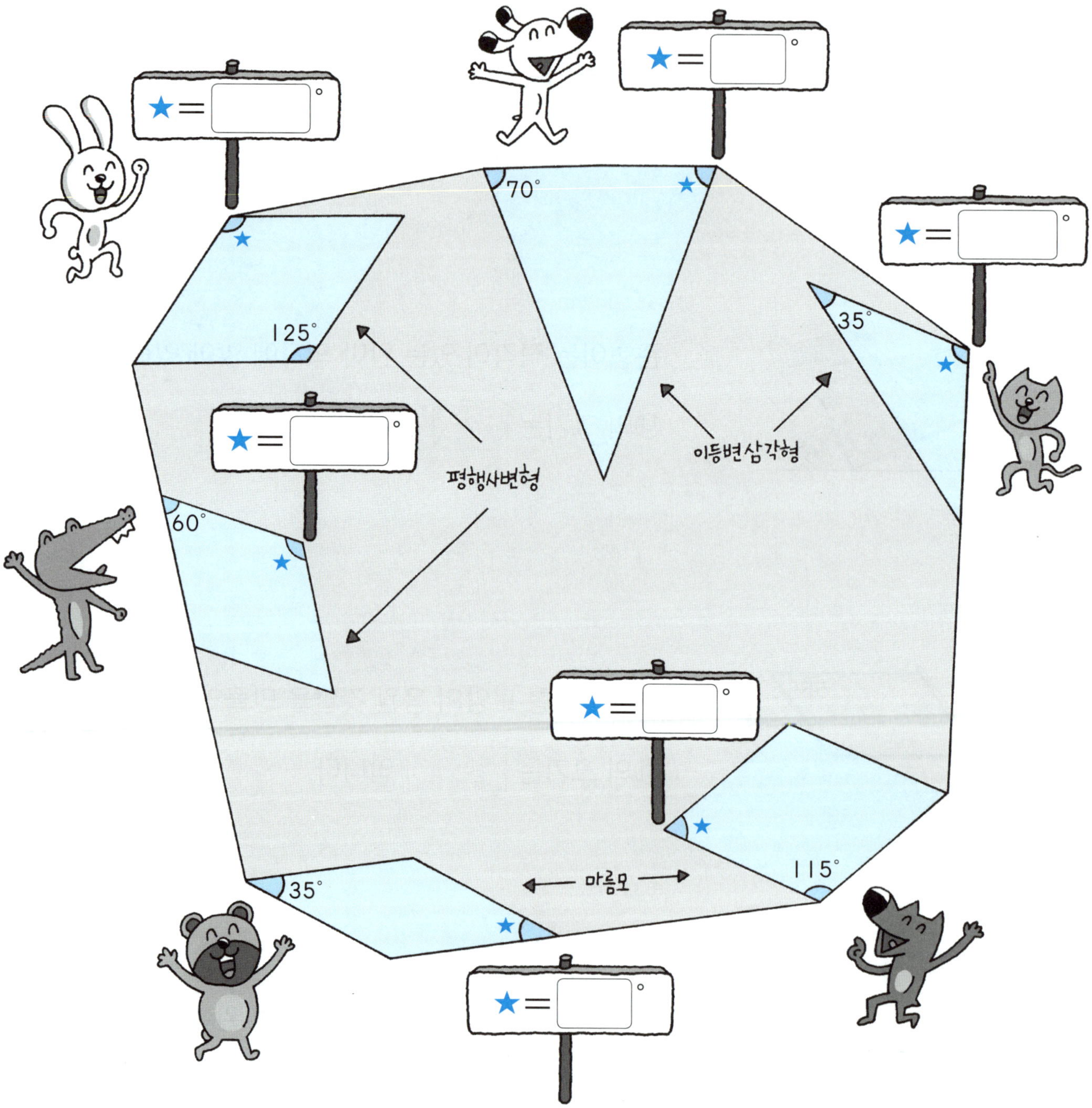

★ =   °

★ =   °

★ =   °

★ =   °

★ =   °

★ =   °

✂ ☐ 안에 알맞은 수를 써넣으세요.

1 이등변삼각형

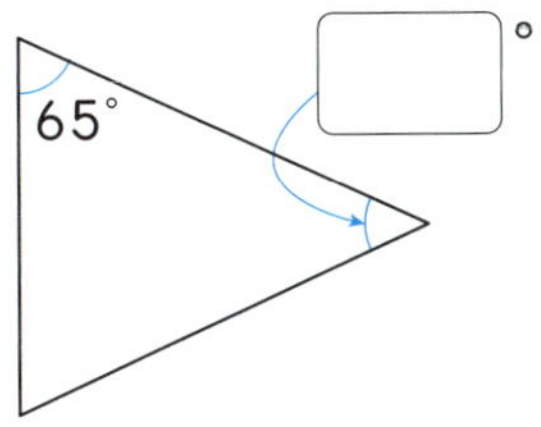

2 이등변삼각형

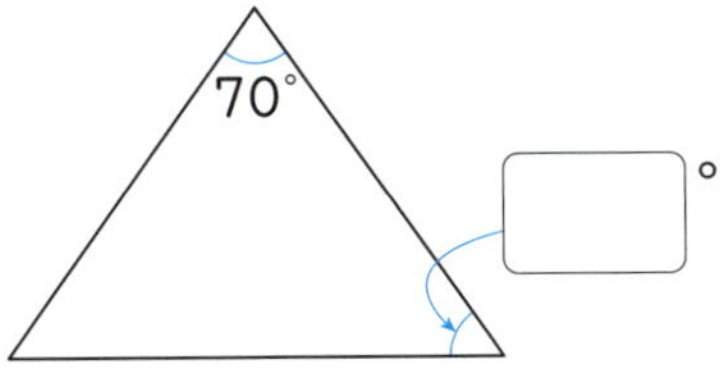

3 직선 가와 직선 나는 서로 수직

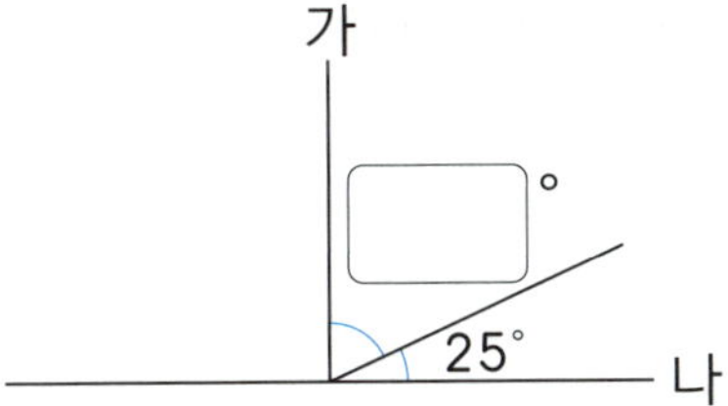

4 직선 가와 직선 나는 서로 수직

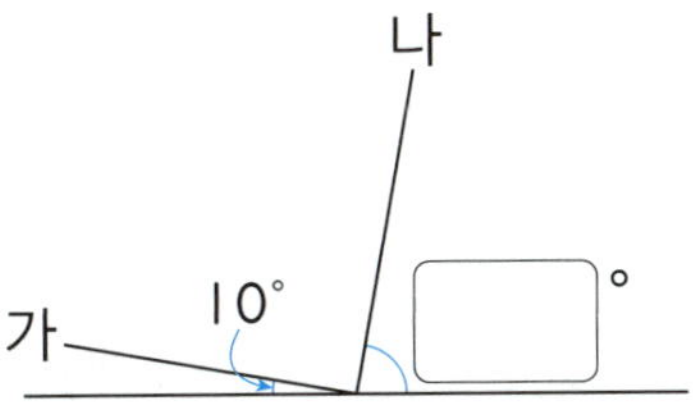

5 평행사변형

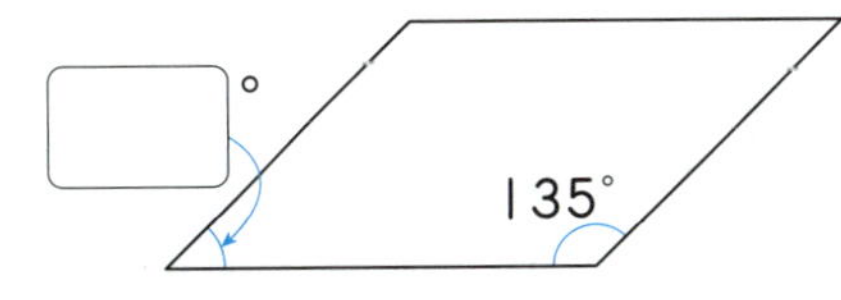

6 평행사변형

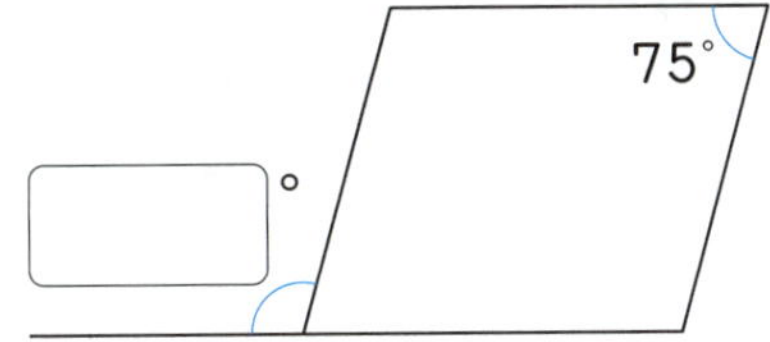

7 마름모

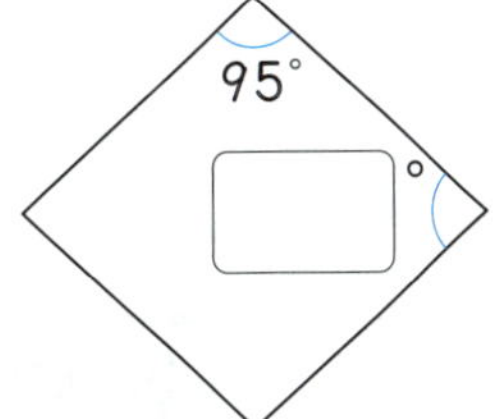

8 마름모

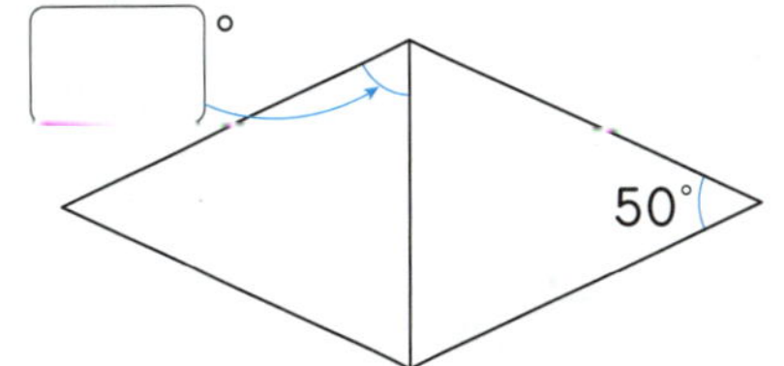

바빠 시리즈 초·중등 수학 교재 한눈에 보기

유아~취학 전	1학년	2학년	3학년

7살 첫 수학

초등 입학 준비 첫 수학

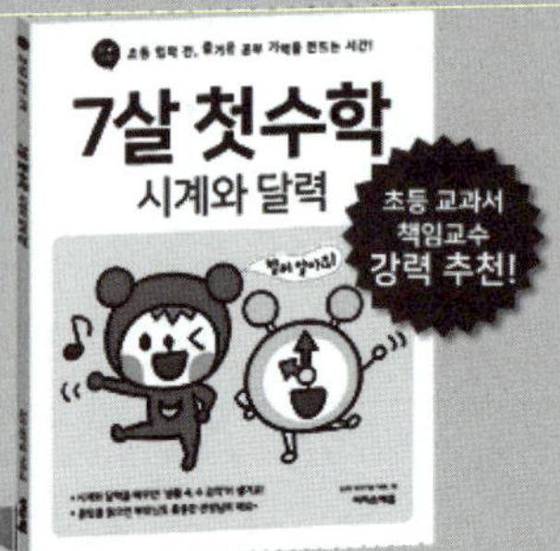

① 100까지의 수
② 20까지 수의 덧셈 뺄셈
③ 100까지 수의 덧셈 뺄셈
★ 시계와 달력
★ 동전과 지폐 세기
★ 길이와 무게 재기

바빠 교과서 연산 | 학교 진도 맞춤 연산

▶ 가장 쉬운 교과 연계용 수학책
▶ 수학 학원 원장님들의 연산 꿀팁 수록!
▶ 한 학기에 필요한 연산만 모아 계산 속도가 빨라진다.

1~6학년 학기별 각 1권 | 전 12권

나 혼자 푼다 바빠 수학 문장제 | 학교 시험 문장제, 서술형 완벽 대비

▶ 빈칸을 채우면 풀이와 답 완성!
▶ 교과서 대표 유형 집중 훈련
▶ 대화식 도움말이 담겨 있어, 혼자 공부하기 좋은 책

1~6학년 학기별 각 1권 | 전 12권

베 스 트 셀 러

구구단, 시계와 시간

길이와 시간 계산, 곱셈

바빠 연산법 | 10일에 완성하는 영역별 연산 총정리

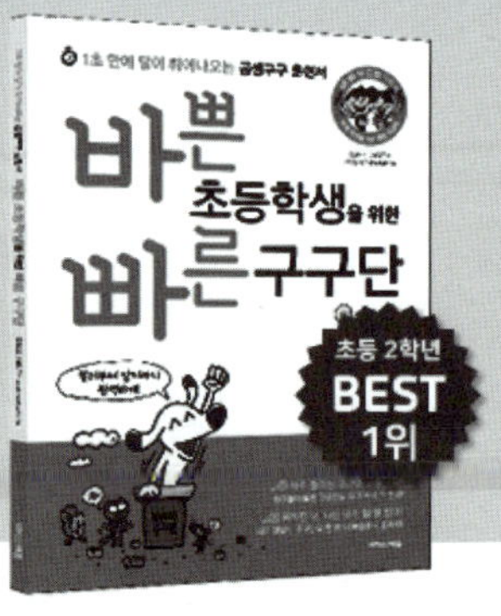

▶ 결손 보강용 영역별 연산 책
▶ 취약한 연산만 집중 훈련
▶ 시간이 절약되는 똑똑한 훈련법!

예비초~6학년 영역별 | 전 27권

4학년	5학년	6학년	중학생

바빠 중학연산

1학기 수학 기초 완성

1~3학년
각 2권
(전 6권)

*교과서 순서와 똑같아 공부하기 좋아요!

바빠 중학도형

2학기 수학 기초 완성

1~3학년
각 1권
(전 3권)

학년별 인기 도서

4학년	5학년	6학년
나눗셈, 분수, 소수, 방정식	약수와 배수, 분수, 소수	비와 비례, 방정식

바빠 중학수학 총정리

고등수학에서 필요한 것만 콕!

수학 총정리
BEST
1위

중학
3개년
총정리
(전 1권)

※ '바빠 초등 수학 총정리'와 '바빠 중학 일차방정식', '바빠 중학 일차함수', '바빠 중학도형 총정리'도 있어요!

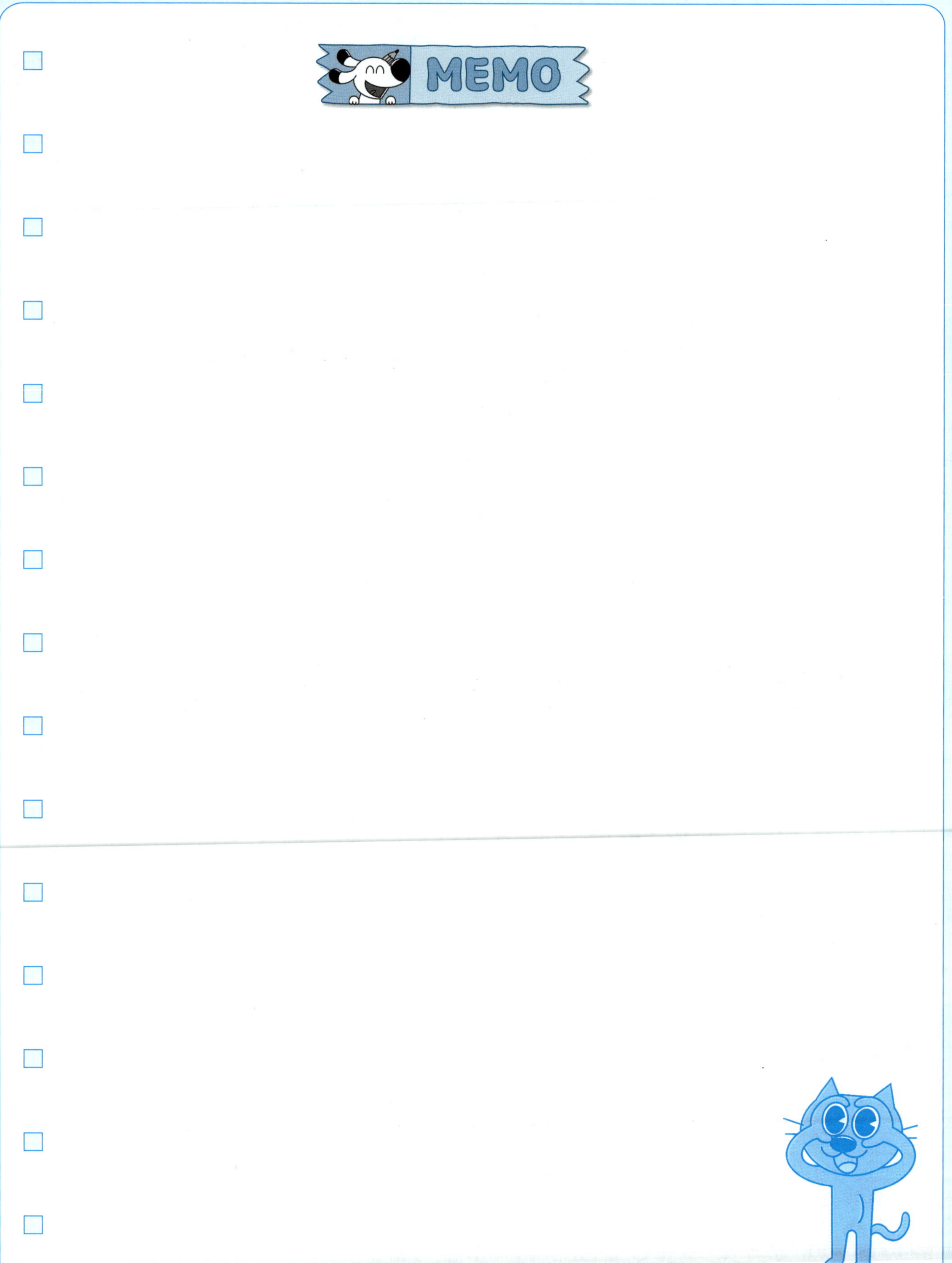
MEMO

초등 수학 공부, 이렇게 하면 효과적!

"펑펑 내려야 눈이 쌓이듯 공부도 집중해야 실력이 쌓인다!"

학교 다닐 때는? | 학기별 연산책 '바빠 교과서 연산'

'바빠 교과서 연산'부터 시작하세요. 학기별 진도에 딱 맞춘 쉬운 연산 책이니까요! 방학 동안 다음 학기 선행을 준비할 때도 '바빠 교과서 연산'으로 시작하세요! 교과서 순서대로 빠르게 공부할 수 있어, 첫 번째 수학 책으로 추천합니다.

시험이나 서술형 대비는? | '나 혼자 푼다 바빠 수학 문장제'

학교 시험을 대비하고 싶다면 '나 혼자 푼다 수학 문장제'로 공부하세요. 너무 어렵지도 쉽지도 않은 딱 적당한 난이도로, 빈칸을 채우면 풀이 과정이 완성됩니다! 막막하지 않아요~ 요즘 학교 시험 풀이 과정을 손쉽게 연습할 수 있습니다.

방학 때는? | 10일 완성 영역별 연산책 '바빠 연산법'

내가 부족한 영역만 골라 보충할 수 있어요! 예를 들어 4학년인데 나눗셈이 어렵다면 나눗셈만, 분수가 어렵다면 분수만 골라 훈련하세요. 방학 때나 학습 결손이 생겼을 때, 취약한 연산 구멍을 빠르게 메꿀 수 있어요!

바빠 연산 영역 :
덧셈, 뺄셈, 구구단, 시계와 시간, 길이와 시간 계산, 곱셈, 나눗셈, 약수와 배수, 분수, 소수, 자연수의 혼합 계산, 분수와 소수의 혼합 계산, 평면도형 계산, 입체도형 계산, 비와 비례, 방정식, 확률과 통계, 19단

바빠 ^{시리즈} 초등 학년별 추천 도서

학년	학기별 연산책 바빠 교과서 연산 학기 중, 선행용으로 추천!	나 혼자 푼다 바빠 수학 문장제 학교 시험 서술형 완벽 대비!
1학년	·바빠 교과서 연산 1-1 ·바빠 교과서 연산 1-2	·나 혼자 푼다 바빠 수학 문장제 1-1 ·나 혼자 푼다 바빠 수학 문장제 1-2
2학년	·바빠 교과서 연산 2-1 ·바빠 교과서 연산 2-2	·나 혼자 푼다 바빠 수학 문장제 2-1 ·나 혼자 푼다 바빠 수학 문장제 2-2
3학년	·바빠 교과서 연산 3-1 ·바빠 교과서 연산 3-2	·나 혼자 푼다 바빠 수학 문장제 3-1 ·나 혼자 푼다 바빠 수학 문장제 3-2
4학년	·바빠 교과서 연산 4-1 ·바빠 교과서 연산 4-2	·나 혼자 푼다 바빠 수학 문장제 4-1 ·나 혼자 푼다 바빠 수학 문장제 4-2
5학년	·바빠 교과서 연산 5-1 ·바빠 교과서 연산 5-2	·나 혼자 푼다 바빠 수학 문장제 5-1 ·나 혼자 푼다 바빠 수학 문장제 5-2
6학년	·바빠 교과서 연산 6-1 ·바빠 교과서 언산 6-2	·나 혼자 푼다 바빠 수학 문장제 6-1 ·나 혼자 푼다 바빠 수학 문장제 6-2

이번 학기 공부 습관을 만드는 첫 연산 책!

바빠 교과서 연산

바쁜 친구들이 즐거워지는
빠른 학습법

연산 4-2

정답 및 풀이

이지스에듀

이번 학기
공부 습관을 만드는
첫 연산 책!

01 분모는 그대로! 분자끼리만 더하자

❈ 계산하세요.

* 분모가 같은 진분수의 덧셈
$$\frac{3}{6}+\frac{2}{6}=\frac{3+2}{6}=\frac{5}{6}$$
❷ 분자끼리 더해요.
❶ 분모는 그대로!

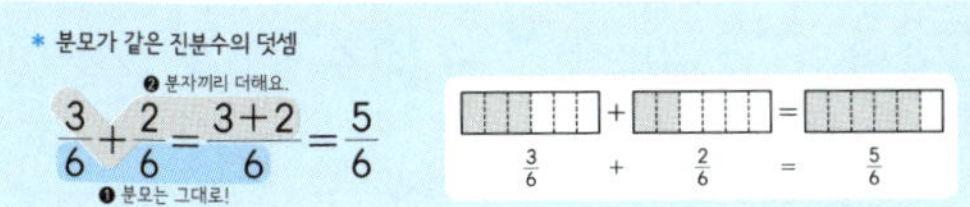

1. $\frac{2}{7}+\frac{4}{7}=\frac{2+\boxed{4}}{7}=\frac{\boxed{6}}{\boxed{7}}$

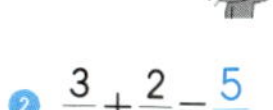

6. $\frac{4}{13}+\frac{6}{13}=\frac{10}{13}$

2. $\frac{3}{8}+\frac{2}{8}=\frac{5}{8}$

7. $\frac{7}{14}+\frac{2}{14}=\frac{9}{14}$

3. $\frac{3}{9}+\frac{4}{9}=\frac{\boxed{7}}{9}$ 암산으로 바로 풀어 보세요!

8. $\frac{2}{15}+\frac{9}{15}=\frac{11}{15}$

4. $\frac{1}{10}+\frac{8}{10}=\frac{9}{10}$

9. $\frac{8}{16}+\frac{5}{16}=\frac{13}{16}$

5. $\frac{5}{11}+\frac{4}{11}=\frac{9}{11}$

10. $\frac{10}{17}+\frac{4}{17}=\frac{14}{17}$

01

❈ 계산하세요.

1. $\frac{3}{5}+\frac{1}{5}=\frac{4}{5}$ 분모끼리는 더하지 않아요!

7. $\frac{8}{13}+\frac{3}{13}=\frac{11}{13}$

2. $\frac{4}{8}+\frac{3}{8}=\frac{7}{8}$

8. $\frac{5}{14}+\frac{4}{14}=\frac{9}{14}$

3. $\frac{6}{9}+\frac{2}{9}=\frac{8}{9}$

9. $\frac{9}{17}+\frac{3}{17}=\frac{12}{17}$

4. $\frac{1}{7}+\frac{5}{7}=\frac{6}{7}$

10. $\frac{10}{15}+\frac{2}{15}=\frac{12}{15}$

5. $\frac{7}{12}+\frac{4}{12}=\frac{11}{12}$

앗! 실수

11. $\frac{6}{16}+\frac{6}{16}=\frac{12}{16}$

6. $\frac{3}{11}+\frac{6}{11}=\frac{9}{11}$

12. $\frac{8}{19}+\frac{8}{19}=\frac{16}{19}$

02 계산 결과가 가분수이면 대분수로 바꾸자

❈ 가분수를 대분수로 나타내세요.

* 가분수를 대분수로 나타내는 방법
방법1 $\frac{5}{3}$ ➡ $5÷3=1\cdots2$ ➡ $1\frac{2}{3}$ 방법2 $\frac{4}{3}$ ➡ $\frac{3}{3}+\frac{1}{3}$ ➡ $1\frac{1}{3}$

1. $\boxed{\dfrac{7}{4}}$ ➡ ($1\frac{3}{4}$)

3. $\boxed{\dfrac{15}{11}}$ ➡ ($1\frac{4}{11}$)

2. $\boxed{\dfrac{11}{6}}$ ➡ ($1\frac{5}{6}$)

4. $\boxed{\dfrac{17}{10}}$ ➡ ($1\frac{7}{10}$)

❈ 계산하세요.

$\frac{2}{4}+\frac{3}{4}=\frac{2+3}{4}=\frac{5}{4}=1\frac{1}{4}$
➡ 계산 결과가 가분수이면 대분수로 나타내요.

7. $\frac{5}{7}+\frac{6}{7}=\frac{11}{7}=1\frac{4}{7}$

5. $\frac{4}{5}+\frac{4}{5}=\frac{\boxed{4}+\boxed{4}}{5}=\frac{\boxed{8}}{5}$
$=\boxed{1}\frac{\boxed{3}}{5}$

8. $\frac{7}{8}+\frac{5}{8}=\frac{12}{8}=1\frac{4}{8}$

6. $\frac{3}{6}+\frac{5}{6}=\frac{\boxed{8}}{6}=\boxed{1}\frac{\boxed{2}}{6}$

9. $\frac{9}{10}+\frac{2}{10}=\frac{11}{10}=1\frac{1}{10}$

02

❈ 계산하세요.

1. $\frac{3}{5}+\frac{4}{5}=\frac{7}{5}=1\frac{2}{5}$

7. $\frac{4}{10}+\frac{9}{10}=\frac{13}{10}=1\frac{3}{10}$

2. $\frac{2}{3}+\frac{2}{3}=\frac{4}{3}=1\frac{1}{3}$

8. $\frac{8}{13}+\frac{7}{13}=\frac{15}{13}=1\frac{2}{13}$

3. $\frac{6}{9}+\frac{5}{9}=\frac{11}{9}=1\frac{2}{9}$

9. $\frac{9}{15}+\frac{13}{15}=\frac{22}{15}=1\frac{7}{15}$

4. $\frac{5}{8}+\frac{4}{8}=\frac{9}{8}=1\frac{1}{8}$

10. $\frac{12}{14}+\frac{13}{14}=\frac{25}{14}=1\frac{11}{14}$

5. $\frac{7}{11}+\frac{9}{11}=\frac{16}{11}=1\frac{5}{11}$

11. $\frac{14}{18}+\frac{17}{18}=\frac{31}{18}=1\frac{13}{18}$

6. $\frac{10}{12}+\frac{7}{12}=\frac{17}{12}=1\frac{5}{12}$

12. $\frac{15}{17}+\frac{16}{17}=\frac{31}{17}=1\frac{14}{17}$

03 진분수의 덧셈 한 번 더!

※ 계산하세요.

① $\dfrac{2}{6} + \dfrac{1}{6} = \dfrac{3}{6}$

⑦ $\dfrac{6}{13} + \dfrac{10}{13} = \dfrac{16}{13} = 1\dfrac{3}{13}$

② $\dfrac{6}{7} + \dfrac{4}{7} = \dfrac{10}{7} = 1\dfrac{3}{7}$

⑧ $\dfrac{10}{14} + \dfrac{13}{14} = \dfrac{23}{14} = 1\dfrac{9}{14}$

③ $\dfrac{5}{9} + \dfrac{8}{9} = \dfrac{13}{9} = 1\dfrac{4}{9}$

⑨ $\dfrac{1}{15} + \dfrac{6}{15} = \dfrac{7}{15}$

④ $\dfrac{3}{10} + \dfrac{4}{10} = \dfrac{7}{10}$

⑩ $\dfrac{9}{16} + \dfrac{12}{16} = \dfrac{21}{16} = 1\dfrac{5}{16}$

⑤ $\dfrac{8}{11} + \dfrac{5}{11} = \dfrac{13}{11} = 1\dfrac{2}{11}$

⑪ $\dfrac{10}{17} + \dfrac{15}{17} = \dfrac{25}{17} = 1\dfrac{8}{17}$

⑥ $\dfrac{9}{12} + \dfrac{4}{12} = \dfrac{13}{12} = 1\dfrac{1}{12}$

⑫ $\dfrac{11}{18} + \dfrac{7}{18} = \dfrac{18}{18} = 1$

03

※ 계산하세요.

① $\dfrac{1}{8} + \dfrac{2}{8} = \dfrac{3}{8}$

⑦ $\dfrac{8}{12} + \dfrac{11}{12} = \dfrac{19}{12} = 1\dfrac{7}{12}$

② $\dfrac{4}{6} + \dfrac{3}{6} = \dfrac{7}{6} = 1\dfrac{1}{6}$

⑧ $\dfrac{8}{15} + \dfrac{5}{15} = \dfrac{13}{15}$

③ $\dfrac{6}{11} + \dfrac{8}{11} = \dfrac{14}{11} = 1\dfrac{3}{11}$

⑨ $\dfrac{12}{16} + \dfrac{9}{16} = \dfrac{21}{16} = 1\dfrac{5}{16}$

④ $\dfrac{8}{10} + \dfrac{9}{10} = \dfrac{17}{10} = 1\dfrac{7}{10}$

⑩ $\dfrac{16}{18} + \dfrac{16}{18} = \dfrac{32}{18} = 1\dfrac{14}{18}$

⑤ $\dfrac{9}{14} + \dfrac{4}{14} = \dfrac{13}{14}$

⑪ $\dfrac{18}{19} + \dfrac{18}{19} = \dfrac{36}{19} = 1\dfrac{17}{19}$

⑥ $\dfrac{7}{13} + \dfrac{6}{13} = \dfrac{13}{13} = 1$

---

04 자연수끼리, 분수끼리 더하자 (1)

※ 자연수끼리, 분수끼리 더하여 계산하세요.

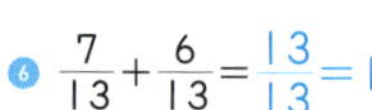

* 분모가 같은 대분수의 덧셈

자연수끼리 더하고

$$1\dfrac{2}{4} + 2\dfrac{1}{4} = (1+2) + \left(\dfrac{2}{4} + \dfrac{1}{4}\right) = 3 + \dfrac{3}{4} = 3\dfrac{3}{4}$$

분수끼리 더해요.

① $2\dfrac{2}{7} + 5\dfrac{4}{7} = (2 + \boxed{5}) + \left(\dfrac{2}{7} + \dfrac{4}{7}\right) = \boxed{7} + \dfrac{\boxed{6}}{7} = 7\dfrac{\boxed{6}}{7}$

② $4\dfrac{1}{8} + 1\dfrac{2}{8} = 5\dfrac{3}{8}$

⑥ $4\dfrac{8}{11} + 2\dfrac{1}{11} = \boxed{6}\dfrac{\boxed{9}}{11}$

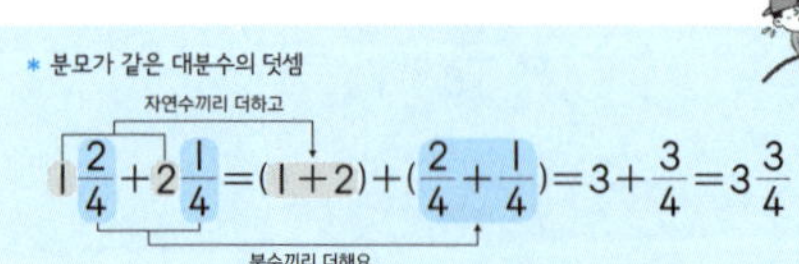

③ $1\dfrac{2}{9} + 3\dfrac{5}{9} = 4\dfrac{7}{9}$

⑦ $3\dfrac{3}{12} + 4\dfrac{2}{12} = 7\dfrac{5}{12}$

④ $1\dfrac{4}{10} + 5\dfrac{3}{10} = 6\dfrac{7}{10}$

⑧ $2\dfrac{5}{13} + 3\dfrac{4}{13} = 5\dfrac{9}{13}$

⑤ $1\dfrac{6}{14} + 1\dfrac{7}{14} = 2\dfrac{13}{14}$

⑨ $6\dfrac{8}{15} + 2\dfrac{3}{15} = 8\dfrac{11}{15}$

04

※ 자연수끼리, 분수끼리 더하여 계산하세요.

① $1\dfrac{2}{8} + 1\dfrac{5}{8} = 2\dfrac{7}{8}$

⑦ $4\dfrac{3}{14} + 2\dfrac{8}{14} = 6\dfrac{11}{14}$

② $1\dfrac{3}{9} + 2\dfrac{1}{9} = 3\dfrac{4}{9}$

⑧ $5\dfrac{2}{15} + 4\dfrac{6}{15} = 9\dfrac{8}{15}$

③ $3\dfrac{7}{10} + 4\dfrac{2}{10} = 7\dfrac{9}{10}$

⑨ $3\dfrac{8}{16} + 2\dfrac{5}{16} = 5\dfrac{13}{16}$

④ $2\dfrac{4}{11} + 3\dfrac{5}{11} = 5\dfrac{9}{11}$

⑩ $2\dfrac{4}{17} + 4\dfrac{7}{17} = 6\dfrac{11}{17}$

⑤ $4\dfrac{3}{12} + 3\dfrac{4}{12} = 7\dfrac{7}{12}$

⑪ $3\dfrac{6}{18} + 1\dfrac{11}{18} = 4\dfrac{17}{18}$

⑥ $1\dfrac{5}{13} + 5\dfrac{7}{13} = 6\dfrac{12}{13}$

⑫ $4\dfrac{13}{19} + 3\dfrac{4}{19} = 7\dfrac{17}{19}$

---

05 자연수끼리, 분수끼리 더하자 (2)

집중 시간 3분

※ 자연수끼리, 분수끼리 더하여 계산하세요.

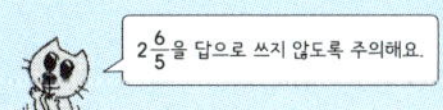

$$1\frac{4}{5}+1\frac{2}{5}=2+\frac{6}{5}=2+1\frac{1}{5}=3\frac{1}{5}$$

대분수로 나타내요.

→ 분수끼리의 합이 가분수이면 대분수로 나타내어 계산해요.

$2\frac{6}{5}$을 답으로 쓰지 않도록 주의해요

① $2\frac{2}{6}+1\frac{5}{6}=3+\frac{\boxed{7}}{6}=3+\boxed{1}\frac{\boxed{1}}{6}=\boxed{4}\frac{\boxed{1}}{6}$

② $3\frac{6}{7}+5\frac{3}{7}=8\frac{9}{7}=9\frac{2}{7}$

③ $4\frac{5}{8}+2\frac{6}{8}=6\frac{11}{8}=7\frac{3}{8}$

④ $2\frac{4}{9}+5\frac{7}{9}=7\frac{11}{9}=8\frac{2}{9}$

⑤ $3\frac{7}{10}+1\frac{9}{10}=4\frac{16}{10}=5\frac{6}{10}$

⑥ $4\frac{8}{11}+2\frac{6}{11}=6\frac{14}{11}=7\frac{3}{11}$

⑦ $3\frac{7}{12}+1\frac{7}{12}=4\frac{14}{12}=5\frac{2}{12}$

⑧ $4\frac{6}{13}+3\frac{9}{13}=7\frac{15}{13}=8\frac{2}{13}$

⑨ $2\frac{11}{15}+4\frac{9}{15}=6\frac{20}{15}=7\frac{5}{15}$

05

집중 시간 3분

※ 자연수끼리, 분수끼리 더하여 계산하세요.

① $1\frac{3}{6}+4\frac{4}{6}=5\frac{7}{6}=6\frac{1}{6}$

② $3\frac{5}{7}+4\frac{6}{7}=7\frac{11}{7}=8\frac{4}{7}$

③ $2\frac{6}{10}+4\frac{7}{10}=6\frac{13}{10}=7\frac{3}{10}$

④ $6\frac{4}{8}+2\frac{5}{8}=8\frac{9}{8}=9\frac{1}{8}$

⑤ $1\frac{7}{11}+3\frac{8}{11}=4\frac{15}{11}=5\frac{4}{11}$

⑥ $1\frac{5}{9}+2\frac{8}{9}=3\frac{13}{9}=4\frac{4}{9}$

⑦ $6\frac{9}{12}+1\frac{8}{12}=7\frac{17}{12}=8\frac{5}{12}$

⑧ $1\frac{6}{13}+2\frac{11}{13}=3\frac{17}{13}=4\frac{4}{13}$

⑨ $2\frac{7}{14}+3\frac{12}{14}=5\frac{19}{14}=6\frac{5}{14}$

⑩ $4\frac{14}{15}+4\frac{8}{15}=8\frac{22}{15}=9\frac{7}{15}$

---

06 대분수를 가분수로 바꾸어 더하자

집중 시간 2분

※ 대분수를 가분수로 나타내세요.

* 대분수를 가분수로 나타내는 방법

방법1 $2\frac{1}{3}$ → $3\times2=6,\ 6+1=7$ → $\frac{7}{3}$ 방법2 $2\frac{1}{3}=\frac{6}{3}+\frac{1}{3}=\frac{7}{3}$

① $1\frac{5}{6}$ → ($\frac{11}{6}$)

② $2\frac{4}{5}$ → ($\frac{14}{5}$)

③ $2\frac{4}{9}$ → ($\frac{22}{9}$)

④ $3\frac{6}{11}$ → ($\frac{39}{11}$)

※ 대분수를 가분수로 바꾸어 계산하세요.

* 대분수를 가분수로 바꾸어 계산하는 방법

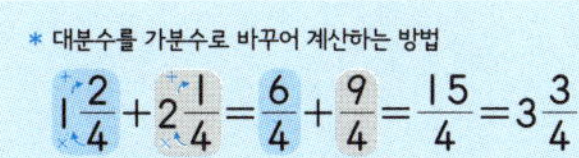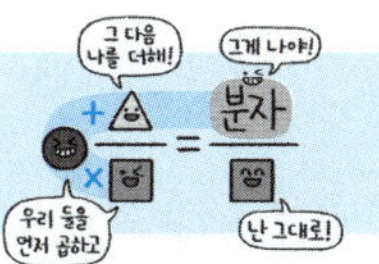

$$1\frac{2}{4}+2\frac{1}{4}=\frac{6}{4}+\frac{9}{4}=\frac{15}{4}=3\frac{3}{4}$$

⑤ $2\frac{1}{5}+4\frac{3}{5}=\frac{11}{5}+\frac{23}{5}=\frac{34}{5}$
$=6\frac{4}{5}$

⑥ $1\frac{2}{6}+3\frac{3}{6}=\frac{8}{6}+\frac{21}{6}=\frac{29}{6}$
$=4\frac{5}{6}$

⑦ $3\frac{1}{10}+2\frac{7}{10}=\frac{31}{10}+\frac{27}{10}=\frac{58}{10}$
$=5\frac{8}{10}$

⑧ $4\frac{2}{7}+1\frac{2}{7}=\frac{30}{7}+\frac{9}{7}=\frac{39}{7}=5\frac{4}{7}$

⑨ $1\frac{3}{8}+3\frac{4}{8}=\frac{11}{8}+\frac{28}{8}=\frac{39}{8}=4\frac{7}{8}$

⑩ $2\frac{5}{9}+4\frac{3}{9}=\frac{23}{9}+\frac{39}{9}=\frac{62}{9}$
$=6\frac{8}{9}$

06

집중 시간 3분

※ 대분수를 가분수로 바꾸어 계산하세요.

① $3\frac{1}{6}+4\frac{1}{6}=\frac{\boxed{19}}{6}+\frac{\boxed{25}}{6}$
$=\frac{\boxed{44}}{6}=\boxed{7}\frac{\boxed{2}}{6}$

② $2\frac{1}{6}+4\frac{2}{6}=\frac{13}{6}+\frac{26}{6}=\frac{39}{6}$
$=6\frac{3}{6}$

③ $3\frac{2}{7}+2\frac{4}{7}=\frac{23}{7}+\frac{18}{7}=\frac{41}{7}$
$=5\frac{6}{7}$

④ $2\frac{1}{8}+4\frac{4}{8}=\frac{17}{8}+\frac{36}{8}=\frac{53}{8}$
$=6\frac{5}{8}$

⑤ $3\frac{2}{10}+2\frac{1}{10}=\frac{32}{10}+\frac{21}{10}=\frac{53}{10}$
$=5\frac{3}{10}$

⑥ $5\frac{2}{9}+2\frac{5}{9}=\frac{47}{9}+\frac{23}{9}=\frac{70}{9}$
$=7\frac{7}{9}$

⑦ $2\frac{6}{11}+4\frac{2}{11}=\frac{28}{11}+\frac{46}{11}=\frac{74}{11}$
$=6\frac{8}{11}$

⑧ $1\frac{4}{13}+2\frac{5}{13}=\frac{17}{13}+\frac{31}{13}=\frac{48}{13}$
$=3\frac{9}{13}$

⑨ $1\frac{2}{12}+1\frac{9}{12}=\frac{14}{12}+\frac{21}{12}=\frac{35}{12}$
$=2\frac{11}{12}$

⑩ $1\frac{8}{15}+2\frac{3}{15}=\frac{23}{15}+\frac{33}{15}=\frac{56}{15}$
$=3\frac{11}{15}$

07 대분수의 덧셈 한 번 더! 

걸린 시간 3분

✸ 계산하세요.

① $4\frac{2}{4}+1\frac{3}{4}=6\frac{1}{4}$

⑥ $1\frac{8}{9}+4\frac{6}{9}=6\frac{5}{9}$

② $2\frac{3}{5}+2\frac{4}{5}=5\frac{2}{5}$

⑦ $2\frac{7}{10}+1\frac{6}{10}=4\frac{3}{10}$

③ $1\frac{5}{6}+3\frac{3}{6}=5\frac{2}{6}$

⑧ $3\frac{9}{11}+1\frac{7}{11}=5\frac{5}{11}$

④ $1\frac{6}{7}+5\frac{5}{7}=7\frac{4}{7}$

⑨ $2\frac{3}{12}+1\frac{10}{12}=4\frac{1}{12}$

⑤ $2\frac{5}{8}+3\frac{6}{8}=6\frac{3}{8}$

⑩ $1\frac{8}{13}+3\frac{12}{13}=5\frac{7}{13}$

---

07 

걸린 시간 3분

✸ 계산하세요.

① $4\frac{4}{5}+3\frac{2}{5}=8\frac{1}{5}$

⑥ $1\frac{6}{12}+1\frac{11}{12}=3\frac{5}{12}$

② $1\frac{6}{7}+2\frac{4}{7}=4\frac{3}{7}$

⑦ $1\frac{9}{11}+3\frac{4}{11}=5\frac{2}{11}$

③ $4\frac{6}{8}+1\frac{7}{8}=6\frac{5}{8}$

⑧ $2\frac{7}{15}+3\frac{12}{15}=6\frac{4}{15}$

④ $5\frac{5}{9}+1\frac{8}{9}=7\frac{4}{9}$

⑨ $2\frac{8}{13}+4\frac{7}{13}=7\frac{2}{13}$

⑤ $2\frac{8}{10}+2\frac{9}{10}=5\frac{7}{10}$

⑩ $3\frac{13}{14}+2\frac{8}{14}=6\frac{7}{14}$

---

08 분수끼리의 합이 가분수인 (대분수)+(진분수)

걸린 시간 2분

✸ 계산하세요.

* (대분수)+(진분수)

자연수는 그대로 쓰고

$6\frac{4}{7}+\frac{5}{7}=6\frac{9}{7}=6+1\frac{2}{7}=7\frac{2}{7}$

분수끼리 더해요.

* 더 빠르게 푸는 방법

분모만큼 빼요.

$6\frac{4}{7}+\frac{5}{7}=6\frac{9}{7}=7\frac{2}{7}$

1을 더하고

① $2\frac{3}{6}+\frac{5}{6}=2\frac{8}{6}=3\frac{2}{6}$

⑥ $6\frac{4}{11}+\frac{8}{11}=6\frac{12}{11}=7\frac{1}{11}$

② $5\frac{2}{4}+\frac{3}{4}=5\frac{5}{4}=6\frac{1}{4}$

⑦ $2\frac{10}{13}+\frac{11}{13}=2\frac{21}{13}=3\frac{8}{13}$

③ $7\frac{8}{9}+\frac{6}{9}=7\frac{14}{9}=8\frac{5}{9}$

⑧ $4\frac{8}{10}+\frac{9}{10}=4\frac{17}{10}=5\frac{7}{10}$

④ $3\frac{4}{5}+\frac{2}{5}=3\frac{6}{5}=4\frac{1}{5}$

⑨ $3\frac{9}{14}+\frac{6}{14}=3\frac{15}{14}=4\frac{1}{14}$

⑤ $2\frac{4}{8}+\frac{7}{8}=2\frac{11}{8}=3\frac{3}{8}$

⑩ $5\frac{8}{12}+\frac{9}{12}=5\frac{17}{12}=6\frac{5}{12}$

---

08 

걸린 시간 2분

✸ 계산하세요.

① $\frac{4}{7}+8\frac{6}{7}=8\frac{10}{7}=9\frac{3}{7}$

⑦ $\frac{7}{8}+3\frac{2}{8}=3\frac{9}{8}=4\frac{1}{8}$

② $\frac{5}{6}+5\frac{2}{6}=5\frac{7}{6}=6\frac{1}{6}$

⑧ $\frac{12}{13}+1\frac{3}{13}=1\frac{15}{13}=2\frac{2}{13}$

③ $\frac{10}{11}+3\frac{10}{11}=3\frac{20}{11}=4\frac{9}{11}$

⑨ $\frac{12}{16}+4\frac{11}{16}=4\frac{23}{16}=5\frac{7}{16}$

④ $\frac{3}{5}+7\frac{4}{5}=7\frac{7}{5}=8\frac{2}{5}$

⑩ $\frac{9}{10}+5\frac{4}{10}=5\frac{13}{10}=6\frac{3}{10}$

⑤ $\frac{6}{12}+4\frac{11}{12}=4\frac{17}{12}=5\frac{5}{12}$

⑪ $\frac{14}{17}+6\frac{9}{17}=6\frac{23}{17}=7\frac{6}{17}$

⑥ $\frac{3}{9}+2\frac{8}{9}=2\frac{11}{9}=3\frac{2}{9}$

⑫ $\frac{13}{15}+8\frac{4}{15}=8\frac{17}{15}=9\frac{2}{15}$

09 여러 가지 분수의 덧셈 연습

집중 시간 2분

❋ 계산하세요.

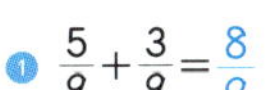

① $\dfrac{5}{9} + \dfrac{3}{9} = \dfrac{8}{9}$

⑦ $2\dfrac{3}{7} + \dfrac{5}{7} = 2\dfrac{8}{7} = 3\dfrac{1}{7}$

② $\dfrac{4}{8} + \dfrac{7}{8} = \dfrac{11}{8} = 1\dfrac{3}{8}$

⑧ $\dfrac{6}{13} + 3\dfrac{9}{13} = 3\dfrac{15}{13} = 4\dfrac{2}{13}$

③ $\dfrac{9}{11} + \dfrac{6}{11} = \dfrac{15}{11} = 1\dfrac{4}{11}$

⑨ $3\dfrac{8}{12} + \dfrac{15}{12} = 3\dfrac{23}{12} = 4\dfrac{11}{12}$

④ $1\dfrac{3}{6} + 3\dfrac{2}{6} = 4\dfrac{5}{6}$

⑩ $2\dfrac{11}{16} + 4\dfrac{8}{16} = 7\dfrac{3}{16}$

⑤ $4\dfrac{8}{12} + 1\dfrac{3}{12} = 5\dfrac{11}{12}$

⑪ $5\dfrac{9}{14} + 3\dfrac{10}{14} = 9\dfrac{5}{14}$

⑥ $3\dfrac{6}{10} + \dfrac{3}{10} = 3\dfrac{9}{10}$

⑫ $4\dfrac{16}{17} + 3\dfrac{7}{17} = 8\dfrac{6}{17}$

09

집중 시간 2분

❋ 빈칸에 알맞은 수를 써넣으세요.

① $\dfrac{1}{7} \xrightarrow{+\frac{4}{7}} \dfrac{5}{7}$

⑤ 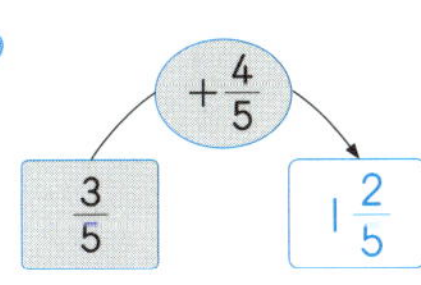 $\dfrac{3}{5} \xrightarrow{+\frac{4}{5}} 1\dfrac{2}{5}$

② 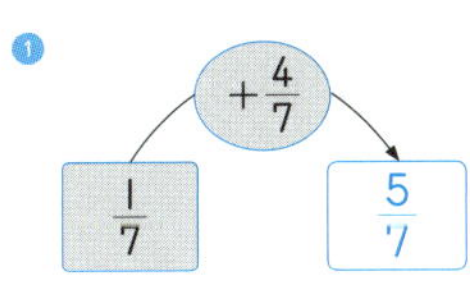 $2\dfrac{3}{11} \xrightarrow{+\frac{6}{11}} 2\dfrac{9}{11}$

⑥ 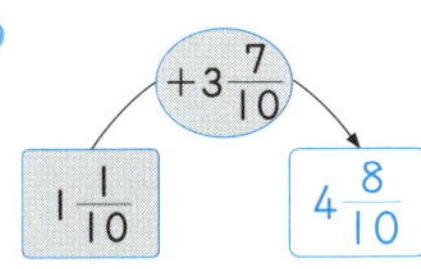 $1\dfrac{1}{10} \xrightarrow{+3\frac{7}{10}} 4\dfrac{8}{10}$

③ 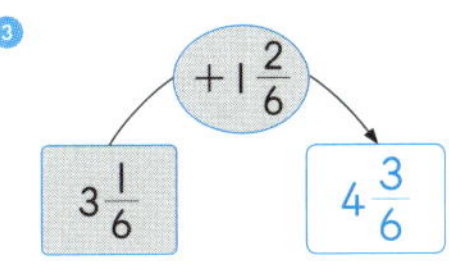 $3\dfrac{1}{6} \xrightarrow{+1\frac{2}{6}} 4\dfrac{3}{6}$

⑦ 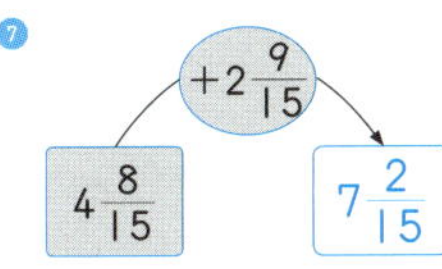 $4\dfrac{8}{15} \xrightarrow{+2\frac{9}{15}} 7\dfrac{2}{15}$

④ 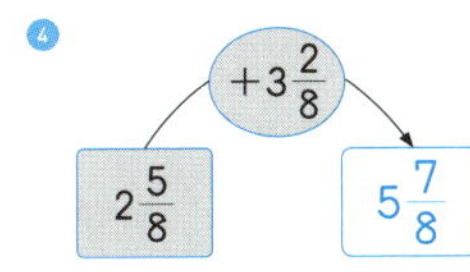 $2\dfrac{5}{8} \xrightarrow{+3\frac{2}{8}} 5\dfrac{7}{8}$

⑧ 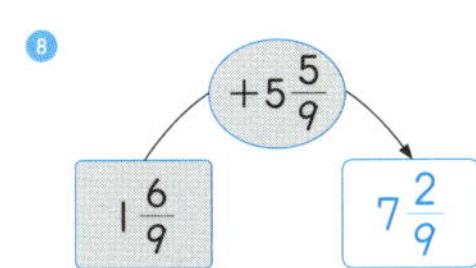 $1\dfrac{6}{9} \xrightarrow{+5\frac{5}{9}} 7\dfrac{2}{9}$

10 생활 속 연산 – 분수의 덧셈

집중 시간 3분

❋ 그림을 보고 □ 안에 알맞은 수를 써넣으세요.

① 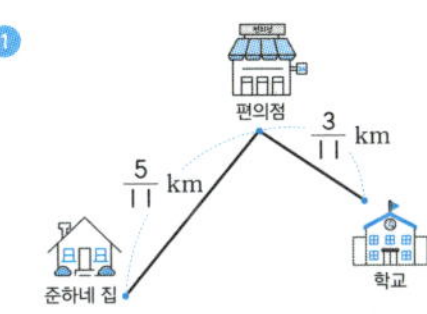

준하네 집에서 편의점을 거쳐 학교까지의 거리는 $\dfrac{8}{11}$ km입니다.

②  

재훈이네 집에서 기르는 고슴도치와 햄스터의 무게의 합은 $1\dfrac{1}{7}$ kg입니다.

③ 
밀가루를 빵을 만드는 데 $3\dfrac{1}{9}$ 컵, 쿠키를 만드는 데 $1\dfrac{7}{9}$ 컵 사용했습니다. 빵과 쿠키를 만드는 데 사용한 밀가루는 모두 $4\dfrac{8}{9}$ 컵입니다.

④ 

지우의 몸무게는 동생의 몸무게보다 $6\dfrac{3}{5}$ kg 더 무겁습니다. 지우의 몸무게는 $33\dfrac{2}{5}$ kg입니다.

10 꿀떡! 연산 간식

집중 시간 2분

❋ 동물들이 농장에서 감자와 고구마를 캐어 각자의 바구니에 담았습니다. 감자와 고구마를 가장 많이 캔 동물의 바구니를 찾아 괄호 안에 ◯표 하세요.

(   )

(   )

(   )

(◯   )

첫째 마당 통과 문제

※ 틀린 문제는 꼭 다시 확인하고 넘어가요!

□ 안에 알맞은 수 또는 분수를 써넣으세요.

01차시
① $\dfrac{4}{8} + \dfrac{3}{8} = \dfrac{\boxed{4}+3}{8} = \dfrac{\boxed{7}}{8}$

02차시
② $\dfrac{4}{5} + \dfrac{2}{5} = \dfrac{\boxed{6}}{5} = 1\dfrac{\boxed{1}}{5}$

01차시
③ $\dfrac{5}{11} + \dfrac{1}{11} = \dfrac{\boxed{6}}{\boxed{11}}$

02차시
④ $\dfrac{7}{9} + \dfrac{8}{9} = \dfrac{\boxed{15}}{9} = 1\dfrac{\boxed{6}}{9}$

02차시
⑤ $\dfrac{6}{7} + \dfrac{2}{7} = \dfrac{\boxed{8}}{7} = 1\dfrac{\boxed{1}}{7}$

04차시
⑥ $1\dfrac{1}{3} + 2\dfrac{1}{3} = \boxed{3} + \dfrac{\boxed{2}}{3}$
　　　　　$= \boxed{3}\dfrac{\boxed{2}}{3}$

04차시
⑦ $3\dfrac{2}{6} + 4\dfrac{3}{6} = \boxed{7}\dfrac{\boxed{5}}{6}$

06차시
⑧ $2\dfrac{2}{4} + 1\dfrac{3}{4} = \dfrac{10}{4} + \dfrac{\boxed{7}}{4}$
　　　　　$= \dfrac{\boxed{17}}{4} = \boxed{4}\dfrac{\boxed{1}}{4}$

05차시
⑨ $4\dfrac{3}{5} + 2\dfrac{4}{5} = \boxed{7}\dfrac{\boxed{2}}{5}$

05차시
⑩ $3\dfrac{5}{7} + 3\dfrac{3}{7} = \boxed{7}\dfrac{\boxed{1}}{7}$

08차시
⑪ $3\dfrac{8}{10} + \dfrac{7}{10} = \boxed{4}\dfrac{\boxed{5}}{10}$

05차시
⑫ $1\dfrac{8}{11} + 2\dfrac{9}{11} = \boxed{4}\dfrac{\boxed{6}}{11}$

10차시
⑬ 길이가 $11\dfrac{5}{8}$ cm, $9\dfrac{6}{8}$ cm인 두 색 테이프를 겹치지 않게 이어 붙이면 색 테이프는 모두 $\boxed{21\dfrac{3}{8}}$ cm입니다.

---

11 분모는 그대로! 분자끼리만 빼자

※ 계산하세요.

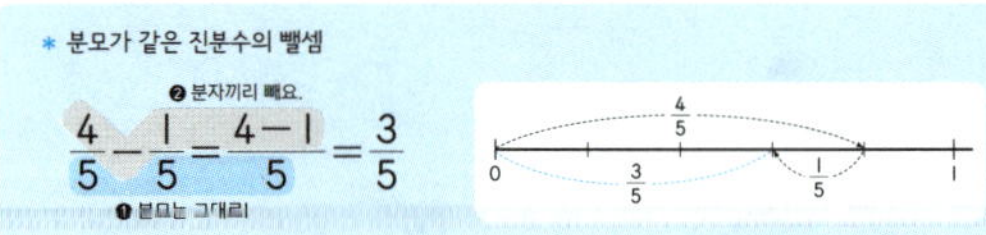

* 분모가 같은 진분수의 뺄셈

❷ 분자끼리 빼요.
$$\dfrac{4}{5} - \dfrac{1}{5} = \dfrac{4-1}{5} = \dfrac{3}{5}$$
❶ 분모는 그대로

① $\dfrac{4}{6} - \dfrac{3}{6} = \dfrac{4-\boxed{3}}{6} = \dfrac{\boxed{1}}{6}$

먼저 분모를 그대로 쓰고, 분자끼리 빼요.

② $\dfrac{6}{7} - \dfrac{4}{7} = \dfrac{2}{7}$

③ $\dfrac{7}{8} - \dfrac{2}{8} = \dfrac{5}{8}$　암산으로 바로 풀어 보세요!

④ $\dfrac{8}{9} - \dfrac{4}{9} = \dfrac{4}{9}$

⑤ $\dfrac{9}{10} - \dfrac{2}{10} = \dfrac{7}{10}$

⑥ $\dfrac{11}{12} - \dfrac{6}{12} = \dfrac{5}{12}$

⑦ $\dfrac{11}{13} - \dfrac{4}{13} = \dfrac{7}{13}$

⑧ $\dfrac{13}{14} - \dfrac{8}{14} = \dfrac{5}{14}$

⑨ $\dfrac{9}{15} - \dfrac{2}{15} = \dfrac{7}{15}$

⑩ $\dfrac{14}{16} - \dfrac{3}{16} = \dfrac{11}{16}$

11

※ 계산하세요.

① $\dfrac{5}{7} - \dfrac{1}{7} = \dfrac{4}{7}$
　분모끼리는 빼지 않아요.

② $\dfrac{7}{9} - \dfrac{2}{9} = \dfrac{5}{9}$

③ $\dfrac{6}{8} - \dfrac{3}{8} = \dfrac{3}{8}$

④ $\dfrac{10}{11} - \dfrac{4}{11} = \dfrac{6}{11}$

⑤ $\dfrac{9}{10} - \dfrac{6}{10} = \dfrac{3}{10}$

⑥ $\dfrac{8}{12} - \dfrac{3}{12} = \dfrac{5}{12}$

⑦ $\dfrac{12}{13} - \dfrac{7}{13} = \dfrac{5}{13}$

⑧ $\dfrac{14}{15} - \dfrac{6}{15} = \dfrac{8}{15}$

⑨ $\dfrac{11}{14} - \dfrac{2}{14} = \dfrac{9}{14}$

⑩ $\dfrac{16}{17} - \dfrac{4}{17} = \dfrac{12}{17}$

⑪ $\dfrac{15}{18} - \dfrac{10}{18} = \dfrac{5}{18}$

⑫ $\dfrac{13}{16} - \dfrac{8}{16} = \dfrac{5}{16}$

12 자연수끼리, 분수끼리 빼자 

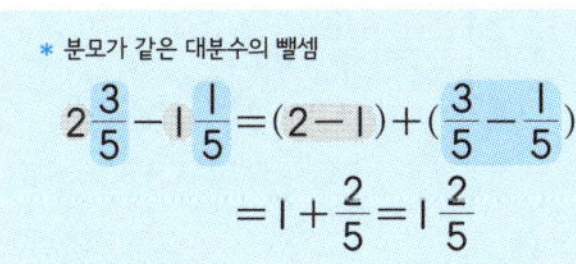 

❊ 자연수끼리, 분수끼리 빼어 계산하세요.

* 분모가 같은 대분수의 뺄셈

$$2\frac{3}{5} - 1\frac{1}{5} = (2-1) + \left(\frac{3}{5} - \frac{1}{5}\right) = 1 + \frac{2}{5} = 1\frac{2}{5}$$

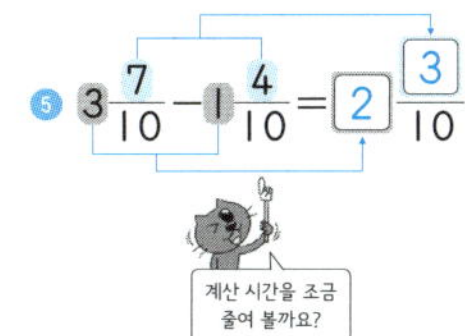

① $4\frac{5}{6} - 2\frac{4}{6} = (4-\boxed{2}) + \left(\frac{5}{6} - \frac{\boxed{4}}{6}\right) = \boxed{2} + \frac{\boxed{1}}{6} = \boxed{2}\frac{\boxed{1}}{6}$

② $3\frac{6}{7} - 1\frac{2}{7} = 2\frac{4}{7}$

⑤ $3\frac{7}{10} - 1\frac{4}{10} = \boxed{2}\frac{\boxed{3}}{10}$

③ $7\frac{5}{8} - 3\frac{2}{8} = 4\frac{3}{8}$

⑥ $6\frac{9}{11} - 2\frac{4}{11} = 4\frac{5}{11}$

④ $6\frac{8}{9} - 4\frac{3}{9} = 2\frac{5}{9}$

⑦ $8\frac{10}{12} - 5\frac{5}{12} = 3\frac{5}{12}$

12 

❊ 자연수끼리, 분수끼리 빼어 계산하세요.

① $6\frac{7}{8} - 1\frac{4}{8} = 5\frac{3}{8}$

⑦ $2\frac{13}{15} - 1\frac{5}{15} = 1\frac{8}{15}$

② $8\frac{6}{9} - 3\frac{1}{9} = 5\frac{5}{9}$

⑧ $2\frac{15}{17} - 1\frac{9}{17} = 1\frac{6}{17}$

③ $5\frac{9}{10} - 2\frac{2}{10} = 3\frac{7}{10}$

앗! 실수

⑨ $3\frac{13}{18} - 3\frac{8}{18} = \frac{5}{18}$

④ $4\frac{8}{11} - 2\frac{2}{11} = 2\frac{6}{11}$

⑩ $6\frac{12}{19} - 2\frac{12}{19} = 4$

⑤ $7\frac{11}{12} - 3\frac{4}{12} = 4\frac{7}{12}$

* 자연수끼리 또는 분수끼리 뺐을 때 0인 경우

$$5\frac{4}{7} - 5\frac{3}{7} = (5-5) + \left(\frac{4}{7} - \frac{3}{7}\right) = 0 + \frac{1}{7}$$
$$5\frac{4}{7} - 3\frac{4}{7} = (5-3) + \left(\frac{4}{7} - \frac{4}{7}\right) = 2 + 0$$

⑥ $5\frac{11}{14} - 2\frac{2}{14} = 3\frac{9}{14}$

13 대분수를 가분수로 바꾸어 빼는 연습도 필요해

❊ 대분수를 가분수로 바꾸어 계산하세요.

* 대분수를 가분수로 바꾸어 계산하는 방법

$$2\frac{3}{4} - 1\frac{2}{4} = \frac{11}{4} - \frac{6}{4} = \frac{5}{4} = 1\frac{1}{4}$$

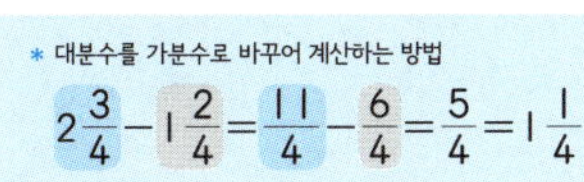 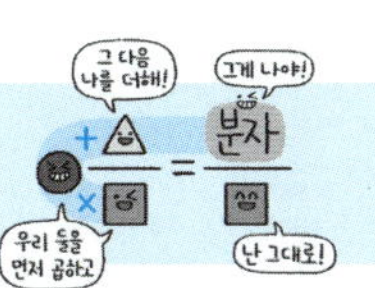

① $3\frac{4}{5} - 1\frac{3}{5} = \frac{\boxed{19}}{5} - \frac{\boxed{8}}{5} = \frac{\boxed{11}}{5} = \boxed{2}\frac{\boxed{1}}{5}$

② $3\frac{5}{6} - 2\frac{1}{6} = \frac{23}{6} - \frac{13}{6} = \frac{10}{6} = 1\frac{4}{6}$

③ $5\frac{4}{7} - 1\frac{2}{7} = \frac{39}{7} - \frac{9}{7} = \frac{30}{7} = 4\frac{2}{7}$

④ $7\frac{6}{8} - 1\frac{3}{8} = \frac{62}{8} - \frac{11}{8} = \frac{51}{8} = 6\frac{3}{8}$

⑤ $4\frac{7}{9} - 2\frac{5}{9} = \frac{43}{9} - \frac{23}{9} = \frac{20}{9} = 2\frac{2}{9}$

⑥ $7\frac{4}{10} - 4\frac{1}{10} = \frac{74}{10} - \frac{41}{10} = \frac{33}{10} = 3\frac{3}{10}$

⑦ $8\frac{8}{11} - 2\frac{4}{11} = \frac{96}{11} - \frac{26}{11} = \frac{70}{11} = 6\frac{4}{11}$

⑧ $6\frac{9}{12} - 1\frac{2}{12} = \frac{81}{12} - \frac{14}{12} = \frac{67}{12} = 5\frac{7}{12}$

⑨ $4\frac{2}{13} - 2\frac{1}{13} = \frac{54}{13} - \frac{27}{13} = \frac{27}{13} = 2\frac{1}{13}$

⑩ $3\frac{11}{15} - 1\frac{8}{15} = \frac{56}{15} - \frac{23}{15} = \frac{33}{15} = 2\frac{3}{15}$

13 

❊ 대분수를 가분수로 바꾸어 계산하세요.

① $3\frac{5}{7} - 1\frac{3}{7} = \frac{\boxed{26}}{7} - \frac{\boxed{10}}{7} = \frac{\boxed{16}}{7} = \boxed{2}\frac{\boxed{2}}{7}$

② $7\frac{3}{4} - 4\frac{1}{4} = \frac{31}{4} - \frac{17}{4} = \frac{14}{4} = 3\frac{2}{4}$

③ $6\frac{4}{8} - 2\frac{1}{8} = \frac{52}{8} - \frac{17}{8} = \frac{35}{8} = 4\frac{3}{8}$

④ $5\frac{4}{10} - 1\frac{3}{10} = \frac{54}{10} - \frac{13}{10} = \frac{41}{10} = 4\frac{1}{10}$

⑤ $4\frac{5}{9} - 2\frac{1}{9} = \frac{41}{9} - \frac{19}{9} = \frac{22}{9} = 2\frac{4}{9}$

⑥ $5\frac{9}{11} - 2\frac{3}{11} = \frac{64}{11} - \frac{25}{11} = \frac{39}{11} = 3\frac{6}{11}$

⑦ $4\frac{8}{12} - 3\frac{1}{12} = \frac{56}{12} - \frac{37}{12} = \frac{19}{12} = 1\frac{7}{12}$

⑧ $3\frac{10}{15} - 1\frac{3}{15} = \frac{55}{15} - \frac{18}{15} = \frac{37}{15} = 2\frac{7}{15}$

앗! 실수

⑨ $2\frac{11}{13} - 1\frac{7}{13} = \frac{37}{13} - \frac{20}{13} = \frac{17}{13} = 1\frac{4}{13}$

⑩ $3\frac{13}{14} - 1\frac{4}{14} = \frac{55}{14} - \frac{18}{14} = \frac{37}{14} = 2\frac{9}{14}$

14 분모가 같은 대분수의 뺄셈 한 번 더!

⚛ 계산하세요.

1. $3\frac{4}{5} - 2\frac{2}{5} = 1\frac{2}{5}$

2. $4\frac{6}{7} - 2\frac{3}{7} = 2\frac{3}{7}$

7. $9\frac{7}{11} - 2\frac{3}{11} = 7\frac{4}{11}$

3. $8\frac{5}{6} - 3\frac{4}{6} = 5\frac{1}{6}$

8. $8\frac{10}{13} - 4\frac{2}{13} = 4\frac{8}{13}$

4. $6\frac{8}{9} - 4\frac{6}{9} = 2\frac{2}{9}$

9. $3\frac{8}{12} - 2\frac{3}{12} = 1\frac{5}{12}$

5. $5\frac{7}{8} - 1\frac{2}{8} = 4\frac{5}{8}$

10. $6\frac{11}{15} - 4\frac{7}{15} = 2\frac{4}{15}$

6. $7\frac{9}{10} - 6\frac{2}{10} = 1\frac{7}{10}$

11. $7\frac{14}{16} - 2\frac{5}{16} = 5\frac{9}{16}$

14

⚛ 계산하세요.

1. $4\frac{5}{7} - 2\frac{1}{7} = 2\frac{4}{7}$

7. $4\frac{13}{14} - 1\frac{8}{14} = 3\frac{5}{14}$

2. $5\frac{7}{8} - 1\frac{2}{8} = 4\frac{5}{8}$

8. $5\frac{12}{13} - 2\frac{3}{13} = 3\frac{9}{13}$

3. $6\frac{8}{9} - 3\frac{6}{9} = 3\frac{2}{9}$

9. $4\frac{11}{15} - 3\frac{7}{15} = 1\frac{4}{15}$

4. $3\frac{8}{11} - 1\frac{2}{11} = 2\frac{6}{11}$

앗! 실수

10. $7\frac{14}{16} - 4\frac{14}{16} = 3$

5. $5\frac{9}{12} - 1\frac{4}{12} = 4\frac{5}{12}$

11. $6\frac{8}{18} - 2\frac{8}{18} = 4$

6. $7\frac{6}{10} - 2\frac{3}{10} = 5\frac{3}{10}$

12. $8\frac{15}{17} - 8\frac{6}{17} = \frac{9}{17}$

---

15 1을 가분수로 바꾸어 빼자

⚛ 계산하세요.

* 1 − (진분수)

$$1 - \frac{1}{4} = \frac{4}{4} - \frac{1}{4} = \frac{4-1}{4} = \frac{3}{4}$$

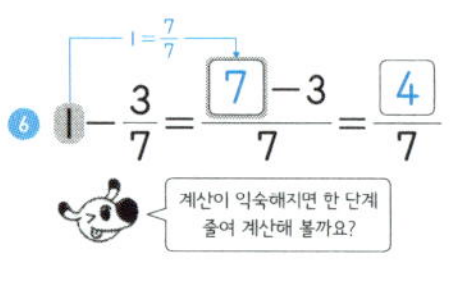

6. $1 - \frac{3}{7} = \frac{7}{7} - \frac{3}{7} = \frac{4}{7}$

1. $1 - \frac{2}{5} = \frac{5}{5} - \frac{2}{5}$

 $= \frac{5-2}{5} = \frac{3}{5}$

7. $1 - \frac{6}{11} = \frac{5}{11}$

2. $1 - \frac{5}{6} = \frac{1}{6}$

1을 분모가 6인 가분수로 바꾸어 풀어 봐요.

8. $1 - \frac{5}{12} = \frac{7}{12}$

3. $1 - \frac{3}{10} = \frac{7}{10}$

1을 가분수로 바꿀 때는 분모와 분자가
같은 분수로 나타내야 해요.

9. $1 - \frac{4}{13} = \frac{9}{13}$

4. $1 - \frac{1}{8} = \frac{7}{8}$

10. $1 - \frac{9}{14} = \frac{5}{14}$

5. $1 - \frac{4}{9} = \frac{5}{9}$

11. $1 - \frac{11}{15} = \frac{4}{15}$

15

⚛ 계산하세요.

* 1 − (진분수) 더 빠르게 푸는 방법

$$1 - \frac{3}{5} = \frac{2}{5}$$

─ (분모) − (분자)
─ 분모는 그대로

6. $1 - \frac{9}{10} = \frac{1}{10}$

1. $1 - \frac{2}{3} = \frac{1}{3}$

7. $1 - \frac{8}{11} = \frac{3}{11}$

2. $1 - \frac{1}{6} = \frac{5}{6}$

8. $1 - \frac{2}{8} = \frac{6}{8}$

3. $1 - \frac{7}{9} = \frac{2}{9}$

9. $1 - \frac{3}{14} = \frac{11}{14}$

4. $1 - \frac{5}{7} = \frac{2}{7}$

10. $1 - \frac{10}{13} = \frac{3}{13}$

5. $1 - \frac{11}{12} = \frac{1}{12}$

11. $1 - \frac{7}{15} = \frac{8}{15}$

16 자연수에서 1만큼을 가분수로 바꾸어 빼자

※ 계산하세요.

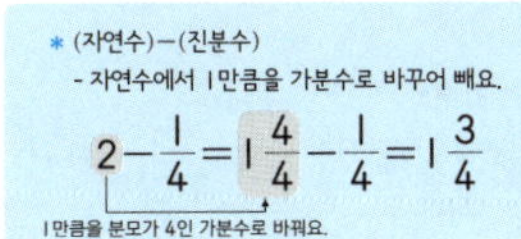

* (자연수) − (진분수)
  - 자연수에서 1만큼을 가분수로 바꾸어 빼요.

$$2 - \frac{1}{4} = 1\frac{4}{4} - \frac{1}{4} = 1\frac{3}{4}$$

1만큼을 분모가 4인 가분수로 바꿔요.

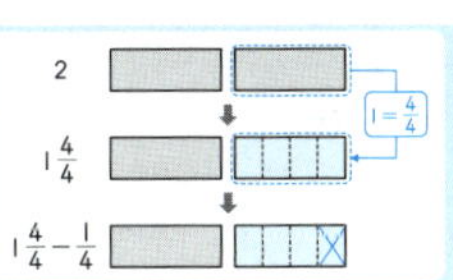

❶ $4 - \frac{3}{5} = 3\frac{5}{5} - \frac{3}{5} = 3\frac{2}{5}$

1만큼을 분모가 5인 가분수로 바꿔요.

❻ $2 - \frac{6}{11} = 1\frac{5}{11}$

❷ $3 - \frac{5}{6} = 2\frac{1}{6}$

❼ $6 - \frac{5}{12} = 5\frac{7}{12}$

❸ $6 - \frac{4}{7} = 5\frac{3}{7}$

❽ $5 - \frac{4}{13} = 4\frac{9}{13}$

❹ $4 - \frac{3}{8} = 3\frac{5}{8}$

❾ $8 - \frac{9}{14} = 7\frac{5}{14}$

❺ $3 - \frac{3}{10} = 2\frac{7}{10}$

❿ $7 - \frac{8}{15} = 6\frac{7}{15}$

16

※ 계산하세요.

* (자연수) − (진분수) 빠르게 푸는 방법

$$3 - \frac{4}{9} = 2\frac{5}{9}$$

(분모) − (분자), 분모는 그대로

가분수로 나타낸 1만큼 빼줘요.

❻ $6 - \frac{7}{10} = 5\frac{3}{10}$

❶ $2 - \frac{1}{6} = 1\frac{5}{6}$

❼ $7 - \frac{5}{13} = 6\frac{8}{13}$

❷ $5 - \frac{3}{7} = 4\frac{4}{7}$

❽ $8 - \frac{11}{14} = 7\frac{3}{14}$

❸ $3 - \frac{2}{9} = 2\frac{7}{9}$

❾ $4 - \frac{6}{15} = 3\frac{9}{15}$

❹ $4 - \frac{7}{8} = 3\frac{1}{8}$

❿ $9 - \frac{8}{17} = 8\frac{9}{17}$

❺ $5 - \frac{5}{12} = 4\frac{7}{12}$

⓫ $10 - \frac{7}{19} = 9\frac{12}{19}$

---

17 대분수를 뺄 때도 1만큼을 가분수로!

※ 계산하세요.

자연수에서 1만큼을 가분수로 바꾸어 빼는 연습을 해 보세요.

* (자연수) − (대분수)

$$8 - 2\frac{7}{8} = 7\frac{8}{8} - 2\frac{7}{8} = 5\frac{1}{8}$$

$8 = 7 + \frac{8}{8} = 7\frac{8}{8}$

❻ $3 - 1\frac{5}{9} = 1\frac{4}{9}$

❶ $5 - 2\frac{1}{3} = 4\frac{3}{3} - 2\frac{1}{3} = 2\frac{2}{3}$

5에서 1만큼을 분모가 3인 가분수로 바꿔요.

❼ $9 - 2\frac{1}{10} = 6\frac{9}{10}$

❷ $7 - 3\frac{1}{4} = 3\frac{3}{4}$

❽ $7 - 2\frac{4}{11} = 4\frac{7}{11}$

❸ $9 - 3\frac{3}{5} = 5\frac{2}{5}$

❾ $4 - 1\frac{7}{12} = 2\frac{5}{12}$

❹ $6 - 1\frac{5}{6} = 4\frac{1}{6}$

❿ $6 - 3\frac{2}{13} = 2\frac{11}{13}$

❺ $5 - 2\frac{4}{7} = 2\frac{3}{7}$

⓫ $8 - 5\frac{5}{14} = 2\frac{9}{14}$

17

※ 계산하세요.

❶ $3 - 1\frac{4}{7} = 1\frac{3}{7}$

$2\frac{7}{7}$

❼ $7 - 3\frac{9}{11} = 3\frac{2}{11}$

❷ $8 - 3\frac{1}{6} = 4\frac{5}{6}$

❽ $5 - 1\frac{7}{16} = 3\frac{9}{16}$

❸ $9 - 4\frac{3}{8} = 4\frac{5}{8}$

❹ $4 - 2\frac{11}{14} = 1\frac{3}{14}$

❹ $5 - 1\frac{1}{10} = 3\frac{9}{10}$

❿ $6 - 1\frac{6}{13} = 4\frac{7}{13}$

❺ $4 - 2\frac{5}{9} = 1\frac{4}{9}$

⓫ $8 - 3\frac{2}{15} = 4\frac{13}{15}$

❻ $6 - 3\frac{11}{12} = 2\frac{1}{12}$

⓬ $7 - 6\frac{9}{17} = \frac{8}{17}$

18 분수끼리 뺄 수 없는 (대분수)−(대분수)

집중 시간 3분

※ 자연수끼리, 분수끼리 빼어 계산하세요.

* 분수끼리 뺄 수 없는 대분수의 뺄셈

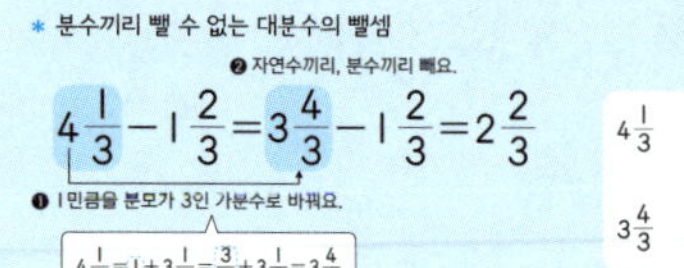

$$4\frac{1}{3} - 1\frac{2}{3} = 3\frac{4}{3} - 1\frac{2}{3} = 2\frac{2}{3}$$

❶ 1만큼을 분모가 3인 가분수로 바꿔요.

$$4\frac{1}{3} = 1 + 3\frac{1}{3} = \frac{3}{3} + 3\frac{1}{3} = 3\frac{4}{3}$$

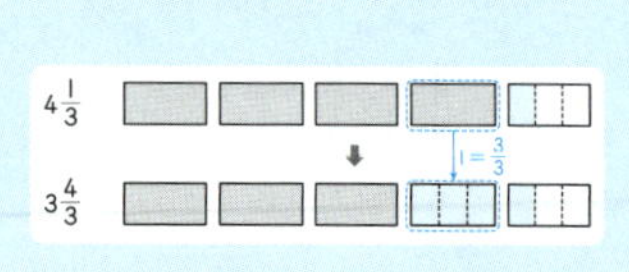

① $5\frac{2}{4} - 2\frac{3}{4} = 2\frac{3}{4}$

② $8\frac{1}{5} - 4\frac{2}{5} = 3\frac{4}{5}$

③ $5\frac{2}{6} - 2\frac{3}{6} = 2\frac{5}{6}$

④ $7\frac{1}{7} - 3\frac{2}{7} = 3\frac{6}{7}$

⑤ $6\frac{2}{8} - 1\frac{5}{8} = 4\frac{5}{8}$

⑥ $5\frac{2}{9} - 3\frac{7}{9} = 1\frac{4}{9}$

⑦ $9\frac{5}{10} - 4\frac{6}{10} = 4\frac{9}{10}$

⑧ $8\frac{2}{11} - 6\frac{3}{11} = 1\frac{10}{11}$

⑨ $6\frac{5}{12} - 2\frac{10}{12} = 3\frac{7}{12}$

⑩ $9\frac{8}{13} - 2\frac{11}{13} = 6\frac{10}{13}$

18

집중 시간 3분

※ 자연수끼리, 분수끼리 빼어 계산하세요.

* 분수끼리 뺄 수 없는 대분수의 뺄셈 바로 푸는 꿀팁

$$6\frac{3}{8} - 1\frac{5}{8} = 4\frac{6}{8}$$

❶ 자연수를 /로 지우고, 1을 뺀 수를 위에 작게 써요. ➡ 6−1=5
❷ 분모와 분자를 더해서 분사 위에 작게 써요. ➡ 8+3=11
❸ 자연수끼리, 분수끼리 빼어 계산해요.

꿀팁으로 계산해 속도를 높여 봐요.

① $4\frac{1}{7} - 1\frac{3}{7} = 2\frac{5}{7}$

② $6\frac{2}{9} - 2\frac{4}{9} = 3\frac{7}{9}$

③ $5\frac{2}{10} - 3\frac{5}{10} = 1\frac{7}{10}$

④ $7\frac{4}{8} - 1\frac{7}{8} = 5\frac{5}{8}$

⑤ $8\frac{6}{11} - 2\frac{8}{11} = 5\frac{9}{11}$

⑥ $5\frac{3}{14} - 2\frac{8}{14} = 2\frac{9}{14}$

⑦ $3\frac{10}{15} - 1\frac{12}{15} = 1\frac{13}{15}$

⑧ $7\frac{7}{13} - 3\frac{10}{13} = 3\frac{10}{13}$

⑨ $4\frac{14}{17} - 2\frac{16}{17} = 1\frac{15}{17}$

⑩ $9\frac{5}{16} - 5\frac{12}{16} = 3\frac{9}{16}$

19 분수끼리 뺄 수 없는 (대분수)−(진분수)

집중 시간 3분

※ 계산하세요.

① $6\frac{1}{3} - \frac{2}{3} = 5\frac{4}{3} - \frac{2}{3} = 5\frac{2}{3}$

1만큼을 분모가 3인 가분수로 바꿔요. 자연수는 그대로 쓰고, 분수끼리 빼요.

② $2\frac{2}{4} - \frac{3}{4} = 1\frac{6}{4} - \frac{3}{4} = 1\frac{3}{4}$

③ $3\frac{1}{5} - \frac{4}{5} = 2\frac{2}{5}$

④ $5\frac{3}{6} - \frac{4}{6} = 4\frac{5}{6}$

⑤ $3\frac{4}{7} - \frac{6}{7} = 2\frac{5}{7}$

⑥ $4\frac{2}{8} - \frac{5}{8} = 3\frac{5}{8}$

⑦ $4\frac{2}{9} - \frac{7}{9} = 3\frac{4}{9}$

⑧ $3\frac{5}{10} - \frac{8}{10} = 2\frac{7}{10}$

⑨ $6\frac{8}{11} - \frac{9}{11} = 5\frac{10}{11}$

⑩ $8\frac{6}{12} - \frac{11}{12} = 7\frac{7}{12}$

⑪ $7\frac{7}{13} - \frac{10}{13} = 6\frac{10}{13}$

⑫ $1\frac{1}{14} - \frac{10}{14} = \frac{5}{14}$

19

집중 시간 3분

※ 계산하세요.

* 분수끼리 뺄 수 없는 (대분수)−(진분수) 바로 푸는 꿀팁

$$3\frac{3}{8} - \frac{6}{8} = 2\frac{5}{8}$$

❶ 자연수를 /로 지우고, 1을 뺀 수를 위에 작게 써요. ➡ 3−1=2
❷ 분모와 분자를 더해서 분자 위에 작게 써요. ➡ 8+3=11
❸ 자연수끼리, 분수끼리 빼어 계산해요.

꿀팁으로 계산해 속도를 높여 봐요.

① $3\frac{1}{4} - \frac{2}{4} = 2\frac{3}{4}$

② $2\frac{2}{5} - \frac{4}{5} = 1\frac{3}{5}$

③ $5\frac{1}{10} - \frac{4}{10} = 4\frac{7}{10}$

④ $4\frac{3}{8} - \frac{6}{8} = 3\frac{5}{8}$

⑤ $7\frac{2}{6} - \frac{3}{6} = 6\frac{5}{6}$

⑥ $4\frac{3}{11} - \frac{10}{11} = 3\frac{4}{11}$

⑦ $4\frac{3}{7} - \frac{6}{7} = 3\frac{4}{7}$

⑧ $2\frac{5}{10} - \frac{8}{10} = 1\frac{7}{10}$

⑨ $7\frac{1}{9} - \frac{6}{9} = 6\frac{4}{9}$

⑩ $3\frac{4}{13} - \frac{8}{13} = 2\frac{9}{13}$

20 대분수를 가분수로 바꾸어 빼는 연습

※ 대분수를 가분수로 바꾸어 계산하세요.

1) $3\frac{1}{3} - 1\frac{2}{3} = \frac{10}{3} - \frac{5}{3} = \frac{5}{3} = 1\frac{2}{3}$

6) $3\frac{4}{8} - 2\frac{7}{8} = \frac{28}{8} - \frac{23}{8} = \frac{5}{8}$

2) $5\frac{1}{4} - 2\frac{2}{4} = \frac{21}{4} - \frac{10}{4} = \frac{11}{4} = 2\frac{3}{4}$

7) $5\frac{3}{9} - 1\frac{4}{9} = \frac{48}{9} - \frac{13}{9} = \frac{35}{9} = 3\frac{8}{9}$

3) $4\frac{3}{5} - 3\frac{4}{5} = \frac{23}{5} - \frac{19}{5} = \frac{4}{5}$

8) $8\frac{2}{10} - 6\frac{7}{10} = \frac{82}{10} - \frac{67}{10} = \frac{15}{10} = 1\frac{5}{10}$

4) $6\frac{1}{6} - \frac{2}{6} = \frac{37}{6} - \frac{2}{6} = \frac{35}{6} = 5\frac{5}{6}$

9) $7\frac{6}{11} - \frac{9}{11} = \frac{83}{11} - \frac{9}{11} = \frac{74}{11} = 6\frac{8}{11}$

5) $5\frac{2}{7} - \frac{5}{7} = \frac{37}{7} - \frac{5}{7} = \frac{32}{7} = 4\frac{4}{7}$

10) $3\frac{3}{12} - \frac{8}{12} = \frac{39}{12} - \frac{8}{12} = \frac{31}{12} = 2\frac{7}{12}$

20

※ 대분수를 가분수로 바꾸어 계산하세요.

1) $6\frac{1}{4} - 2\frac{2}{4} = \frac{25}{4} - \frac{10}{4} = \frac{15}{4} = 3\frac{3}{4}$

7) $8\frac{2}{10} - 2\frac{5}{10} = \frac{82}{10} - \frac{25}{10} = \frac{57}{10} = 5\frac{7}{10}$

2) $5\frac{1}{7} - 1\frac{6}{7} = \frac{36}{7} - \frac{13}{7} = \frac{23}{7} = 3\frac{2}{7}$

8) $4\frac{6}{11} - 1\frac{7}{11} = \frac{50}{11} - \frac{18}{11} = \frac{32}{11} = 2\frac{10}{11}$

3) $7\frac{2}{5} - 4\frac{3}{5} = \frac{37}{5} - \frac{23}{5} = \frac{14}{5} = 2\frac{4}{5}$

9) $5\frac{1}{12} - 2\frac{8}{12} = \frac{61}{12} - \frac{32}{12} = \frac{29}{12} = 2\frac{5}{12}$

4) $5\frac{1}{6} - 2\frac{5}{6} = \frac{31}{6} - \frac{17}{6} = \frac{14}{6} = 2\frac{2}{6}$

10) $3\frac{2}{13} - 1\frac{12}{13} = \frac{41}{13} - \frac{25}{13} = \frac{16}{13} = 1\frac{3}{13}$

5) $4\frac{3}{8} - \frac{6}{8} = \frac{35}{8} - \frac{6}{8} = \frac{29}{8} = 3\frac{5}{8}$

11) $2\frac{8}{14} - \frac{9}{14} = \frac{36}{14} - \frac{9}{14} = \frac{27}{14} = 1\frac{13}{14}$

6) $6\frac{2}{9} - \frac{4}{9} = \frac{56}{9} - \frac{4}{9} = \frac{52}{9} = 5\frac{7}{9}$

12) $1\frac{2}{16} - \frac{11}{16} = \frac{18}{16} - \frac{11}{16} = \frac{7}{16}$

21 여러 가지 분수의 뺄셈 연습

※ 계산하세요.

1) $\frac{8}{9} - \frac{2}{9} = \frac{6}{9}$

7) $3 - \frac{7}{8} = 2\frac{1}{8}$

2) $\frac{6}{7} - \frac{4}{7} = \frac{2}{7}$

8) $7 - 2\frac{4}{11} = 4\frac{7}{11}$

3) $1 - \frac{7}{10} = \frac{3}{10}$

9) $4\frac{2}{6} - \frac{3}{6} = 3\frac{5}{6}$

4) $5\frac{11}{12} - 3\frac{6}{12} = 2\frac{5}{12}$

10) $8\frac{1}{10} - 6\frac{8}{10} = 1\frac{3}{10}$

5) $7\frac{12}{13} - 2\frac{3}{13} = 5\frac{9}{13}$

11) $9\frac{7}{15} - 3\frac{14}{15} = 5\frac{8}{15}$

6) $8\frac{15}{16} - 4\frac{6}{16} = 4\frac{9}{16}$

12) $6\frac{9}{18} - \frac{10}{18} = 5\frac{17}{18}$

21

※ 계산하세요.

1) $\frac{3}{4} - \frac{2}{4} = \frac{1}{4}$

7) $9 - 2\frac{3}{8} = 6\frac{5}{8}$

2) $\frac{6}{7} - \frac{3}{7} = \frac{3}{7}$

8) $6 - 4\frac{4}{12} = 1\frac{8}{12}$

3) $8\frac{7}{9} - 1\frac{3}{9} = 7\frac{4}{9}$

9) $7\frac{4}{16} - 2\frac{13}{16} = 4\frac{7}{16}$

4) $7\frac{4}{6} - 5\frac{3}{6} = 2\frac{1}{6}$

10) $8\frac{7}{17} - 2\frac{15}{17} = 5\frac{9}{17}$

5) $1 - \frac{9}{11} = \frac{2}{11}$

11) $4\frac{3}{18} - 2\frac{16}{18} = 1\frac{5}{18}$

6) $4 - \frac{9}{13} = 3\frac{4}{13}$

12) $6\frac{8}{14} - 5\frac{11}{14} = \frac{11}{14}$

22 생활 속 연산 – 분수의 뺄셈

걸린 시간 3분

❋ 그림을 보고 ☐ 안에 알맞은 수를 써넣으세요.

① 분수 나라 공주의 머리카락의 길이는 1 m입니다.

이 중 $\frac{5}{12}$ m를 자르면 공주의 머리카락의 길이는 $\boxed{\frac{7}{12}}$ m가 됩니다.

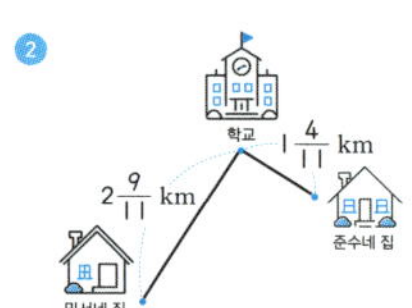

② 학교에서 민서네 집까지의 거리는 학교에서 준수네 집까지의 거리보다 $\boxed{1\frac{5}{11}}$ km 더 멉니다.

준수: $42\frac{1}{6}$ kg

③ 현지의 몸무게는 준수의 몸무게보다 $3\frac{2}{6}$ kg 더 가볍습니다. 현지의 몸무게는 $\boxed{38\frac{5}{6}}$ kg입니다.

④ 딸기 $5\frac{3}{7}$ kg 중 $\frac{6}{7}$ kg을 사용하여 딸기잼을 만들었습니다. 딸기잼을 만들고 남은 딸기는 $\boxed{4\frac{4}{7}}$ kg입니다.

22 꿀떡 연산 간식

걸린 시간 2분

❋ 물뿌리개에 담긴 물로 화분에 적힌 양만큼 물을 주려고 합니다. 화분에 물을 준 다음 물뿌리개에 남아 있는 물은 몇 L인지 이어 보세요.

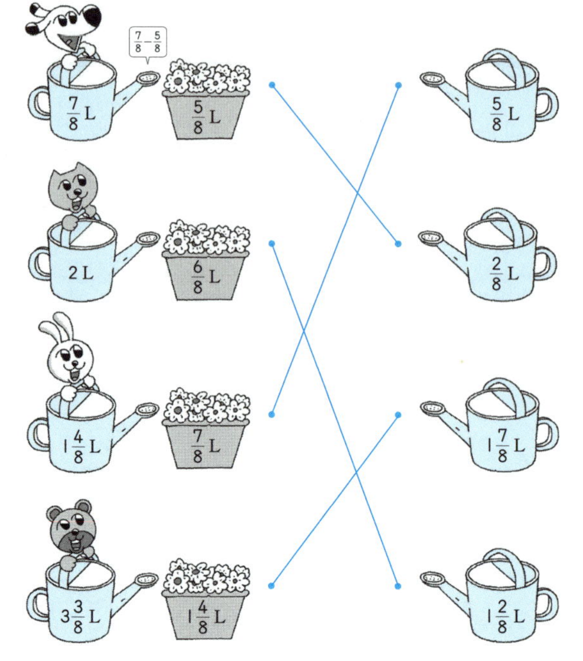

둘째 마당 통과 문제 🚀

*틀린 문제는 꼭 다시 확인하고 넘어가요!

❋ ☐ 안에 알맞은 수 또는 분수를 써넣으세요.

11차시
① $\frac{9}{13} - \frac{4}{13} = \boxed{\frac{5}{13}}$

11차시
② $\frac{6}{7} - \frac{1}{7} = \boxed{\frac{5}{7}}$

12차시
③ $4\frac{3}{5} - 1\frac{1}{5} = \boxed{3\frac{2}{5}}$

12차시
④ $7\frac{5}{9} - 4\frac{4}{9} = \boxed{3\frac{1}{9}}$

15차시
⑤ $1 - \frac{4}{11} = \boxed{\frac{7}{11}}$

15차시
⑥ $1 - \frac{7}{10} = \boxed{\frac{3}{10}}$

16차시
⑦ $5 - \frac{1}{2} = \boxed{4\frac{1}{2}}$

16차시
⑧ $6 - \frac{5}{13} = \boxed{5\frac{8}{13}}$

17차시
⑨ $4 - 2\frac{1}{2} = \boxed{1\frac{1}{2}}$

17차시
⑩ $8 - 3\frac{5}{7} = \boxed{4\frac{2}{7}}$

18차시
⑪ $6\frac{5}{12} - 3\frac{7}{12} = \boxed{2\frac{10}{12}}$

18차시
⑫ $9\frac{3}{8} - 5\frac{5}{8} = \boxed{3\frac{6}{8}}$

19차시
⑬ $5\frac{1}{4} - \frac{3}{4} = \boxed{4\frac{2}{4}}$

12차시
⑭ $3\frac{4}{9} - 1\frac{4}{9} = \boxed{2}$

22차시
⑮ 정호는 물 $4\frac{4}{9}$ L 중 $4\frac{1}{9}$ L를 마셨습니다. 남은 물은 $\boxed{\frac{3}{9}}$ L입니다.

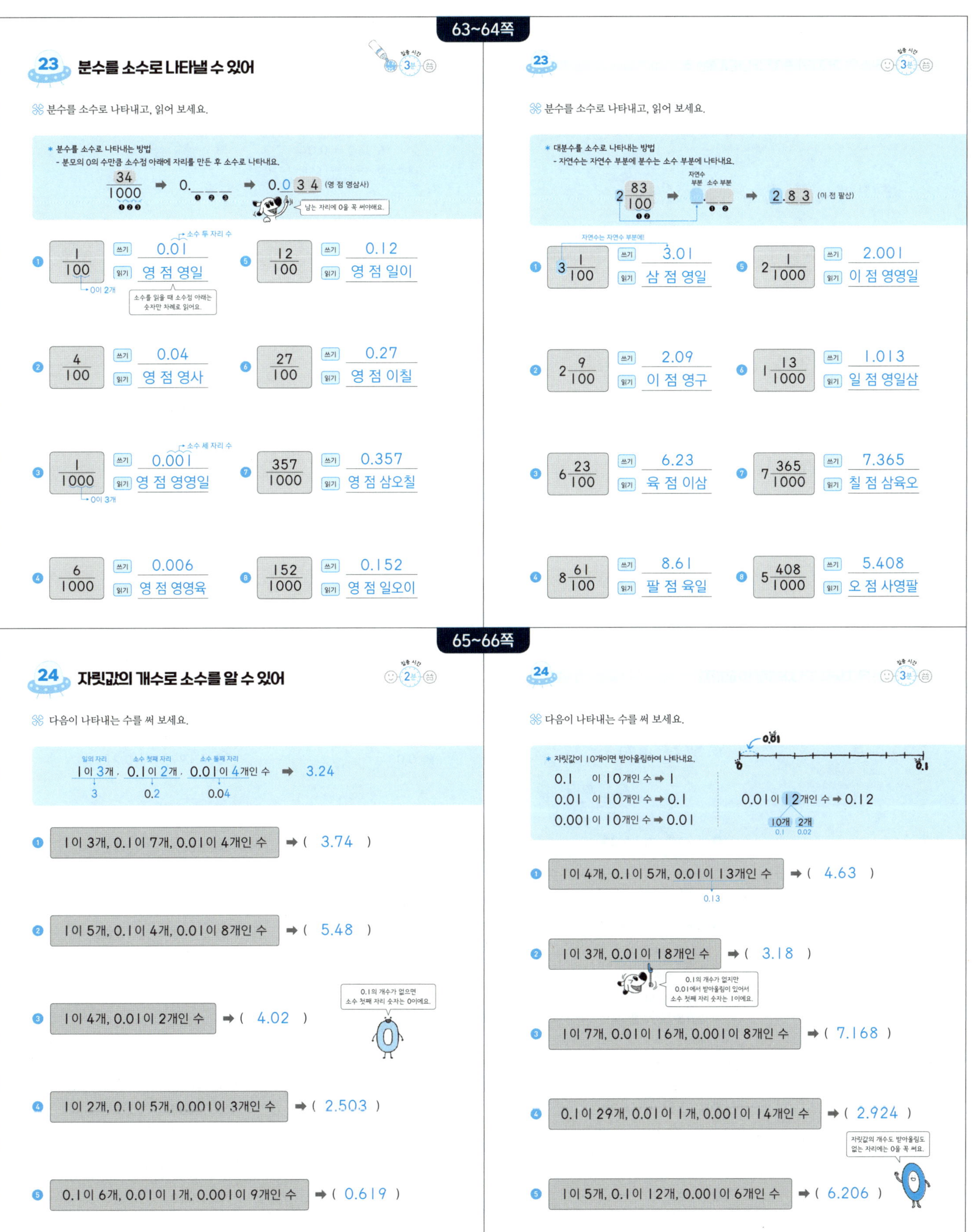

23 분수를 소수로 나타낼 수 있어

집중 시간 3분

❋ 분수를 소수로 나타내고, 읽어 보세요.

＊ 분수를 소수로 나타내는 방법
 - 분모의 0의 수만큼 소수점 아래에 자리를 만든 후 소수로 나타내요.

$$\frac{34}{1000} \Rightarrow 0.\_\_\_\_ \Rightarrow 0.0\,3\,4 \text{ (영 점 영삼사)}$$

남는 자리에 0을 꼭 써야해요.

① $\frac{1}{100}$ 쓰기 0.01 읽기 영 점 영일 （0이 2개）
소수 두 자리 수
소수를 읽을 때 소수점 아래는 숫자만 차례로 읽어요.

⑤ $\frac{12}{100}$ 쓰기 0.12 읽기 영 점 일이

② $\frac{4}{100}$ 쓰기 0.04 읽기 영 점 영사

⑥ $\frac{27}{100}$ 쓰기 0.27 읽기 영 점 이칠

③ $\frac{1}{1000}$ 쓰기 0.001 읽기 영 점 영영일 （0이 3개） 소수 세 자리 수

⑦ $\frac{357}{1000}$ 쓰기 0.357 읽기 영 점 삼오칠

④ $\frac{6}{1000}$ 쓰기 0.006 읽기 영 점 영영육

⑧ $\frac{152}{1000}$ 쓰기 0.152 읽기 영 점 일오이

23

집중 시간 3분

❋ 분수를 소수로 나타내고, 읽어 보세요.

＊ 대분수를 소수로 나타내는 방법
 - 자연수는 자연수 부분에 분수는 소수 부분에 나타내요.

$$2\frac{83}{100} \Rightarrow \square.\_\_ \Rightarrow 2.8\,3 \text{ (이 점 팔삼)}$$

자연수 부분 소수 부분

① $3\frac{1}{100}$ 쓰기 3.01 읽기 삼 점 영일 자연수는 자연수 부분에!

⑤ $2\frac{1}{1000}$ 쓰기 2.001 읽기 이 점 영영일

② $2\frac{9}{100}$ 쓰기 2.09 읽기 이 점 영구

⑥ $1\frac{13}{1000}$ 쓰기 1.013 읽기 일 점 영일삼

③ $6\frac{23}{100}$ 쓰기 6.23 읽기 육 점 이삼

⑦ $7\frac{365}{1000}$ 쓰기 7.365 읽기 칠 점 삼육오

④ $8\frac{61}{100}$ 쓰기 8.61 읽기 팔 점 육일

⑧ $5\frac{408}{1000}$ 쓰기 5.408 읽기 오 점 사영팔

24 자릿값의 개수로 소수를 알 수 있어

집중 시간 2분

❋ 다음이 나타내는 수를 써 보세요.

일의 자리 소수 첫째 자리 소수 둘째 자리
1이 3개, 0.1이 2개, 0.01이 4개인 수 ➡ 3.24
3   0.2   0.04

① 1이 3개, 0.1이 7개, 0.01이 4개인 수 ➡ (3.74)

② 1이 5개, 0.1이 4개, 0.01이 8개인 수 ➡ (5.48)

③ 1이 4개, 0.01이 2개인 수 ➡ (4.02)

0.1의 개수가 없으면 소수 첫째 자리 숫자는 0이에요.

④ 1이 2개, 0.1이 5개, 0.001이 3개인 수 ➡ (2.503)

⑤ 0.1이 6개, 0.01이 1개, 0.001이 9개인 수 ➡ (0.619)

24

집중 시간 3분

❋ 다음이 나타내는 수를 써 보세요.

＊ 자릿값이 10개이면 받아올림하여 나타내요.
0.1 이 10개인 수 ➡ 1
0.01 이 10개인 수 ➡ 0.1
0.001이 10개인 수 ➡ 0.01

0.01이 12개인 수 ➡ 0.12
10개 2개
0.1 0.02

① 1이 4개, 0.1이 5개, 0.01이 13개인 수 ➡ (4.63)
0.13

② 1이 3개, 0.01이 18개인 수 ➡ (3.18)

0.1의 개수가 없지만 0.01에서 받아올림이 있어서 소수 첫째 자리 숫자는 1이에요.

③ 1이 7개, 0.01이 16개, 0.001이 8개인 수 ➡ (7.168)

④ 0.1이 29개, 0.01이 1개, 0.001이 14개인 수 ➡ (2.924)

자릿값의 개수도 받아올림도 없는 자리에는 0을 꼭 써요.

⑤ 1이 5개, 0.1이 12개, 0.001이 6개인 수 ➡ (6.206)

25 소수의 각 자리 숫자가 나타내는 수

❊ 각 자리 숫자가 나타내는 수를 써넣으세요.

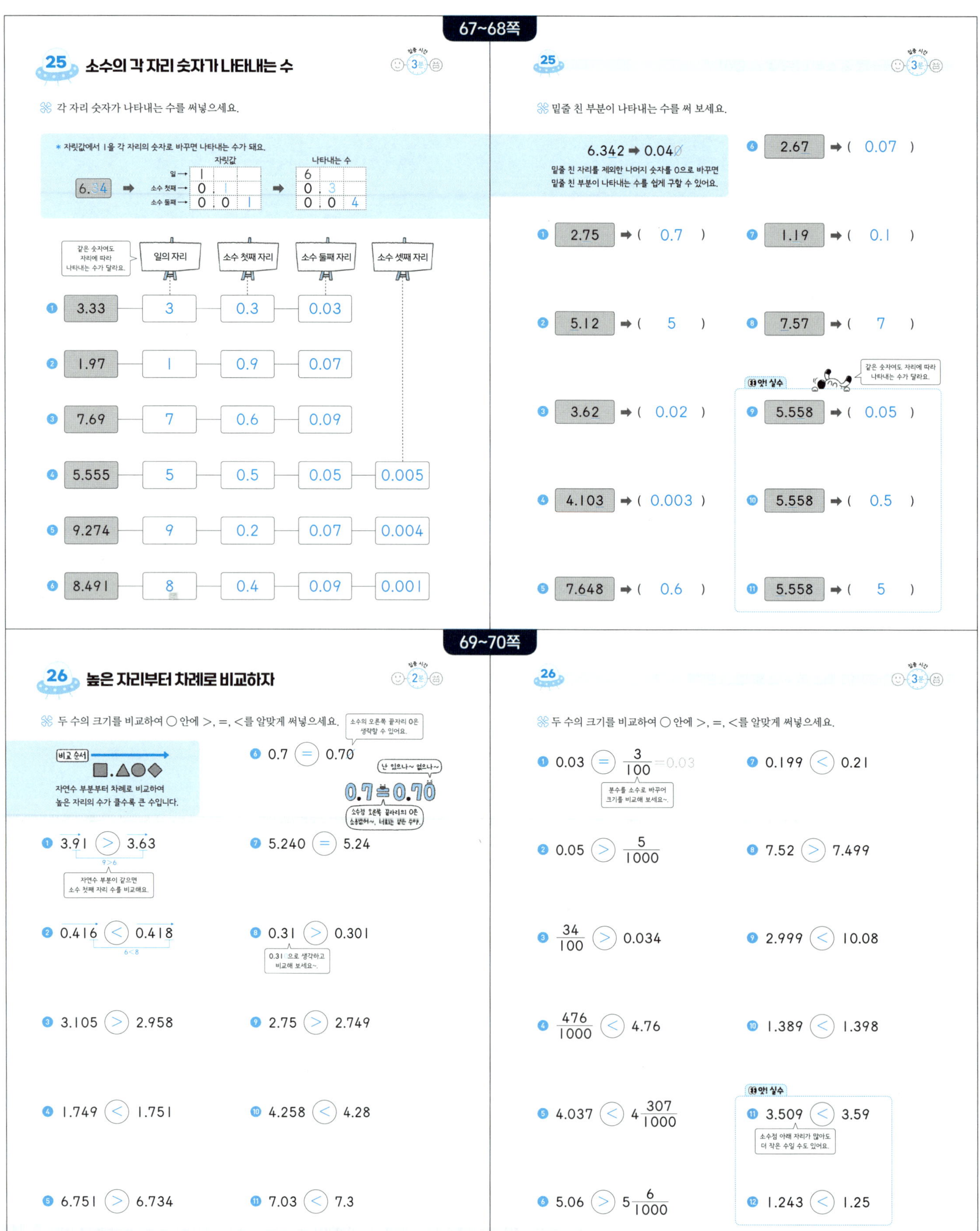

25

❊ 밑줄 친 부분이 나타내는 수를 써 보세요.

26 높은 자리부터 차례로 비교하자

❊ 두 수의 크기를 비교하여 ○ 안에 >, =, <를 알맞게 써넣으세요.

26

❊ 두 수의 크기를 비교하여 ○ 안에 >, =, <를 알맞게 써넣으세요.

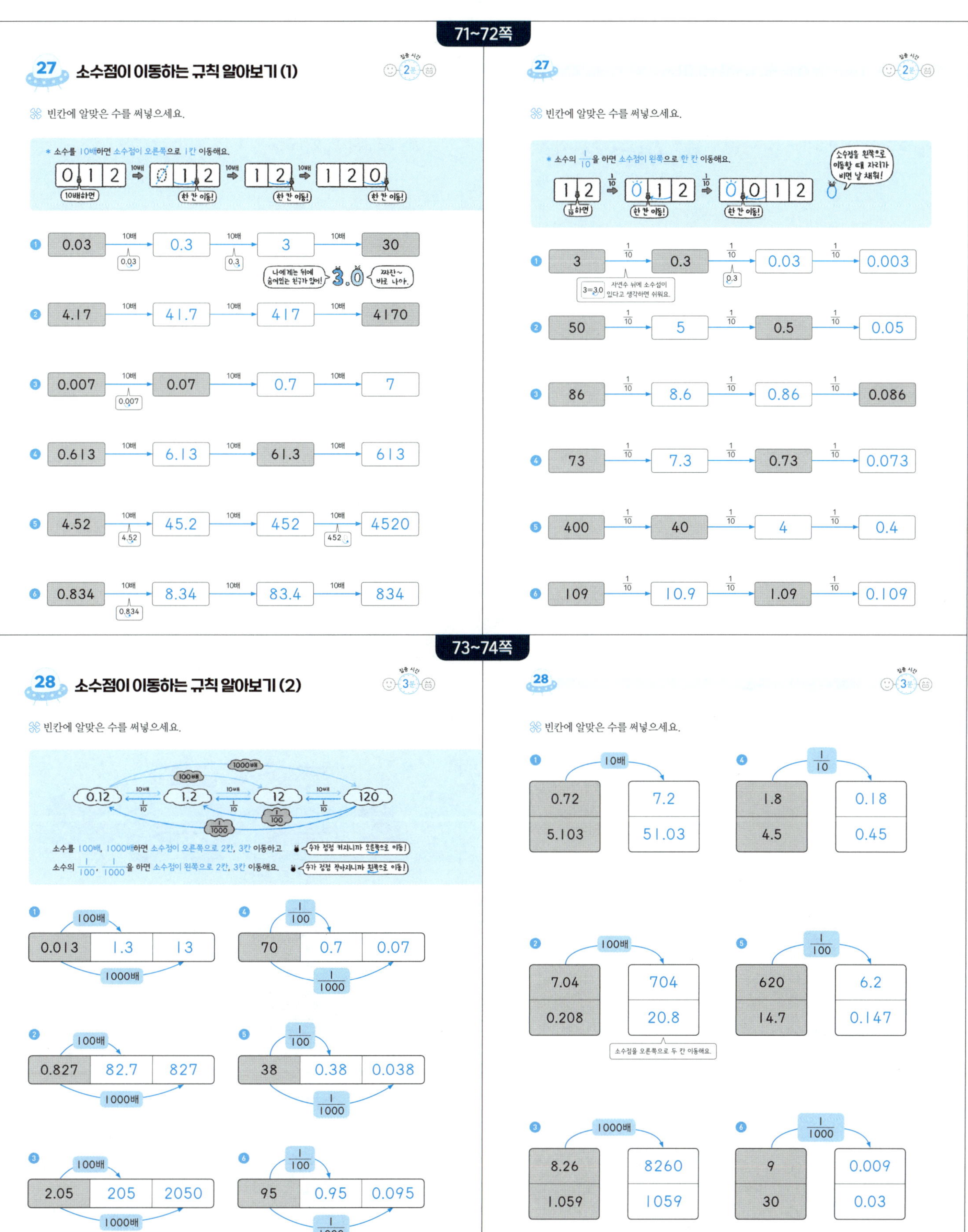
27 소수점이 이동하는 규칙 알아보기 (1)
빈칸에 알맞은 수를 써넣으세요.
* 소수를 10배하면 소수점이 오른쪽으로 1칸 이동해요.
0.03 → 0.3 → 3 → 30
4.17 → 41.7 → 417 → 4170
0.007 → 0.07 → 0.7 → 7
0.613 → 6.13 → 61.3 → 613
4.52 → 45.2 → 452 → 4520
0.834 → 8.34 → 83.4 → 834

27
빈칸에 알맞은 수를 써넣으세요.
* 소수의 1/10 을 하면 소수점이 왼쪽으로 한 칸 이동해요.
3 → 0.3 → 0.03 → 0.003
50 → 5 → 0.5 → 0.05
86 → 8.6 → 0.86 → 0.086
73 → 7.3 → 0.73 → 0.073
400 → 40 → 4 → 0.4
109 → 10.9 → 1.09 → 0.109

73~74쪽
28 소수점이 이동하는 규칙 알아보기 (2)
빈칸에 알맞은 수를 써넣으세요.
0.013 → 1.3 → 13
0.827 → 82.7 → 827
2.05 → 205 → 2050
70 → 0.7 → 0.07
38 → 0.38 → 0.038
95 → 0.95 → 0.095

28
빈칸에 알맞은 수를 써넣으세요.
0.72 → 7.2   5.103 → 51.03
1.8 → 0.18   4.5 → 0.45
7.04 → 704   0.208 → 20.8
620 → 6.2   14.7 → 0.147
8.26 → 8260   1.059 → 1059
9 → 0.009   30 → 0.03

29 1 mm 는 0.1 cm, 1 cm 는 0.01 m

집중 시간 2분

❈ □ 안에 알맞은 수를 써넣으세요.

❶ 2 mm = [0.2] cm ◁ ▲ mm=0.▲ cm
   └ 2.0 ┘

* mm를 cm로 바꾸면 수가 $\frac{1}{10}$ 이 돼요.

1 mm = 0.1 cm

❷ 5 mm = [0.5] cm   ❼ 100 mm = [10] cm

❸ 8 mm = [0.8] cm   ❽ 170 mm = [17] cm

❹ 10 mm = [1] cm   ❾ 296 mm = [29.6] cm
   (1.0에서 0을 생략할 수 있어요.)

❺ 30 mm = [3] cm   ❿ 381 mm = [38.1] cm

❻ 65 mm = [6.5] cm   ⓫ 502 mm = [50.2] cm
   (■▲ mm=■.▲ cm)

29

집중 시간 2분

❈ □ 안에 알맞은 수를 써넣으세요.

❶ 2 cm = [0.02] m ◁ ▲ cm=0.0▲ m
   └ 2.0 ┘

* cm를 m로 바꾸면 수가 $\frac{1}{100}$ 이 돼요.

1 cm = 0.01 m

❷ 3 cm = [0.03] m   ❼ 100 cm = [1] m

❸ 15 cm = [0.15] m   ❽ 263 cm = [2.63] m
   (■▲ cm=0.■▲ mm)

❹ 13 cm = [0.13] m   ❾ 309 cm = [3.09] m

❺ 27 cm = [0.27] m   ❿ 458 cm = [4.58] m

❻ 40 cm = [0.4] m   ⓫ 140 cm = [1.4] m

30 생활 속 연산 – 소수

집중 시간 3분

❈ 그림을 보고 □ 안에 알맞은 수 또는 소수나 말을 써넣으세요.

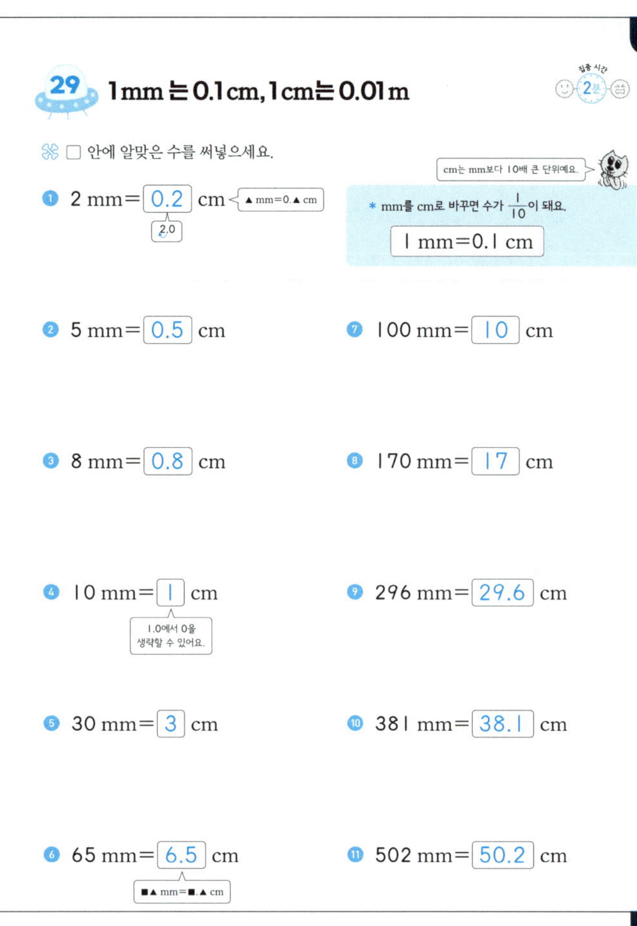

❶ 현아의 키는 1.47 m입니다. 현아의 키의 소수 둘째 자리 숫자가 나타내는 수는 [0.07] 입니다.

현아: 1.47 m

❷
현서와 유리 중 한 달 동안 머리카락이 더 많이 자란 사람은 [유리]입니다.

현서   유리

❸ 세계에서 가장 긴 속눈썹을 가진 사람은 그 길이가 12.4 cm라고 합니다. 이 길이는 [124] mm 또는 [0.124] m와 같습니다.

❹ 마술 상자에 막대를 넣었다 빼면 길이가 처음 길이의 $\frac{1}{10}$ 이 됩니다. 길이가 9.4 cm인 막대를 마술 상자에 2번 넣었다 빼면 [0.094] cm가 됩니다.

30 꿀떡! 연산 간식

집중 시간 2분

❈ 바빠독이 더 빠른 길로 여행을 가려고 합니다. 표지판에 적힌 거리가 더 가까운 길을 따라가 보세요.

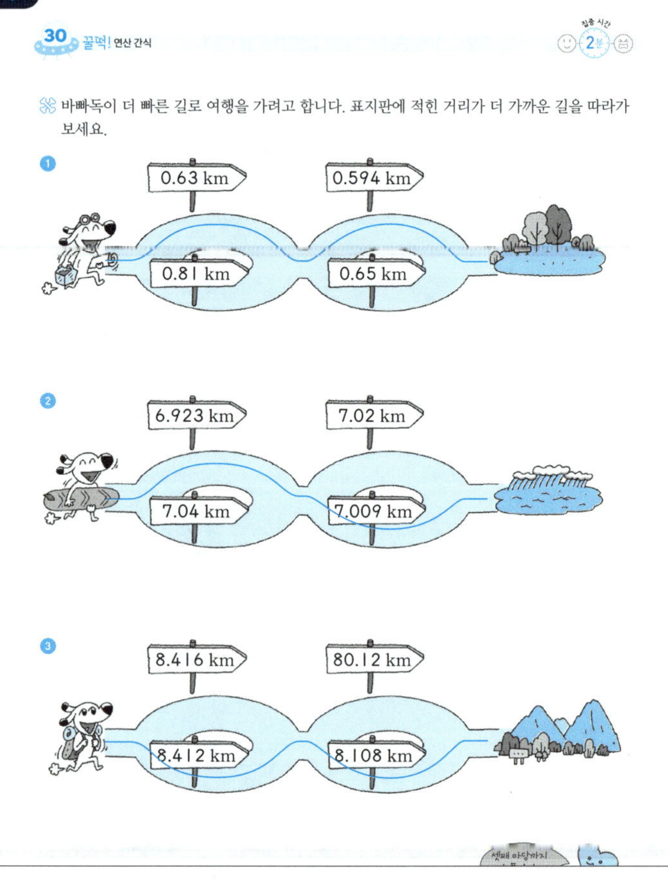

❸

셋째 마당 통과 문제

＊틀린 문제는 꼭 다시 확인하고 넘어가요!

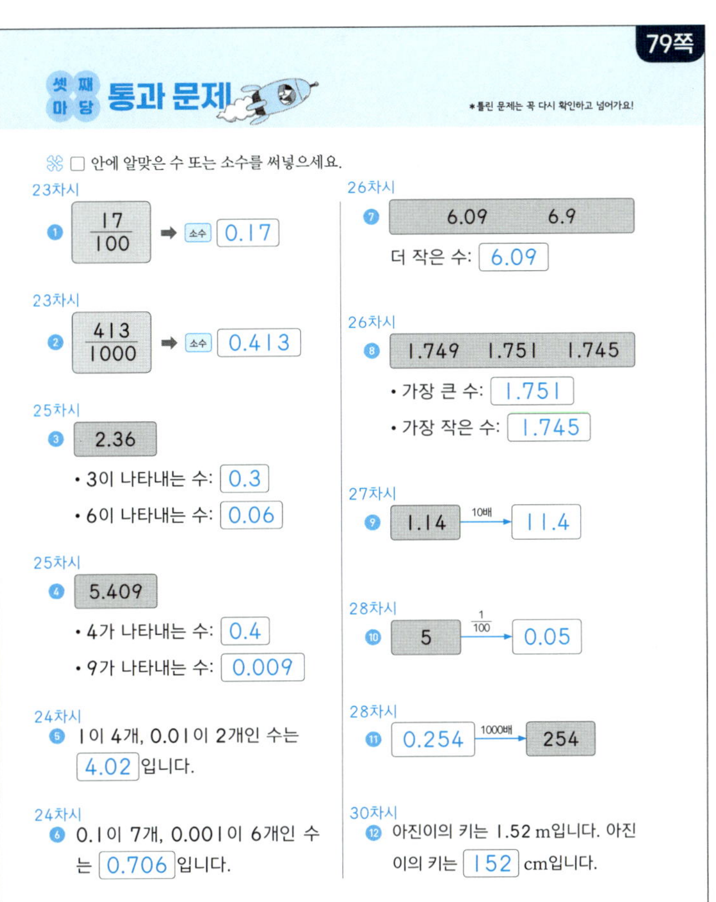

31 같은 자리 수끼리 더한 후 소수점을 콕 찍자

※ 계산하세요.

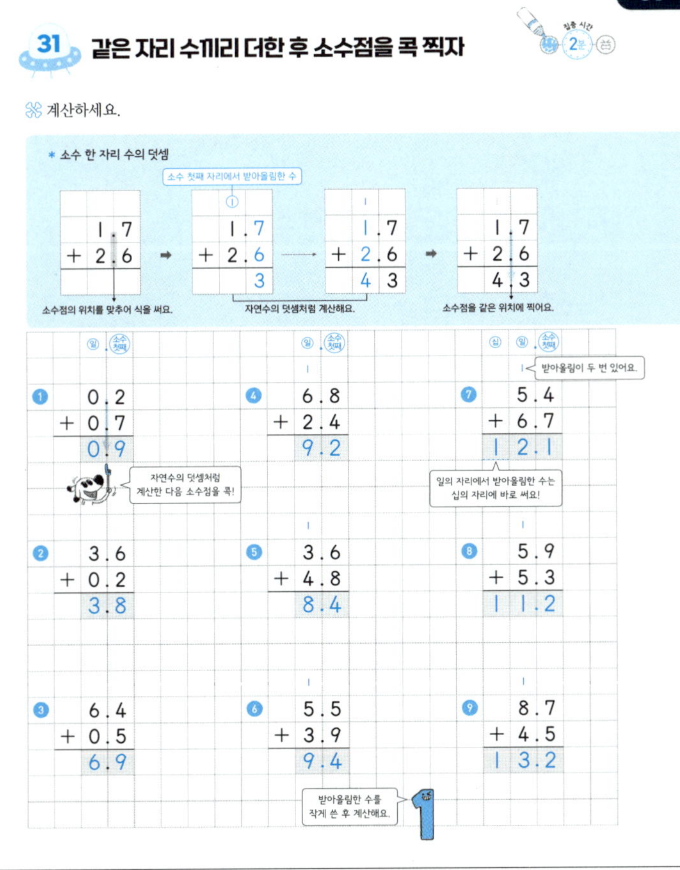

31

※ 계산하세요.

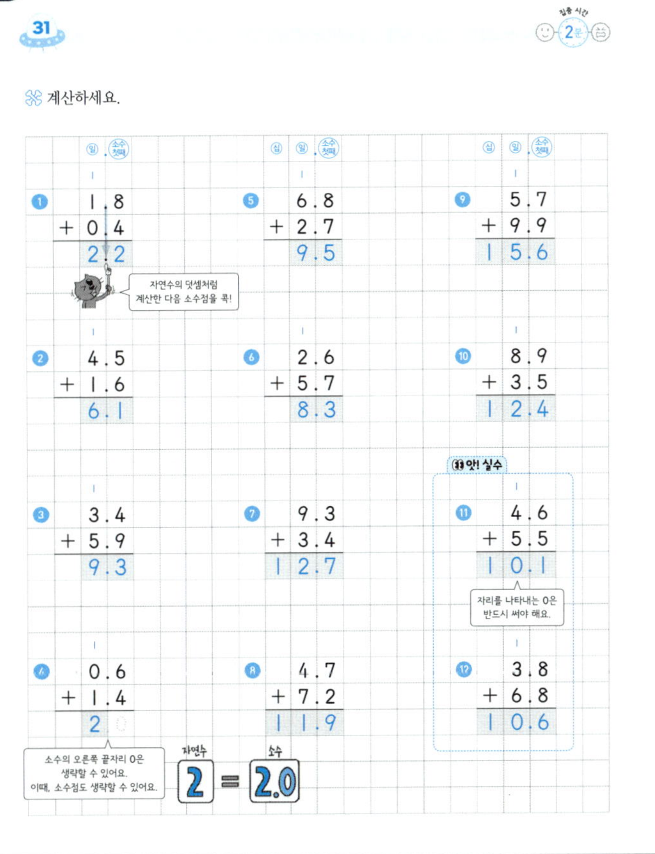

32 소수점의 위치를 맞추어 쓰고 더하는 게 핵심!

✽ 세로셈으로 나타내고, 계산하세요.

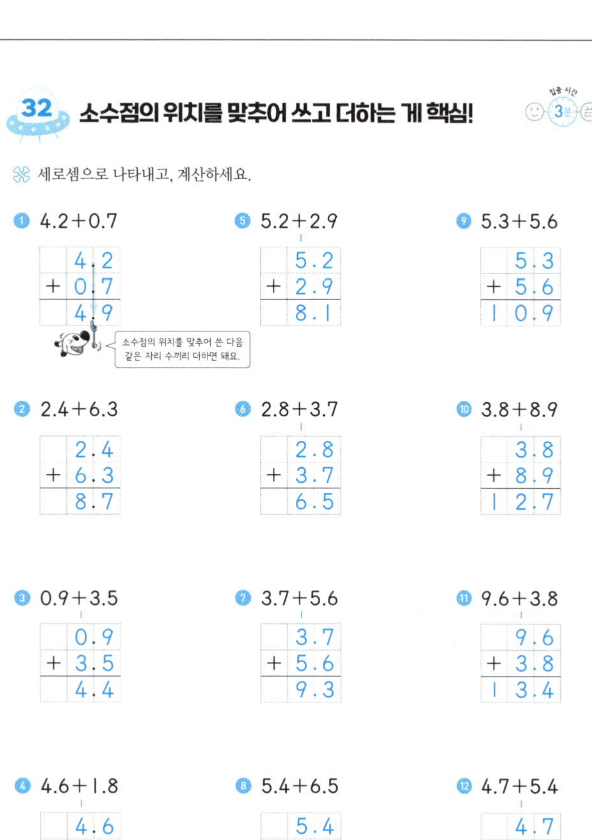

32

✽ 계산하세요.

33 소수 둘째 자리부터 차례로 더하자

✽ 계산하세요.

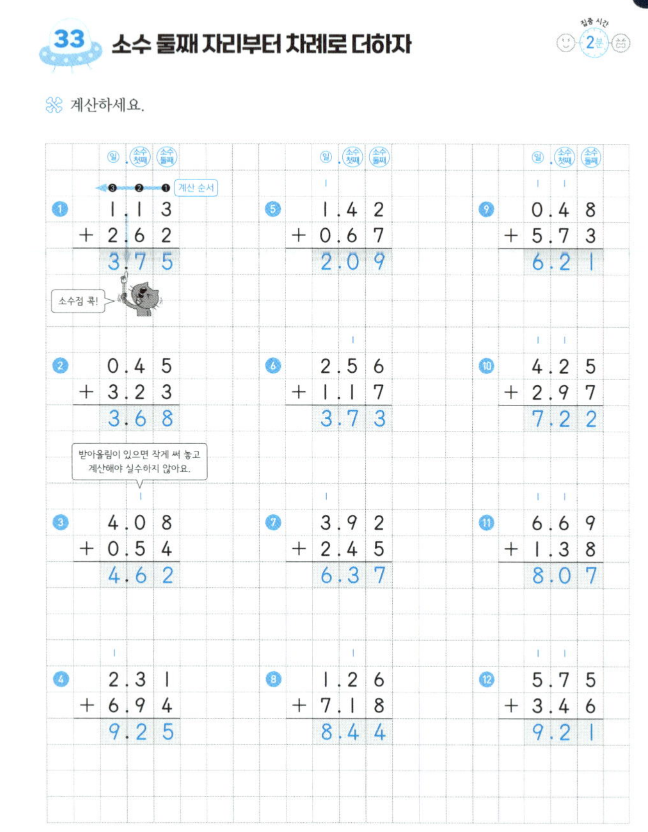

33

✽ 계산하세요.

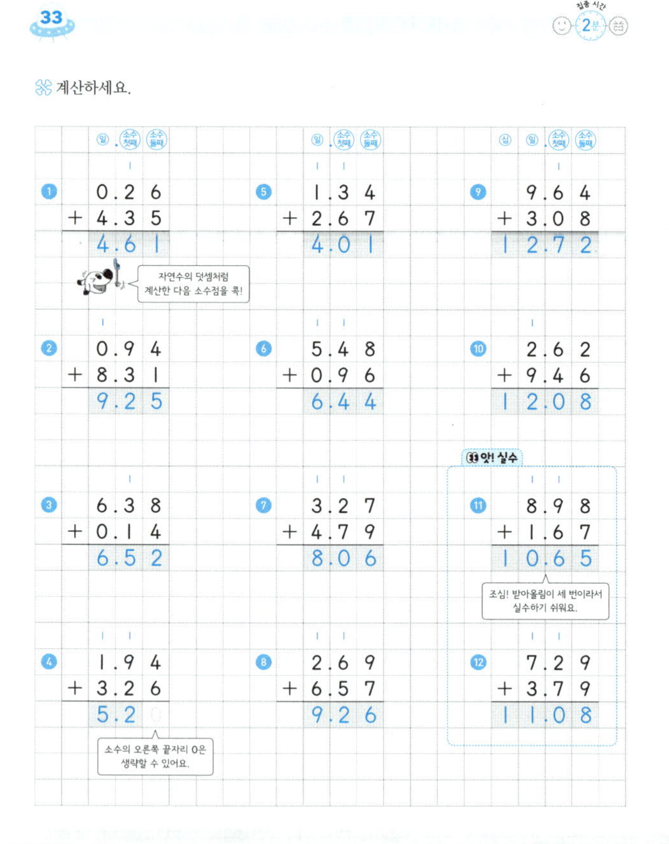

34 소수 두 자리 수의 덧셈 집중 연습

걸린 시간 3분

❊ 세로셈으로 나타내고, 계산하세요.

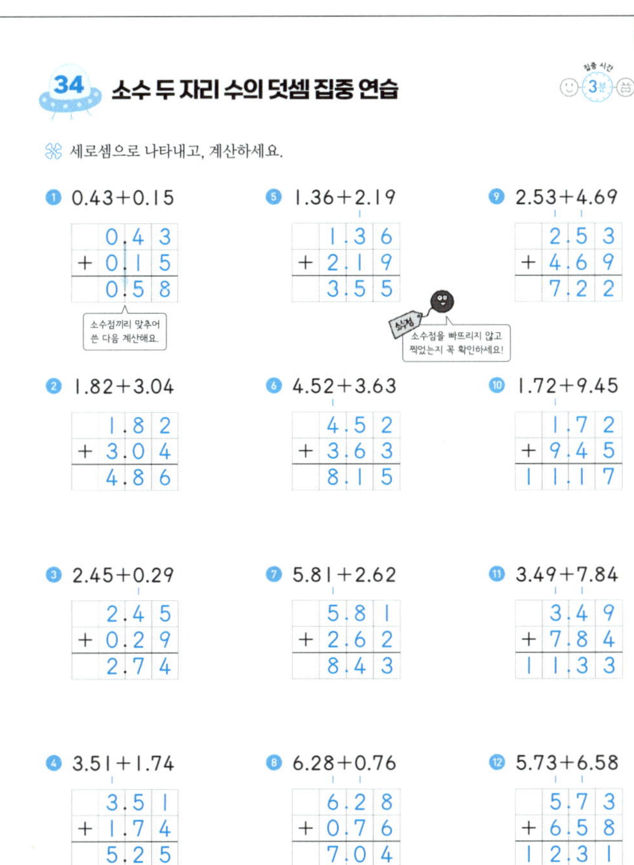

34

걸린 시간 3분

❊ 계산하세요.

세로셈으로 바꾸어 차근차근 풀어 보세요

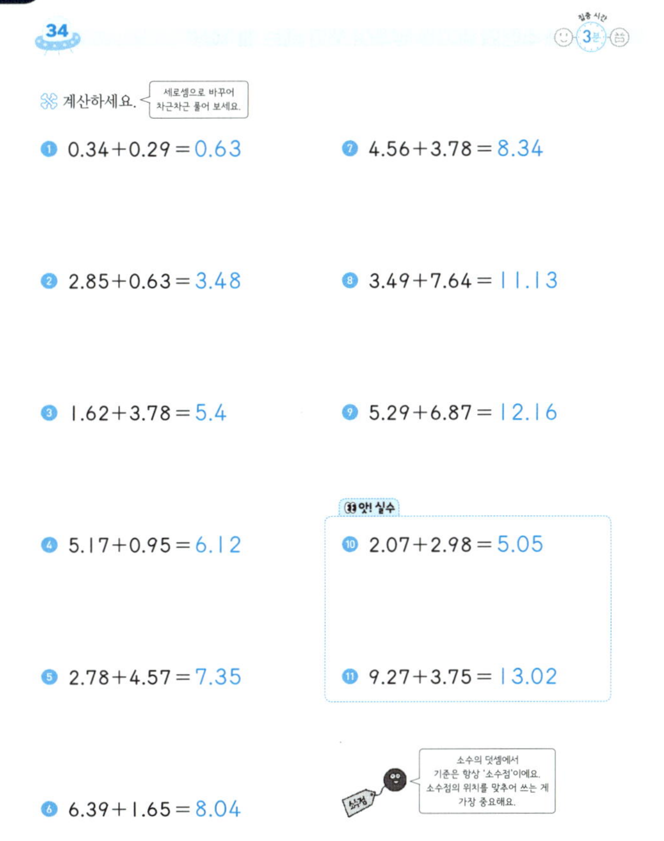

35 같은 자리 수끼리 뺀 후 소수점을 콕 찍자

걸린 시간 2분

❊ 계산하세요.

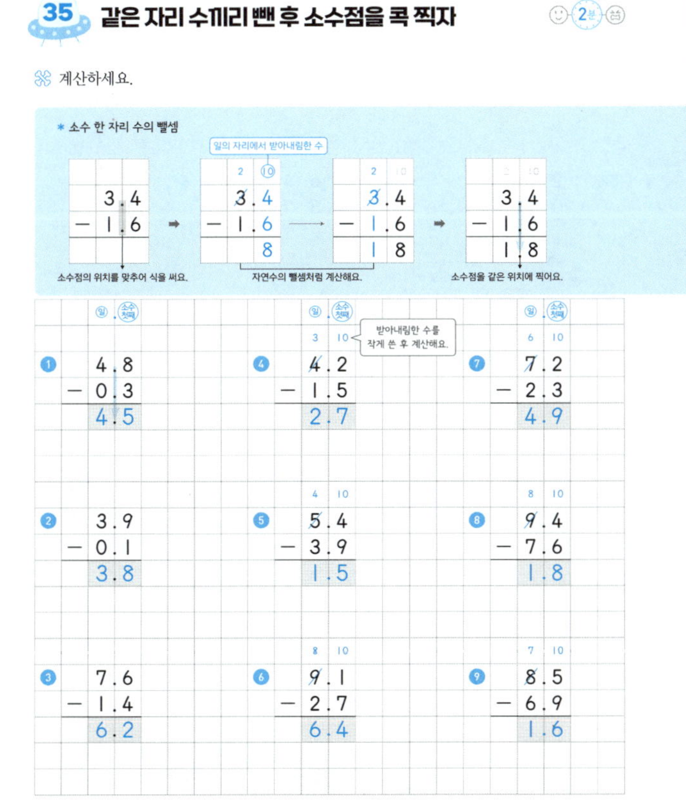

35

걸린 시간 2분

❊ 계산하세요.

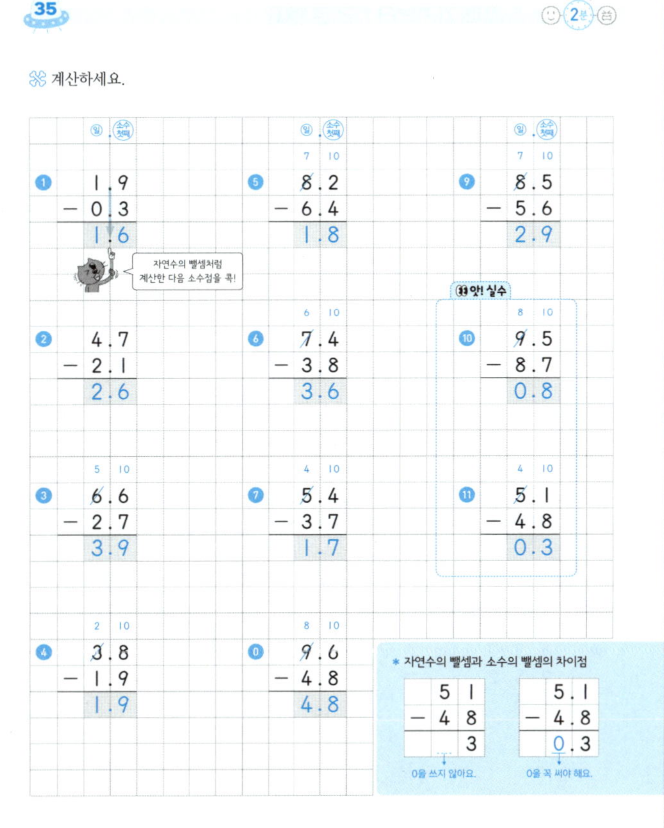

36 소수점의 위치를 맞추어 쓰고 빼는 게 핵심!

※ 세로셈으로 나타내고, 계산하세요.

① 1.7 − 0.4

```
   1.7
−  0.4
   1.3
```
소수점의 위치를 맞추어 쓴 다음
같은 자리 수끼리 빼고 소수점을 콕!

⑤ 7.3 − 2.6

```
   7.3
−  2.6
   4.7
```
소수점을 빠뜨리지 않고
찍었는지 꼭 확인하세요!

⑨ 4.2 − 1.7

```
   4.2
−  1.7
   2.5
```

② 4.8 − 1.5

```
   4.8
−  1.5
   3.3
```

⑥ 6.2 − 3.4

```
   6.2
−  3.4
   2.8
```

⑩ 5.7 − 3.8

```
   5.7
−  3.8
   1.9
```

③ 2.4 − 0.7

```
   2.4
−  0.7
   1.7
```

⑦ 8.6 − 5.9

```
   8.6
−  5.9
   2.7
```

⑪ 8.3 − 4.7

```
   8.3
−  4.7
   3.6
```

④ 5.3 − 2.9

```
   5.3
−  2.9
   2.4
```

⑧ 9.2 − 7.8

```
   9.2
−  7.8
   1.4
```

⑫ 7.4 − 1.6

```
   7.4
−  1.6
   5.8
```

36

※ 계산하세요. 세로셈으로 바꾸어 차근차근 풀어 보세요.

① 5.4 − 3.5 = 1.9

⑦ 4.3 − 2.8 = 1.5

② 6.4 − 4.8 = 1.6

⑧ 7.6 − 5.9 = 1.7

③ 5.3 − 3.4 = 1.9

⑨ 9.2 − 2.9 = 6.3

④ 8.6 − 1.8 = 6.8

⑩ 8.1 − 3.7 = 4.4

⑤ 7.1 − 2.6 = 4.5

⑪ 7.1 − 5.6 = 1.5

⑥ 9.2 − 6.7 = 2.5

37 소수 둘째 자리부터 차례로 빼자

※ 계산하세요.

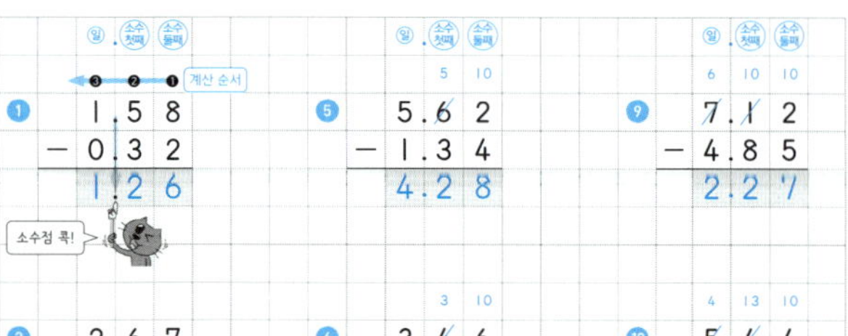

①
```
   1.58
−  0.32
   1.26
```
소수점 콕!

⑤
```
   5.62
−  1.34
   4.28
```

⑨
```
   7.12
−  4.85
   2.27
```

②
```
   2.67
−  1.24
   1.43
```

⑥
```
   3.46
−  1.09
   2.37
```

⑩
```
   5.44
−  0.98
   4.46
```

받아내림한 수와 받아내림하고
남은 수를 작게 쓰고 계산하세요.

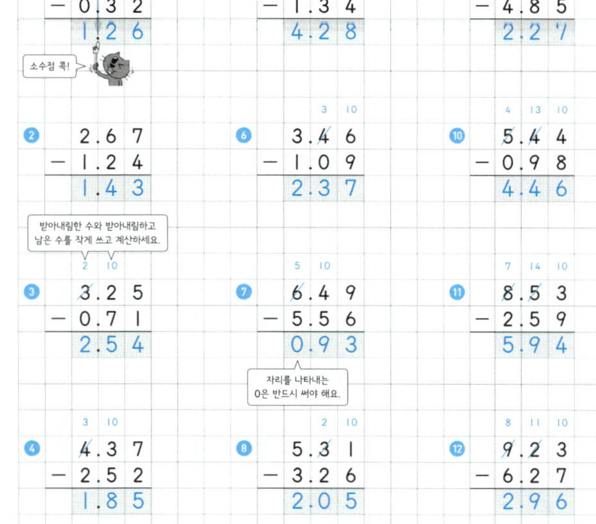

③
```
   3.25
−  0.71
   2.54
```

⑦
```
   6.49
−  5.56
   0.93
```
자리를 나타내는
0은 반드시 써야 해요.

⑪
```
   8.53
−  2.59
   5.94
```

④
```
   4.37
−  2.52
   1.85
```

⑧
```
   5.31
−  3.26
   2.05
```

⑫
```
   9.23
−  6.27
   2.96
```

37

※ 계산하세요.

①
```
   2.85
−  0.23
   2.62
```

⑤
```
   5.64
−  4.37
   1.27
```
자연수의 뺄셈처럼
계산한 다음 소수점을 콕!

⑨
```
   2.36
−  1.97
   0.39
```

②
```
   2.69
−  0.33
   2.36
```

⑥
```
   5.18
−  1.41
   3.77
```

⑩
```
   8.15
−  6.18
   1.97
```

③
```
   7.26
−  3.94
   3.32
```

⑦
```
   6.36
−  4.28
   2.08
```

앗 실수

⑪
```
   9.03
−  3.65
   5.38
```

④
```
   4.02
−  1.72
   2.30
```

⑧
```
   8.21
−  5.93
   2.28
```

⑫
```
   7.02
−  2.39
   4.63
```

소수의 오른쪽 끝자리 0은
생략할 수 있어요.

38 소수 두 자리 수의 뺄셈 집중 연습  

❉ 세로셈으로 나타내고, 계산하세요.

① 0.57−0.32

```
  0.57
− 0.32
  0.25
```
소수점의 위치를 맞추어 쓴 다음 계산해요.

⑤ 2.46−0.38
```
   3  10
  2.46
− 0.38
  2.08
```

⑨ 7.42−4.83
```
  6  13  10
  7.42
− 4.83
  2.59
```
소수점을 빠뜨리지 않고 찍었는지 꼭 확인하세요!

② 2.49−1.06
```
  2.49
− 1.06
  1.43
```

⑥ 4.08−1.35
```
   3  10
  4.08
− 1.35
  2.73
```

⑩ 8.25−6.27
```
  7  11  10
  8.25
− 6.27
  1.98
```

③ 1.86−0.29
```
     7  10
  1.86
− 0.29
  1.57
```

⑦ 6.35−0.74
```
   5  10
  6.35
− 0.74
  5.61
```

⑪ 9.13−3.65
```
  8  10  10
  9.13
− 3.65
  5.48
```

④ 5.27−3.41
```
   4  10
  5.27
− 3.41
  1.86
```

⑧ 6.73−3.58
```
   6  10
  6.73
− 3.58
  3.15
```

⑫ 7.05−1.09
```
  6  9  10
  7.05
− 1.09
  5.96
```

38

❉ 계산하세요.

① 2.16−0.04 = 2.12

⑦ 5.26−1.89 = 3.37

② 0.91−0.23 = 0.68

⑧ 6.13−4.15 = 1.98

③ 4.07−0.43 = 3.64

⑨ 8.42−3.58 = 4.84

④ 3.61−2.55 = 1.06

⑩ 9.65−8.78 = 0.87

⑤ 4.68−3.78 = 0.9

⑪ 6.04−2.48 = 3.56

⑥ 6.15−2.42 = 3.73

⑫ 5.03−0.26 = 4.77

39 자릿수가 다르면 같게 만들어 더하자

❉ 계산하세요.

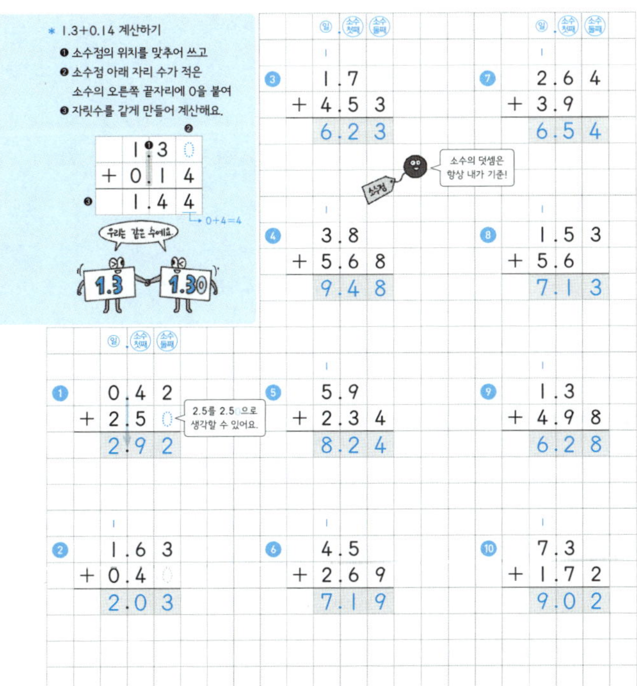

★ 1.3+0.14 계산하기
❶ 소수점의 위치를 맞추어 쓰고
❷ 소수점 아래 자리 수가 적은 소수의 오른쪽 끝자리에 0을 붙여
❸ 자릿수를 같게 만들어 계산해요.

```
  1.3 0
+ 0.14
  1.44
```

③ 
```
  1.7
+ 4.53
  6.23
```
소수의 덧셈은 항상 내가 기준!

⑦ 
```
  2.64
+ 3.9
  6.54
```

④
```
  3.8
+ 5.68
  9.48
```

⑧
```
  1.53
+ 5.6
  7.13
```

①
```
  0.42
+ 2.5
  2.92
```
2.5를 2.50 으로 생각할 수 있어요

⑤
```
  5.9
+ 2.34
  8.24
```

⑨
```
  1.3
+ 4.98
  6.28
```

②
```
  1.63
+ 0.4
  2.03
```

⑥
```
  4.5
+ 2.69
  7.19
```

⑩
```
  7.3
+ 1.72
  9.02
```

39

❉ 계산하세요.

①
```
  1.56
+ 3.5
  5.06
```

⑤
```
  2.54
+ 4.6
  7.14
```

⑨
```
  6.9
+ 3.58
  10.48
```
자릿수가 다른 소수의 덧셈도 소수의 위치를 맞추어 쓴 후 같은 자리 수끼리 더해요.

②
```
  0.8
+ 6.43
  7.23
```

⑥
```
  1.6
+ 4.76
  6.36
```

⑩
```
  7.25
+ 3.9
  11.15
```

③
```
  2.38
+ 2.9
  5.28
```

⑦
```
  5.41
+ 2.6
  8.01
```

⑪
```
  4.8
+ 8.72
  13.52
```

④
```
  5.6
+ 3.85
  9.45
```

⑧
```
  7.9
+ 1.77
  9.67
```

⑫
```
  5.49
+ 9.6
  15.09
```
잊지 않았죠? 계산한 다음 소수점 콕!

40 자릿수가 다르면 같게 만들어 빼자

집중 시간 3분

❊ 계산하세요.

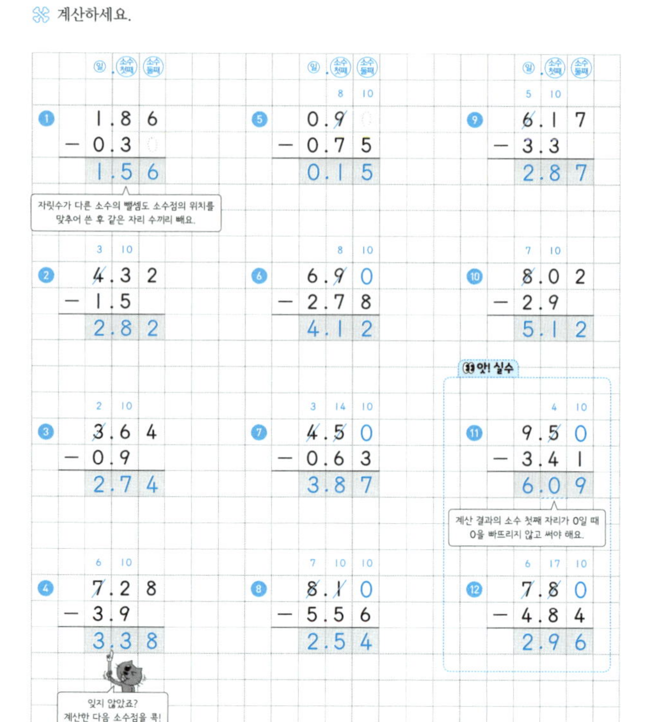

* 3.78−0.4 계산하기
❶ 소수점의 위치를 맞추어 쓰고
❷ 소수점 아래 자리 수가 적은 소수의 오른쪽 끝자리에 0을 붙여
❸ 자릿수를 같게 만들어 계산해요.

```
  3 . 7 8
−   . 4 0
  3 . 3 8
```

자릿수가 달라도 항상 내가 기준!

❸
```
  3 . 4 0
− 0 . 2 5
  3 . 1 5
```
10−5=5

❼
```
  2 . 6 3
− 1 . 9
  0 . 7 3
```

❹
```
  1 . 6
− 0 . 3 8
  1 . 2 2
```

❽
```
  5 . 1 9
− 3 . 4
  1 . 7 9
```

❶
```
  5 . 7 2
− 0 . 4
  5 . 3 2
```

❺
```
  4 . 9 0
− 1 . 3 1
  3 . 5 9
```

❾
```
  7 . 6 0
− 1 . 7 5
  5 . 8 5
```

받아내림이 2번 있으니 주의하세요!

❷
```
  3 . 5 4
− 0 . 2
  3 . 3 4
```

❻
```
  6 . 8 0
− 2 . 1 4
  4 . 6 6
```

❿
```
  8 . 2 0
− 5 . 6 6
  2 . 5 4
```

소수 아래 자리 수가 다르면 소수 오른쪽 끝자리에 0을 붙여요!

40

집중 시간 3분

❊ 계산하세요.

❶
```
  1 . 8 6
− 0 . 3
  1 . 5 6
```

❺
```
  0 . 9
− 0 . 7 5
  0 . 1 5
```

❾
```
  6 . 1 7
− 3 . 3
  2 . 8 7
```

자릿수가 다른 소수의 뺄셈도 소수점의 위치를 맞추어 쓴 후 같은 자리 수끼리 빼요.

❷
```
  4 . 3 2
− 1 . 5
  2 . 8 2
```

❻
```
  6 . 9 0
− 2 . 7 8
  4 . 1 2
```

❿
```
  8 . 0 2
− 2 . 9
  5 . 1 2
```

❸
```
  3 . 6 4
− 0 . 9
  2 . 7 4
```

❼
```
  4 . 5 0
− 0 . 6 3
  3 . 8 7
```

앗! 실수

⓫
```
  9 . 5 0
− 3 . 4 1
  6 . 0 9
```

계산 결과의 소수 첫째 자리가 0일 때 0을 빠뜨리지 않고 써야 해요.

❹
```
  7 . 2 8
− 3 . 9
  3 . 3 8
```

❽
```
  8 . 1 0
− 5 . 5 6
  2 . 5 4
```

⓬
```
  7 . 8 0
− 4 . 8 4
  2 . 9 6
```

잊지 않았죠? 계산한 다음 소수점을 콕!

---

41 실수하기 쉬운 자릿수가 다른 소수의 덧셈과 뺄셈

집중 시간 4분

❊ 세로셈으로 나타내고, 계산하세요.

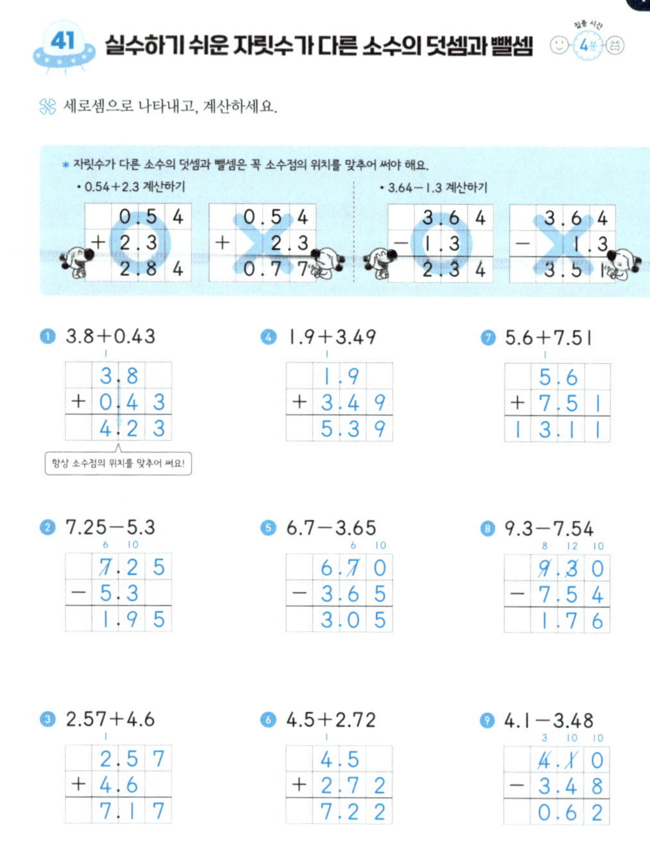

* 자릿수가 다른 소수의 덧셈과 뺄셈은 꼭 소수점의 위치를 맞추어 써야 해요.

・0.54+2.3 계산하기
```
  0 . 5 4      0 . 5 4
+ 2 . 3      + 2 . 3 0
  2 . 8 4      2 . 8 4
```

・3.64−1.3 계산하기
```
  3 . 6 4      3 . 6 4
− 1 . 3      − 1 . 3 0
  2 . 3 4      2 . 3 4
```

❶ 3.8+0.43
```
    3 . 8
+ 0 . 4 3
  4 . 2 3
```
항상 소수점의 위치를 맞추어 써요!

❹ 1.9+3.49
```
    1 . 9
+ 3 . 4 9
  5 . 3 9
```

❼ 5.6+7.51
```
    5 . 6
+ 7 . 5 1
 1 3 . 1 1
```

❷ 7.25−5.3
```
  7 . 2 5
− 5 . 3
  1 . 9 5
```

❺ 6.7−3.65
```
  6 . 7 0
− 3 . 6 5
  3 . 0 5
```

❽ 9.3−7.54
```
  9 . 3 0
− 7 . 5 4
  1 . 7 6
```

❸ 2.57+4.6
```
  2 . 5 7
+ 4 . 6
  7 . 1 7
```

❻ 4.5+2.72
```
  4 . 5
+ 2 . 7 2
  7 . 2 2
```

❾ 4.1−3.48
```
  4 . 1 0
− 3 . 4 8
  0 . 6 2
```

41

집중 시간 4분

❊ 계산하세요.

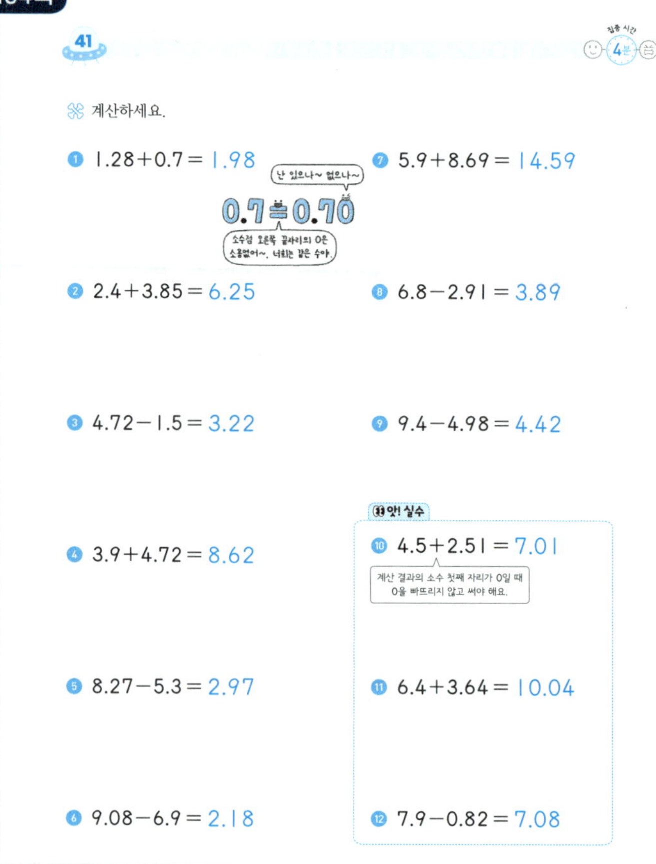

❶ 1.28+0.7 = 1.98

난 있으나~ 없으나~

0.7 = 0.70

소수점 오른쪽 끝자리의 0은 소용없어~. 너희는 같은 수야

❼ 5.9+8.69 = 14.59

❷ 2.4+3.85 = 6.25

❽ 6.8−2.91 = 3.89

❸ 4.72−1.5 = 3.22

❾ 9.4−4.98 = 4.42

❹ 3.9+4.72 = 8.62

앗! 실수

❿ 4.5+2.51 = 7.01

계산 결과의 소수 첫째 자리가 0일 때 0을 빠뜨리지 않고 써야 해요.

❺ 8.27−5.3 = 2.97

⓫ 6.4+3.64 = 10.04

❻ 9.08−6.9 = 2.18

⓬ 7.9−0.82 = 7.08

42 소수의 덧셈 종합 연습 

걸린 시간 3분

❋ 계산하세요.

①
$$\begin{array}{r} 2.7 \\ +\ 4.8 \\ \hline 7.5 \end{array}$$

⑥
$$\begin{array}{r} 2.52 \\ +\ 3.84 \\ \hline 6.36 \end{array}$$

⑪
$$\begin{array}{r} 4.96 \\ +\ 3.5 \\ \hline 8.46 \end{array}$$

②
$$\begin{array}{r} 3.4 \\ +\ 5.8 \\ \hline 9.2 \end{array}$$

⑦
$$\begin{array}{r} 4.43 \\ +\ 3.29 \\ \hline 7.72 \end{array}$$

⑫
$$\begin{array}{r} 2.8 \\ +\ 3.74 \\ \hline 6.54 \end{array}$$

③
$$\begin{array}{r} 4.6 \\ +\ 3.8 \\ \hline 8.4 \end{array}$$

⑧
$$\begin{array}{r} 6.52 \\ +\ 1.64 \\ \hline 8.16 \end{array}$$

⑬
$$\begin{array}{r} 6.87 \\ +\ 3.6 \\ \hline 10.47 \end{array}$$

④
$$\begin{array}{r} 5.4 \\ +\ 0.6 \\ \hline 6 \end{array}$$

⑨
$$\begin{array}{r} 3.14 \\ +\ 1.87 \\ \hline 5.01 \end{array}$$

⑭
$$\begin{array}{r} 8.6 \\ +\ 7.73 \\ \hline 16.33 \end{array}$$

⑤
$$\begin{array}{r} 3.9 \\ +\ 6.5 \\ \hline 10.4 \end{array}$$

⑩
$$\begin{array}{r} 5.98 \\ +\ 6.73 \\ \hline 12.71 \end{array}$$

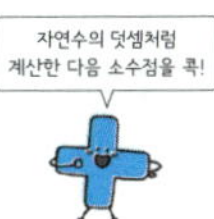

---

42 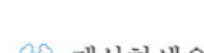

걸린 시간 3분

❋ 계산하세요.

① $3.9+4.5=8.4$

⑦ $1.53+2.7=4.23$

② $4.7+3.6=8.3$

⑧ $5.6+2.89=8.49$

③ $1.72+3.19=4.91$

⑨ $3.86+5.2=9.06$

④ $6.87+2.53=9.4$

⑩ $8.71+3.4=12.11$

⑤ $4.56+1.68=6.24$

⑪ $2.4+7.83=10.23$

⑥ $7.69+2.48=10.17$

---

43 소수의 뺄셈 종합 연습 

걸린 시간 3분

❋ 계산하세요.

①
$$\begin{array}{r} \overset{3}{\cancel{4}}.\overset{10}{8} \\ -\ 2.9 \\ \hline 1.9 \end{array}$$

⑥
$$\begin{array}{r} \overset{6}{\cancel{3}}.\overset{10}{\cancel{7}}2 \\ -\ 2.65 \\ \hline 1.07 \end{array}$$

⑪
$$\begin{array}{r} \overset{5}{\cancel{6}}.\overset{10}{2}4 \\ -\ 5.9 \\ \hline 0.34 \end{array}$$

②
$$\begin{array}{r} \overset{5}{\cancel{6}}.\overset{10}{4} \\ -\ 3.7 \\ \hline 2.7 \end{array}$$

⑦
$$\begin{array}{r} \overset{7}{\cancel{8}}.\overset{10}{4}6 \\ -\ 3.96 \\ \hline 4.5 \end{array}$$

⑫
$$\begin{array}{r} \overset{7}{\cancel{5}}.\overset{10}{8}0 \\ -\ 3.62 \\ \hline 2.18 \end{array}$$

③
$$\begin{array}{r} \overset{4}{\cancel{5}}.\overset{10}{3} \\ -\ 2.8 \\ \hline 2.5 \end{array}$$

⑧
$$\begin{array}{r} \overset{4}{\cancel{5}}.\overset{10}{\cancel{1}}\overset{10}{4} \\ -\ 1.35 \\ \hline 3.79 \end{array}$$

⑬
$$\begin{array}{r} \overset{4}{\cancel{5}}.\overset{10}{6}7 \\ -\ 2.7 \\ \hline 2.97 \end{array}$$

④
$$\begin{array}{r} \overset{3}{\cancel{4}}.\overset{10}{2} \\ -\ 2.6 \\ \hline 1.6 \end{array}$$

⑨
$$\begin{array}{r} \overset{6}{\cancel{7}}.\overset{12}{\cancel{3}}\overset{10}{2} \\ -\ 0.39 \\ \hline 6.93 \end{array}$$

⑭
$$\begin{array}{r} \overset{8}{\cancel{9}}.\overset{14}{\cancel{5}}\overset{10}{0} \\ -\ 1.79 \\ \hline 7.71 \end{array}$$

⑤
$$\begin{array}{r} \overset{4}{\cancel{5}}.\overset{10}{4} \\ -\ 3.5 \\ \hline 1.9 \end{array}$$

⑩
$$\begin{array}{r} \overset{5}{\cancel{6}}.\overset{9}{\cancel{0}}\overset{10}{1} \\ -\ 5.74 \\ \hline 0.27 \end{array}$$

---

43 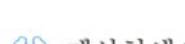

걸린 시간 3분

❋ 계산하세요.

① $5.2-2.7=2.5$

⑦ $6.94-1.9=5.04$

② $7.4-1.6=5.8$

⑧ $6.38-3.8=2.58$

③ $6.46-3.28=3.18$

⑨ $8.6-4.57=4.03$

④ $4.07-2.13=1.94$

⑩ $9.08-6.9=2.18$

⑤ $7.43-5.46=1.97$

⑪ $7.3-4.36=2.94$

⑥ $9.25-3.27=5.98$

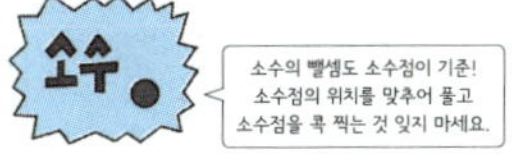

---

44 소수의 덧셈과 뺄셈 완벽하게 끝내기

⏱ 3분

❈ 빈칸에 알맞은 수를 써넣으세요.

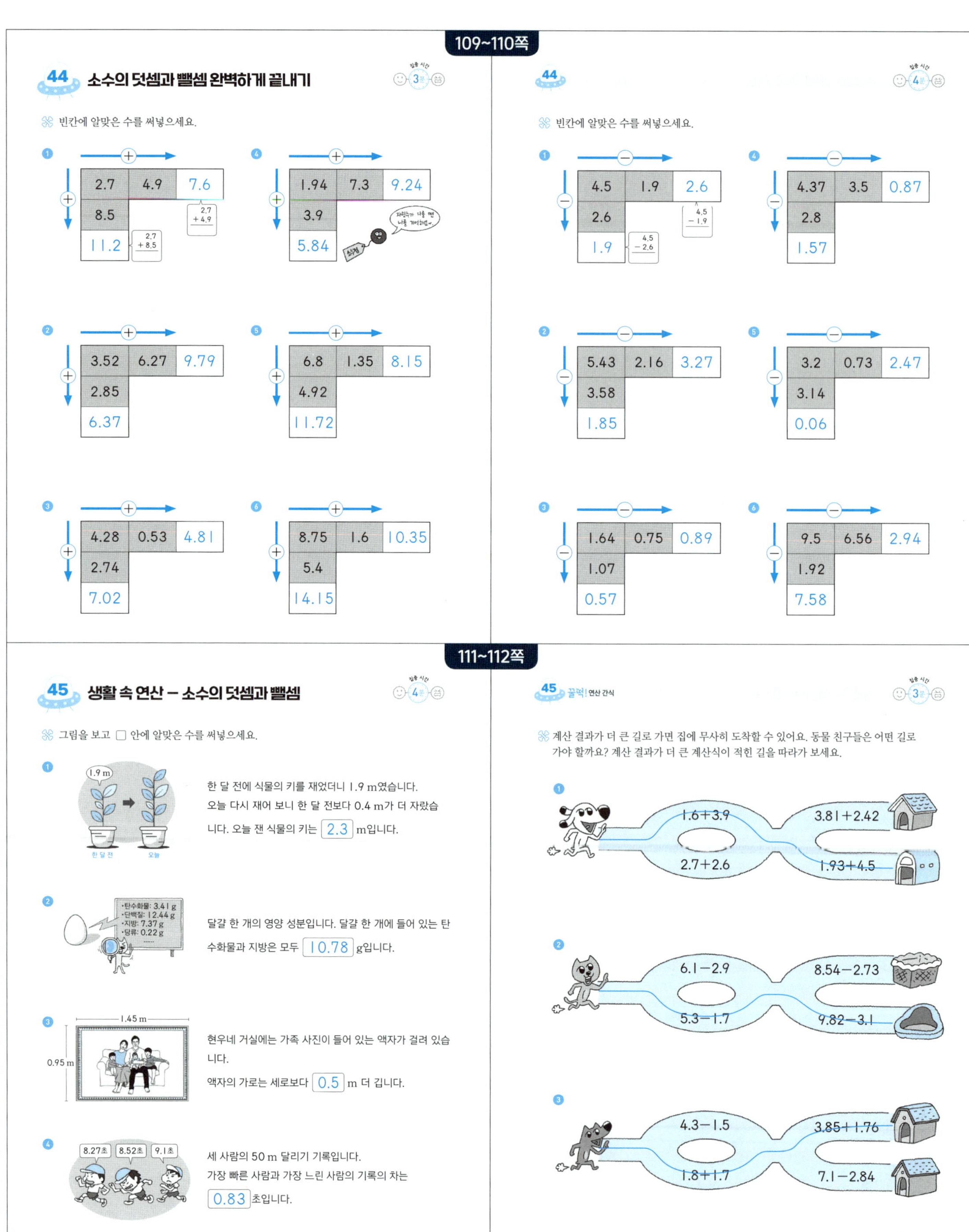

①
2.7	4.9	7.6
8.5		
11.2		

②
3.52	6.27	9.79
2.85		
6.37		

③
4.28	0.53	4.81
2.74		
7.02		

④
1.94	7.3	9.24
3.9		
5.84		

⑤
6.8	1.35	8.15
4.92		
11.72		

⑥
8.75	1.6	10.35
5.4		
14.15		

44 (오른쪽)

⏱ 4분

❈ 빈칸에 알맞은 수를 써넣으세요.

①
4.5	1.9	2.6
2.6		
1.9		

②
5.43	2.16	3.27
3.58		
1.85		

③
1.64	0.75	0.89
1.07		
0.57		

④
4.37	3.5	0.87
2.8		
1.57		

⑤
3.2	0.73	2.47
3.14		
0.06		

⑥
9.5	6.56	2.94
1.92		
7.58		

45 생활 속 연산 – 소수의 덧셈과 뺄셈

⏱ 4분

❈ 그림을 보고 □ 안에 알맞은 수를 써넣으세요.

① 1.9 m
한 달 전에 식물의 키를 재었더니 1.9 m였습니다. 오늘 다시 재어 보니 한 달 전보다 0.4 m가 더 자랐습니다. 오늘 잰 식물의 키는 **2.3** m입니다.

한 달 전 / 오늘

② ·탄수화물: 3.41 g ·단백질: 12.44 g ·지방: 7.37 g ·당류: 0.22 g ......
달걀 한 개의 영양 성분입니다. 달걀 한 개에 들어 있는 탄수화물과 지방은 모두 **10.78** g입니다.

③ 1.45 m / 0.95 m
현우네 거실에는 가족 사진이 들어 있는 액자가 걸려 있습니다. 액자의 가로는 세로보다 **0.5** m 더 깁니다.

④ 8.27초 8.52초 9.1초
세 사람의 50 m 달리기 기록입니다. 가장 빠른 사람과 가장 느린 사람의 기록의 차는 **0.83** 초입니다.

45 꿀떡! 연산 간식

⏱ 3분

❈ 계산 결과가 더 큰 길로 가면 집에 무사히 도착할 수 있어요. 동물 친구들은 어떤 길로 가야 할까요? 계산 결과가 더 큰 계산식이 적힌 길을 따라가 보세요.

①
1.6+3.9 / 2.7+2.6 / 3.81+2.42 / 1.93+4.5

②
6.1−2.9 / 5.3−1.7 / 8.54−2.73 / 9.82−3.1

③
4.3−1.5 / 1.8+1.7 / 3.85+1.76 / 7.1−2.84

＊틀린 문제는 꼭 다시 확인하고 넘어가요!

✻ □ 안에 알맞은 수 또는 소수를 써넣으세요.

31차시
① 0.3 + 0.4 = [0.7]

31차시
② 3.2 + 2.9 = [6.1]

40차시
⑪ 7.25 − 1.8 = [5.45]

40차시
⑫ 5.10 − 2.54 = [2.56]

35차시
③ 5.7 − 2.4 = [3.3]

35차시
④ 3.2 − 1.5 = [1.7]

34차시
⑬ 2.72 + 9.39 = [12.11]

33차시
⑤ 1.47 + 1.26 = [2.73]

33차시
⑥ 3.26 + 1.99 = [5.25]

34차시
⑭ 5.27 + 5.84 = [11.11]

37차시
⑦ 2.64 − 1.25 = [1.39]

37차시
⑧ 3.55 − 0.73 = [2.82]

41차시
⑮ 4.72 − 1.8 = [2.92]

41차시
⑯ 6.4 − 4.75 = [1.65]

39차시
⑨ 2.7 + 3.04 = [5.74]

39차시
⑩ 1.52 + 4.7 = [6.22]

45차시
⑰ 색 테이프를 진희는 8.74 cm, 수지는 8.55 cm 가지고 있습니다. 수지의 색 테이프는 진희의 색 테이프보다 [0.19] cm 더 짧습니다.

---

46 이등변삼각형은 두 각의 크기가 같아

'등'이 등호(=)의 '등'처럼 '같다'는 뜻이에요.
즉, 두 변의 길이가 같은 삼각형!

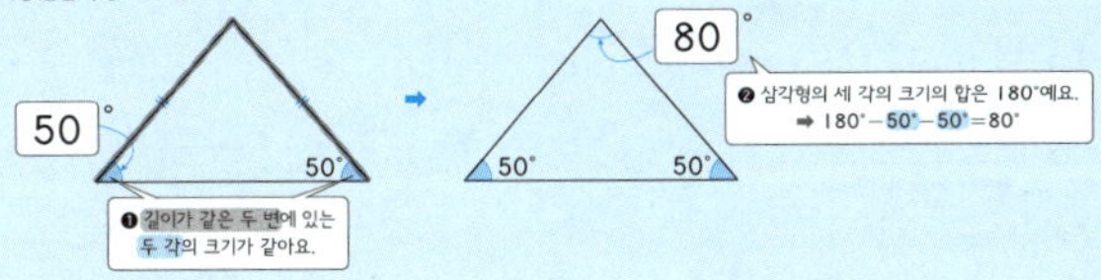

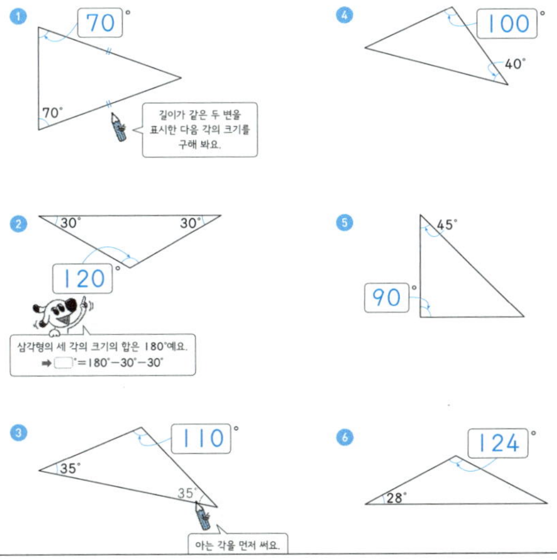

✻ 다음 도형은 이등변삼각형입니다. □ 안에 알맞은 수를 써넣으세요.

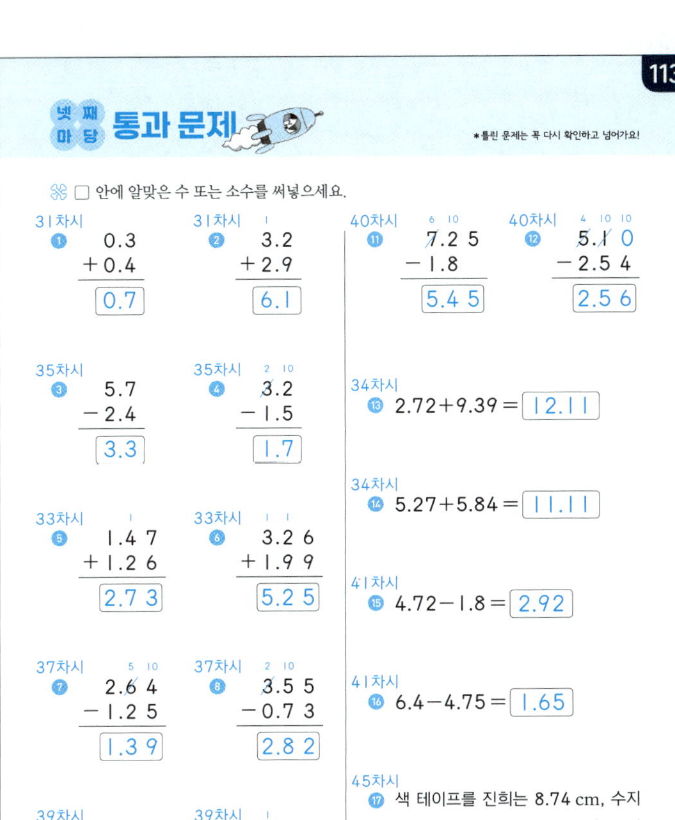

46

✻ 다음 도형은 이등변삼각형입니다. □ 안에 알맞은 수를 써넣으세요.

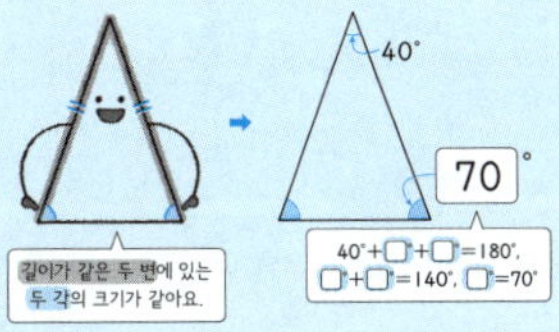

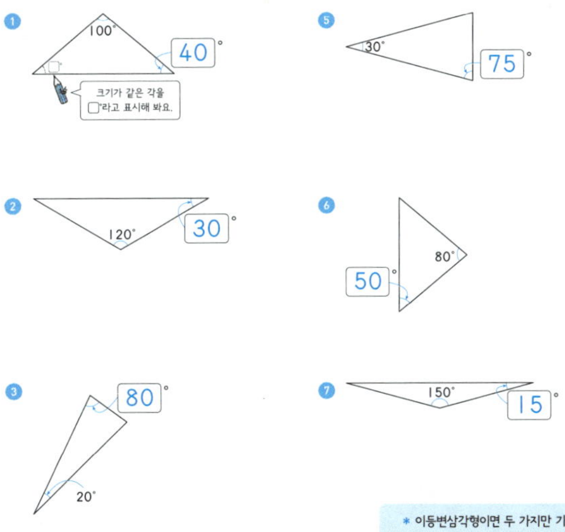

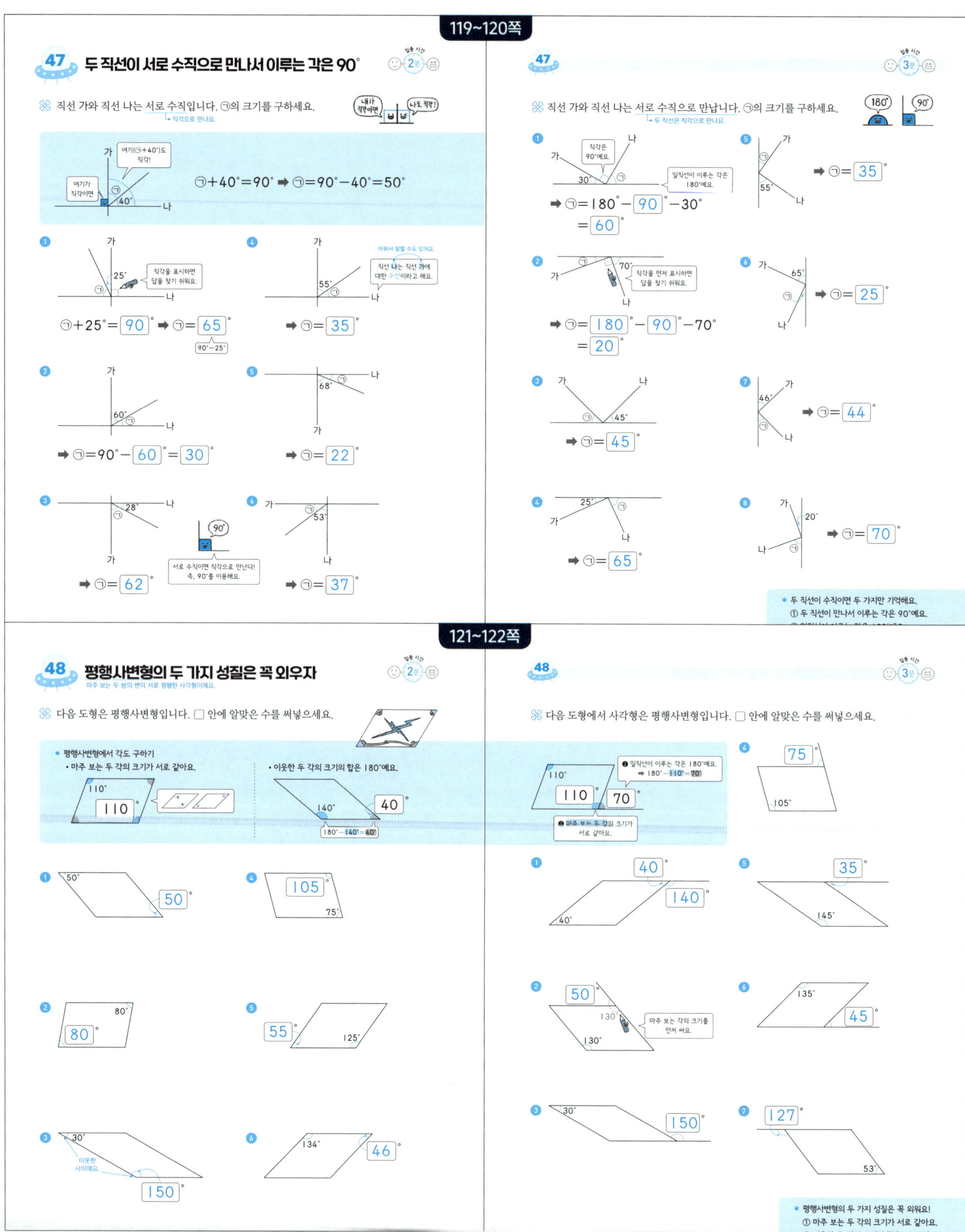
47 두 직선이 서로 수직으로 만나서 이루는 각은 90°
직선 가와 직선 나는 서로 수직입니다. ㉠의 크기를 구하세요.
내가 직각이면 나도 직각!
직각으로 만나요.
여기가 직각이면
여기(㉠+40°)도 직각!
㉠+40°=90° ➡ ㉠=90°-40°=50°
40°

① 직각을 표시하면 답을 찾기 쉬워요.
25°
㉠+25°=90° ➡ ㉠=65°
90°-25°

④ 바꿔서 말할 수도 있어요.
직선 나는 직선 가에 대한 수선이라고 해요.
55°
➡ ㉠=35°

② 60°
➡ ㉠=90°-60°=30°

⑤ 68°
➡ ㉠=22°

③ 28°
서로 수직이면 직각으로 만난다! 즉, 90°를 이용해요.
➡ ㉠=62°

⑥ 53°
➡ ㉠=37°

47
직선 가와 직선 나는 서로 수직으로 만납니다. ㉠의 크기를 구하세요.
180° 90°
두 직선은 직각으로 만나요.

① 직각은 90°예요.
30°
일직선이 이루는 각은 180°예요.
➡ ㉠=180°-90°-30°=60°

⑤ 가
55°
➡ ㉠=35°

② 70°
직각을 먼저 표시하면 답을 찾기 쉬워요.
➡ ㉠=180°-90°-70°=20°

⑥ 65°
➡ ㉠=25°

③ 가 나
45°
➡ ㉠=45°

⑦ 46°
➡ ㉠=44°

④ 25°
➡ ㉠=65°

⑧ 20°
➡ ㉠=70°

※ 두 직선이 수직이면 두 가지만 기억해요.
① 두 직선이 만나서 이루는 각은 90°예요.

48 평행사변형의 두 가지 성질은 꼭 외우자
마주 보는 두 쌍의 변이 서로 평행한 사각형이에요.
다음 도형은 평행사변형입니다. □ 안에 알맞은 수를 써넣으세요.

※ 평행사변형에서 각도 구하기
• 마주 보는 두 각의 크기가 서로 같아요.
110° 110
• 이웃한 두 각의 크기의 합은 180°예요.
140° 40
180°-140°=40°

① 50° 50
② 80° 80
③ 30° 이웃한 사이예요. 150
④ 105 75°
⑤ 55 125°
⑥ 134° 46

48
다음 도형에서 사각형은 평행사변형입니다. □ 안에 알맞은 수를 써넣으세요.
❶ 일직선이 이루는 각은 180°예요.
➡ 180°-110°=70°
110° 110 70
마주 보는 두 각의 크기가 서로 같아요.

① 40 40° 140
② 50 130° 130° 마주 보는 각의 크기를 먼저 써요.
③ 30° 150
④ 75 105°
⑤ 35 145°
⑥ 135° 45
⑦ 127 53°

※ 평행사변형의 두 가지 성질은 꼭 외워요!
① 마주 보는 두 각의 크기가 서로 같아요.

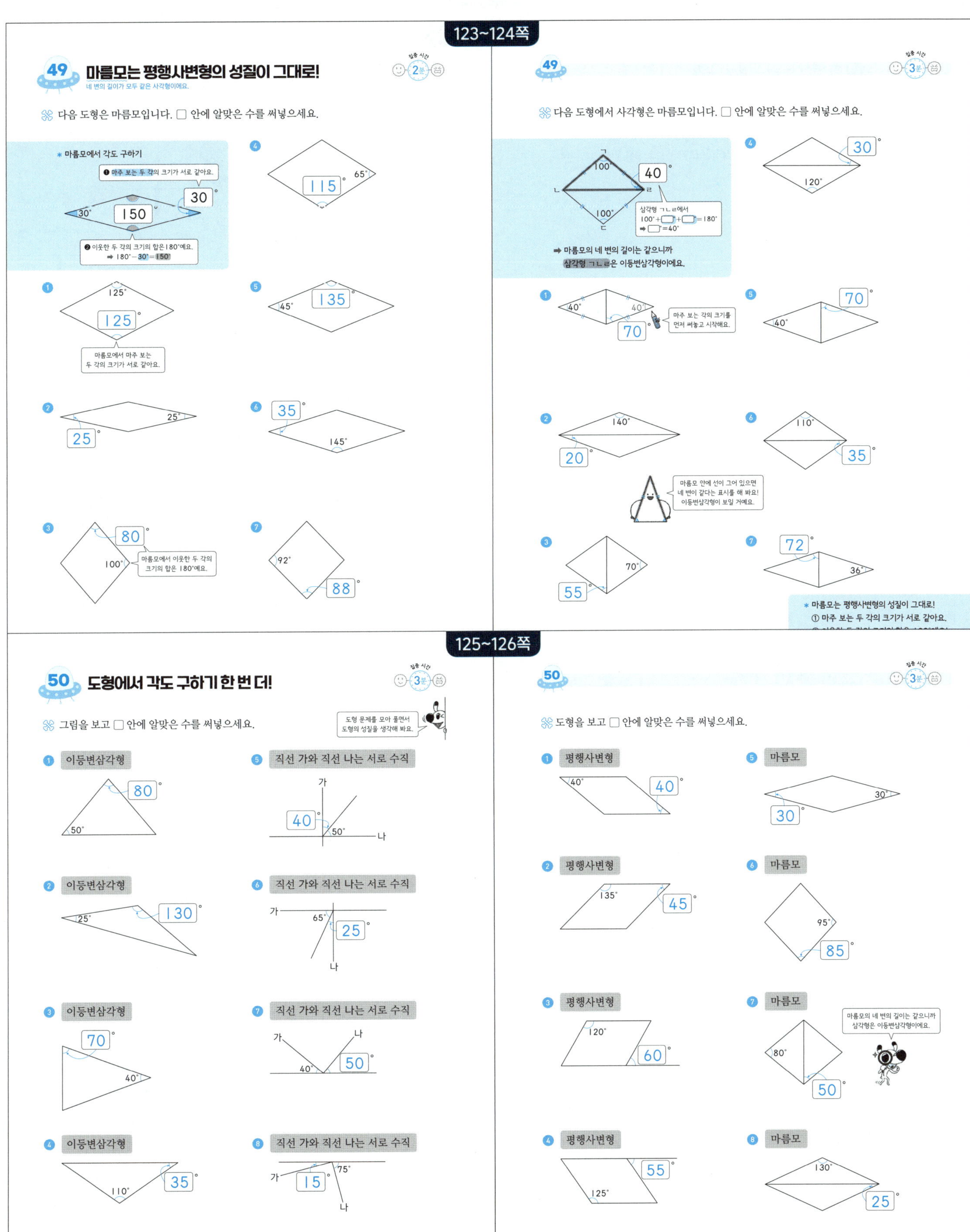
123~124쪽
49 마름모는 평행사변형의 성질이 그대로!
네 변의 길이가 모두 같은 사각형이에요.
※ 다음 도형은 마름모입니다. □ 안에 알맞은 수를 써넣으세요.
마름모에서 각도 구하기
❶ 마주 보는 두 각의 크기가 서로 같아요.
30
30°
150
❷ 이웃한 두 각의 크기의 합은 180°예요.
➡ 180° - 30° = 150
마름모에서 마주 보는
두 각의 크기가 서로 같아요.
마름모에서 이웃한 두 각의
크기의 합은 180°예요.
49
※ 다음 도형에서 사각형은 마름모입니다. □ 안에 알맞은 수를 써넣으세요.
100
40
100
삼각형 ㄱㄴㄹ에서
100° + □ + □ = 180°
□ = 40°
➡ 마름모의 네 변의 길이는 같으니까
삼각형 ㄱㄴㄹ은 이등변삼각형이에요.
40° 40°
70
마주 보는 각의 크기를
먼저 써놓고 시작해요.
마름모 안에 선이 그어 있으면
네 변이 같다는 표시를 해 봐요!
이등변삼각형이 보일 거예요.
마름모는 평행사변형의 성질이 그대로!
① 마주 보는 두 각의 크기가 서로 같아요.

125~126쪽
50 도형에서 각도 구하기 한 번 더!
도형 문제를 모아 풀면서
도형의 성질을 생각해 봐요.
※ 그림을 보고 □ 안에 알맞은 수를 써넣으세요.
❶ 이등변삼각형
❷ 이등변삼각형
❸ 이등변삼각형
❹ 이등변삼각형
❺ 직선 가와 직선 나는 서로 수직
❻ 직선 가와 직선 나는 서로 수직
❼ 직선 가와 직선 나는 서로 수직
❽ 직선 가와 직선 나는 서로 수직
가 나
50
※ 도형을 보고 □ 안에 알맞은 수를 써넣으세요.
❶ 평행사변형
❷ 평행사변형
❸ 평행사변형
❹ 평행사변형
❺ 마름모
❻ 마름모
❼ 마름모
❽ 마름모
마름모의 네 변의 길이는 같으니까
삼각형은 이등변삼각형이에요.
정답 및 해설 | 27

51 생활 속 연산 – 삼각형, 사각형

❈ 그림을 보고 □ 안에 알맞은 수를 써넣으세요.

1 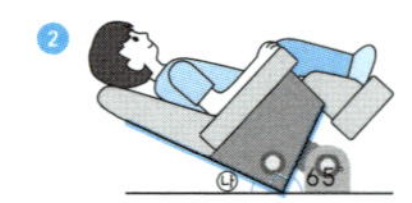 이등변삼각형 모양의 토스트를 만들었습니다.

㉮의 크기는 **90** °입니다.

2  준형이는 직각이 있는 안마 의자에 앉아 있습니다.

㉯의 크기는 **25** °입니다.

3 평행사변형 모양의 응원 깃발을 만들었습니다.

㉰의 크기는 **125** °입니다.

4 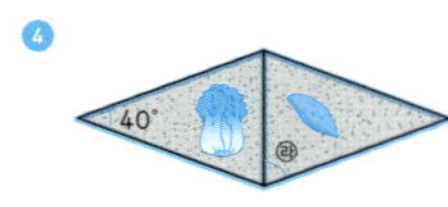 마름모 모양의 땅을 반으로 나누어 왼쪽에는 배추를, 오른쪽에는 고구마를 심었습니다.

고구마를 심은 땅에서 ㉱의 크기는 **70** °입니다.

---

51 꿀떡! 연산 간식

❈ 동물들이 모여서 땅따먹기 놀이를 하고 있습니다. 각 동물들이 차지한 땅에서 ★의 크기를 각각 구해 보세요.

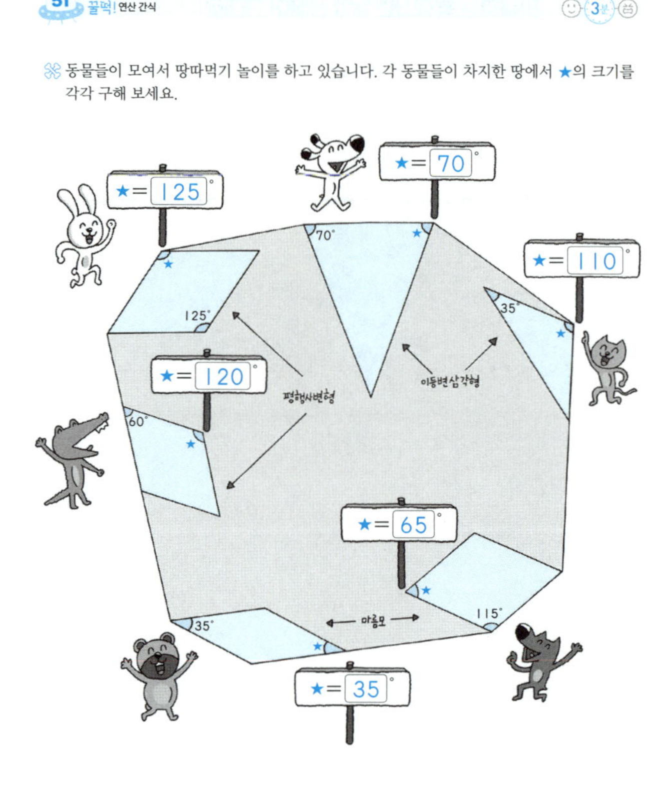

다섯째 마당 통과 문제

*틀린 문제는 꼭 다시 확인하고 넘어가요!

❈ □ 안에 알맞은 수를 써넣으세요.

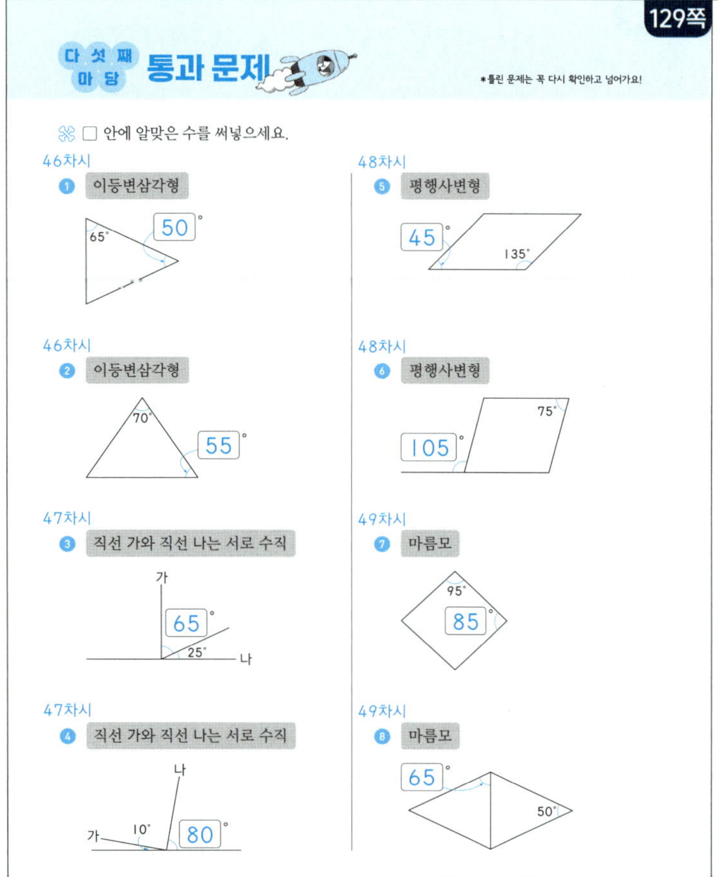

46차시
1 이등변삼각형
65° **50**°

46차시
2 이등변삼각형
70° **55**°

47차시
3 직선 가와 직선 나는 서로 수직
가 **65** 25° 나

47차시
4 직선 가와 직선 나는 서로 수직
나 가 10° **80**°

48차시
5 평행사변형
45 135°

48차시
6 평행사변형
75° **105**°

49차시
7 마름모
95° **85**

49차시
8 마름모
65 50°

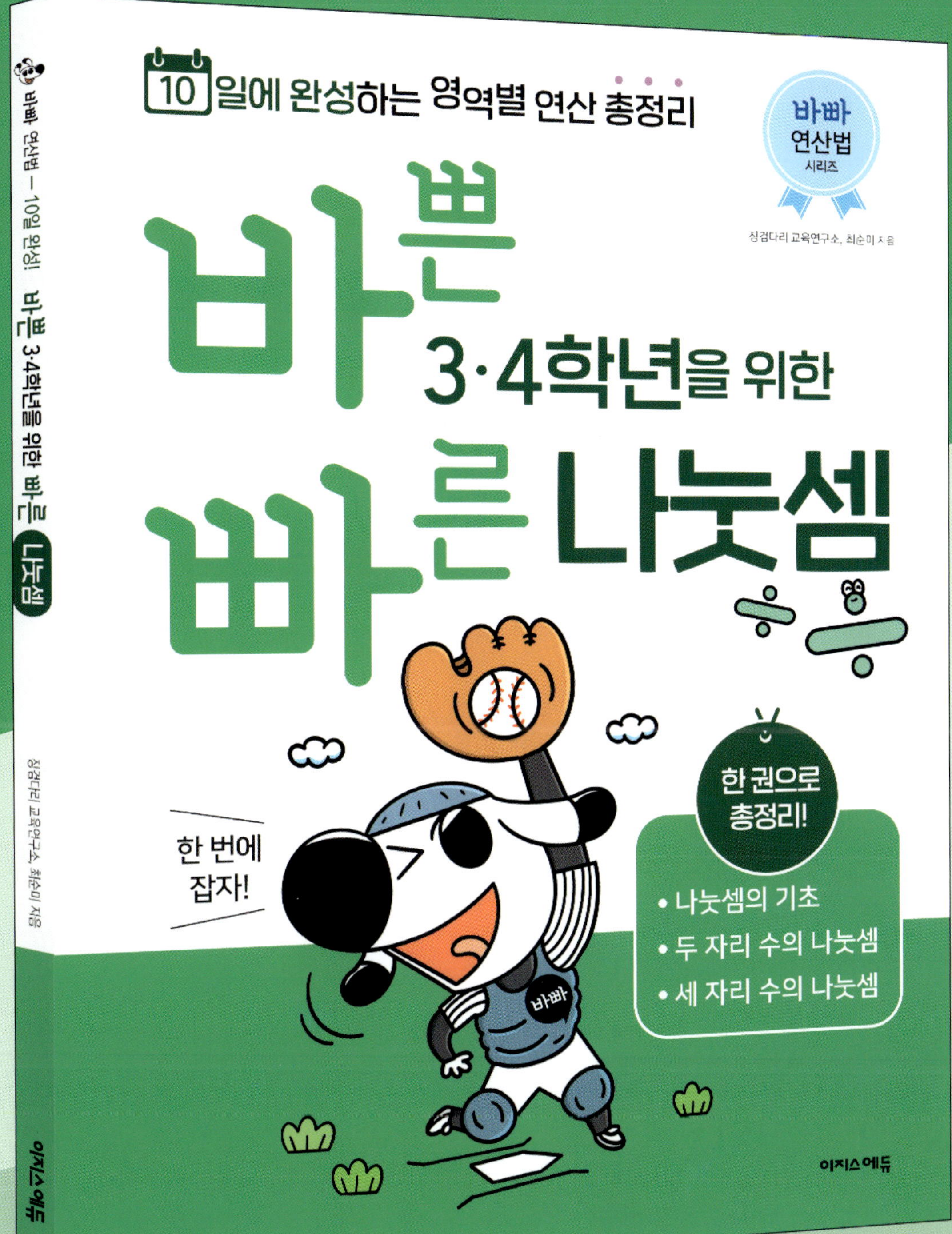
10일에 완성하는 영역별 연산 총정리
바빠 연산법 시리즈
징검다리 교육연구소, 최순미 지음
3·4학년을 위한
바쁜
빠른 나눗셈
한 번에 잡자!
한 권으로 총정리!
• 나눗셈의 기초
• 두 자리 수의 나눗셈
• 세 자리 수의 나눗셈
바빠
바쁜 연산법 — 10일 완성! 바쁜 3·4학년을 위한 빠른 나눗셈
징검다리 교육연구소, 최순미 지음
이지스에듀